KB046261

최후의 사전 편찬자들

일러두기

1. 각 장의 시작 부분에서 제시한 사전 편찬자들의 소속과 직함은 해당 인물의 사전 편찬 경력 가운데 가장 중심이 되는 것, 즉 인터뷰에서 가장 중요하게 다루어지는 것으로 적었다.
2. 이 책에서 언급되는 사전 가운데 1990년대 후반 이후에 개정 및 출간된 사전들은 현재 대부분 웹사전의 형태로 이용되지만, 이들 모두는 앞서 나온 종이사전을 기초로 하고 있기 때문에 옛 사전들과 마찬가지로 『 』 기호로 표기했다.
3. 이 책에 수록된 사전 도판은 남산도서관 및 한국백과사전연구소의 협조로 촬영한 것이다.

정철 지음

최후의 사전 편찬자들

사계절

들어가며

편찬이라는 말은 좀 생소하다. '엮을 편編'에 '모을 찬纂'이라는 한자를 쓰며, 무엇인가를 집대성하여 편집한다는 뜻이다. 전근대 시대에는 국가사업으로 역사서나 전집류를 만들 때 사용되었고, 근대 이후에는 사전이나 법전 등을 만들 때 쓰는 말이다. 편집도 꽤나 피곤한 작업인데, 그 정도 말로는 억울할 만큼 피곤한 작업을 장기간 수행할 때 '편찬'이라는 말을 쓴다. 사전은 여차하면 10년 이상 걸리는 일이니 편찬이라는 말에 더없이 적합한 작업이고, 편찬자라는 말이 자연스러운 경우는 사전 편찬자뿐이다.

사전을 만들겠다며 인터넷 회사에 입사해서 한두 해 일하다 보니 자기규정이 필요했다. 나는 사전 기획자인가? 아니면 서비스 기획자인데 사전을 맡고 있는 것뿐인가? 이런 의문을 품고 나와 주변을 살펴보니 회사에서 요구하는 바는 무엇이든 기획 가능한 서비스 기획자였지만, 나는 사전이 좋아서 입사했기 때문에 사전 기획자 쪽으로 마음이 기울었다. 이후 사전 기획자답기 위해서 공부를 했고, 학회에도 나갔으며, 학위과정도 시작했다.

사전학회에 나가서 여러 선생님들의 발표를 듣고 있으면 묘하게 이질감이 느껴졌다. 사실 나는 포털에서 돈을 받는 사람이니 사전업계에서 보면 이상한 사람이 맞았다. 포털업계와 새로운 매체에 관한 이야기를 학계에 공유하겠다며 어쭙잖은 발표를 하기도 했는데, 그때마다 선생님들은 '저 친구는 뭔가……' 하는 표정이었다. 그 표정을 보며 나는 또 '아 난 누군가, 여긴 어딘가' 생각하곤 했다. 사전학회에서 하는 발표의 대부분은 특정 사전에 관한 분석, 오류 지적, 사전의 당위성 등에 관한 것이었다. 그걸 들으면서 나는 자극을 받기도 했지만 한숨이 나오기도 했다. 저런 것 지적할 시간이면 사전에 내용이라도 보태주든가, 아니면 그런 게 다 반영된 '모범 사전'이라도 한번 만들어보든가 하는 다소 비뚤어진 생각을 하는 일이 많았다. 그렇게 사전학회를 다니면서 어느 순간 깨달았다.

'아, 여기는 사전 비평자들이 주로 있는 공간이고 나는 사전을 만드는 사람이구나. 그러니까 이질감이 느껴졌던 거였어.'

아주 드물게 사전을 만드는 분들이 학회에 나와 사전업계의 현황을 공유하곤 했다. 그분들의 얘기는 직관적이고 소박했으며 땀방울이 배어 있었다. 내가 동료 의식을 느꼈던 이들은 바로 그런 분들이었다.

"음, 만들어야지요. 10만 개 작업해야 하면, 10만 번 고쳐야죠."

이런 말을 덤덤하게 하시는 분들. 같은 말이라도 직접 해본 사람이 하는 말은 무게가 다르다.

'그래, 나도 회사에서 맨날 하는 일이 노가다였지.'

회사에서 웹사전 작업을 할 때 엑셀을 많이 사용했는데, 옛날엔 엑셀 라인의 한계가 65,536이어서 짜증을 내곤 했던 소수의 사람 중 하나가 나였다. 그런데 사전은 10만 라인 이상이란 말이다! 그러니 내가 그분들에게 공감한 것은 자연스러운 일이었다.

이렇게 지난한 작업을 하면서도 그분들은 어디 나가서 큰 소리로 얘기를 하는 성격이 아니다. 할 일이 많으니 책상 앞에 가서 하던 일이나 마저 해야겠다고 하는 분들이다. 사전 고치기도 바쁜데 이 사전이 어떻고 저 사전이 어떻고 떠들 시간이 어디 있나 하는 사람들이고, 꼼꼼하게 파고드는 것은 좋아하지만 그럴듯하게 포장하는 일에는 참 약한 이들이다. 당연히 그분들의 목소리를 듣기는 쉽지 않았다.

이런 점에서 나는 그분들과 좀 다르다. 나는 답답하면 누구에게라도 말을 해야 하는 사람이다. 사전이 지금 처한 상황은 나 혼자서 해결할 수 없으니 누군가와 연대를 꾀해야 했다. 나는 농담 반 진담 반으로 혹시 재벌 중에서 사전에 관심 있는 사람 없느냐고 묻고 다녔으며, 이러다 사전 다 죽는다고 떠들고 다녔다. 어떤 자리에서든 기회가 닿는 대로 사전 이야기를 했고, 여러 매체에 사전에 관한 글을 기고했다. 그러던 끝에 지난해 『검색, 사전을 삼키다』라는 책을 쓰기도 했다.

사실 사전에 관심 있는 사람이 아니라면 누가 사전을 만드는지를 파악하기조차 어렵다. 사전은 집단 저작물이므로 사전 앞뒤에 여러 이름이 적혀 있고, 책임자도 한 명이 아닌 경우가 많다. 출판사 대표는 금액 집행에 관한 의사결정을 하고, 발간사를 쓰고, 해당 사전이 망하면 손해도 입겠지만 사전에 대해서는 사실상 아무것도 모를 가능성이 높다. 자문위원은 사전의 집필 방향을 조언해주기도 하겠지만, 그보다는 표지에 이름이 크게 들어가는 것이 가장 큰 기여일 때가 많다. 실무 집필자들은 말 그대로 실제로 글을 쓴 사람들이지만, 자신이 집필한 부분만 파악할 뿐 전체를 조망하기는 어려울 것이다.

나는 사전 편찬실의 실장이 바로 사전 편찬자라고 생각한다. 그는 사전 편찬 계획을 작성해 대표를 설득했을 것이고, 자문위원의 의견을 받아서 선별적으로 사전에 반영했을 것이다. 즉 사전에 적용된 핵심적인 원칙을 결정한 사람이다. 그런가 하면 실무 집필자들이 제기하는 의문에 답하는 사람이며, 집필 지침을 만들어 실무진에게 제시해야 하는 사람이기도 하다. 실무진의 글이 마음에 들지 않으면 자신이 직접 쓰기도 했을 것이다. 즉 사전 편찬의 모든 단계의 최종 결정자이자 모두의 불편함에 답하는 사람이다. 재정적 책임을 제외한 전부를 맡고 있다고 해도 좋을 것이다.

하지만 이들 사전 편찬자의 이름은 쉽게 눈에 띄지 않는다. 나야 사전학회에 다니다 보니 누가 어떤 사전을 만들었는지 알고 있는 것이지 일반 독자에게는 그저 사전을 한참 뒤져야 겨우 찾을 수 있는, 어딘가 작게 쓰여 있는 이름일 뿐이다. 그나마 일부 알려진 이름도 한국어사전 편찬자에 국한되어 있다. 당장 일한사전이나 중한사전 편찬자를 섭외하라고 하면 나도 한참 애먹을 것이다. 사전 작업을 시작할 때와 끝낼 때 책임자가 달라지는 일도 많고, 사전이 출간된 뒤 시간이 조금만 지나도 출판사와 편찬자들의 연락이 끊어져 거취를 알 수 없는 일이 비일비재하다. 또 사전 편찬에 참여한 연구자의 상당수는 어딘가에서 교수 제의가 오면 바로 옮겨 가기 때문에 자리를 지키지 못하는 일이 많다. 대우가 완전히 달라지기 때문에 당연한 선택이다. 사회적으로 별로 선호되는 일이 아니다 보니 사전학회에서 가장 많이 나오는 얘기 중 하나가 사전 편찬의 경험이 전수되지 않는다는 것이다. 이런 상황은 앞으로 더 심각해질 것이다.

그래서 나는 사전 편찬자들의 확성기가 되어보기로 했다. 평소

깊은 얘기를 나눠보고 싶었던 분들이니 내 호기심도 채우고, 그분들과 사전을 바라보는 관점이 비슷하니 한목소리를 내볼 수도 있을 것 같았다. 또 '사전 만드는 사람'이라는, 독서인이라면 누구나 한 번쯤 호기심을 가져볼 법한 인물들을 세상에 소개한다는 의미도 있겠다 싶었다. 다행히 제안을 드렸던 모든 분이 흔쾌히 인터뷰에 응해주셨다. 구면인 분도 있었고, 사전 작업을 하는 (상대적으로) 젊은이가 선배들의 이야기를 듣겠다니 취지가 좋다며 응해주신 분도 있었다.

그 결과는 여기에 있다. 일단 나는 무척이나 재미있었고, 그분들의 목소리를 기록하고 그 사이를 내 글로 보강하는 과정에서 공부를 많이 하게 되었다. 우리 사전의 과거가 그다지 아름답지는 않지만 그래도 의미 있는 지점을 발견할 수 있었고, 반성할 것들을 반성한 뒤에야 앞으로 나아갈 수 있겠다는 생각을 했다. 사전의 위기와 미래에 대해 고민하는 분이 이렇게나 많고, 또 그분들은 여전히 의욕에 차 있다는 사실도 새삼 깨달을 수 있었다.

이런 제목의 책을 산 당신이라면 분명 나와 비슷한 재미를 느낄 것이다. 다른 것을 다 떠나서 도대체 누가 수십만 단어의 의미와 용례를 정리해왔을까, 그런 일을 한 사람들은 과연 어떤 이들일까 궁금하지 않은가? 그런 호기심이 조금이라도 있다면, 이 책은 당신에게 사전 편찬자들의 꽤 흥미롭고 진실한 단면을 보여줄 것이다. 이 책의 인터뷰 대상자 중 한 명인 한국브리태니커회사의 장경식 대표는 종종 이런 말씀을 하셨다. 사전 편찬자는 인간문화재로 지정해 국가가 보호해야 한다고. 농담이지만, 농담이기만 한 건 아니다. 사전 편찬에 관한 경험과 기억이 이미 많이 지워졌고, 지금 이 순간에도 사라져가고 있다. 과거 사전을 출판했던 출판사들은 문을 닫았거나, 아직 존재하더라도 상업적 가치가 떨어진 과거 자료들을 파기한 지 오래다. 이 책에 수록된 사전 도판의 대부분은 남산도서관의 협조를 받아 겨우 촬영한 것이다. 공공도서관은 이래서 소중하다. 한글박물관에서 사전 관련 아카이빙을 하고 있다고 들었는데, 도서관 한두 곳은 사전에 특화된 아카이브가 되어도 좋을 것 같다. 사전도, 사전 편찬자도 어느새 보호해야 할 대상이 되었다는 것을 기억해주기 바란다.

차례

3장
사전은 둘러앉아 떠들면서 만들어야 해요

도원영
고려대학교 민족문화연구원
사전편찬부 부장

4장
규범이 언어의 발목을 잡아서는 안 됩니다

안상순
금성출판사 사전팀장

1장

사전 앞에서는 언제나 청년인 50년 사전 장인

조재수 겨레말큰사전편찬위원장

일시 2016년 9월 5일 월요일 오후 3시

장소 겨레말큰사전편찬위원회
(서울 마포구 공덕동)

조재수

1941년 경남 함안군 출생
1966년 한국외국어대학교 독일어과 졸업
1969년 한글학회 합류
1992년 한글학회 『우리말큰사전』 완간
1992년 (주)한국마이크로소프트 한국어 처리 자문위원
2005년 『겨레말큰사전』 남측 편찬위원, 편찬실장
2015년 『겨레말큰사전』 남측 편찬위원장, 상임이사
2017년 겨레말큰사전편찬위원회 이사

한글학회에서 20여 년간 사전을 만든 사람 조재수.
종종 학회에서 발표하시는 모습을 보긴 했지만,
아무래도 사전업계 쪽에서 보면 내가 외부인이고
연배 차이도 있어서 말씀을 나눌 기회가 없었다.
『겨레말큰사전』 편찬실장을 맡고 있는 한용운 선생님을 통해
넌지시 인터뷰 의향을 여쭈었는데 흔쾌히 시간을 내주셨다.
조선어학회 인물들을 직접 만나본 분이고,
현재 사전 분야에서 최고 원로인 선생님이라
꽤 긴장이 되었다.

『겨레말큰사전』에 관하여

정철(이하 정) 제가 사전의 역사에 영 어두운 사람이니 질문이 좀 어설퍼도 양해 부탁드리겠습니다. 선생님은 지금 『겨레말큰사전』 남측 편찬위원장이십니다. 이미 어느 정도 알려지긴 했지만 선생님의 언어로 『겨레말큰사전』의 의미에 대해 듣고 싶습니다.

조재수(이하 조) 사전 100년을 돌아보면 관련 주체가 여럿 있었지요. 조선어학회라든지 출판사라든지, 개인도 있고 연세대나 고려대 등 대학에서도 만들고 있는데 한마디로 말해서 『겨레말큰사전』은 남북이 처음으로 함께 편찬하는 사전입니다. 1957년에 완간된 조선어학회의 『큰사전』(이 사전은 조선어학회가 『조선말큰사전』이라는 이름으로 편찬하기 시작했으나 1, 2권 출간 이후 조선어학회가 한글학회로 이름을 바꾸면서 사전 이름도 『큰사전』으로 바뀌었다) 여섯 권 이후 부피는 16만 어휘에서 30만, 50만 어휘로 크게 불어났지만 좀처럼 한국어의 어휘가 제대로 보충되지는 못했어요. 흔히 얘기하는 고유명사나 백과사전적인 항목, 전문용어 등이 많이 들어가서 부피만 커졌지. 한국어라고 하면 그래도 지난날에 우리가 써온 입말, 지금 남아 있는 각 지역의 어휘라든지 문학작품에 나오는 어휘가 중요한 것 아니겠어요? 그런 것을 제대로 거두지 못했기 때문에 지금 국어사전에는 한국어 어휘가 제대로 채워지지 않았다는 얘기를 먼저 하고 싶습니다.

거기다가 분단 상황이 되다 보니 우리가 흔히 하는 말로 백두산에서 한라산까지 우리 국토에 흩어져 있는 우리 언어를 제대로 정리하지 못했거든. 거두질 못했어. 『겨레말큰사전』을 지금까지 10년 넘게 하고 있지만, 사업으로서 이걸 계속 지탱할 수 있을지 모르겠어요. 이런 일은 늘 정치 사정과 관련이 있으니까. 이게 한 번 완성된다고 해서 다 이루어지는 것이 아니거든요. 아직까지도 과제를 많이 안고 있다는 얘기를 하고 싶어요.

『겨레말큰사전』은 남북한 학자들이 공동으로 집필하는 최초의 우리말 대사전이다. 2005년 2월 20일, 통일 시대를 대비하여 남북의 언어 이질화를 극복하고 민족의 언어 유산을 집대성하자는 취지에서 겨레말큰사전편찬위원회가 결성되었다. 2006년 1월에 이 사업을 전담하는 기구로 겨레말큰사전남북공동편찬사업회가 출범하였으며, 2007년 4월에는 특별법이 제정되어 사업의 안정성과 지속성을 제도적으로 뒷받침하게 되었다. 현재까지 20여 차례의 남북공동회의와 70여 차례의 남측회의가 개최되었고, 2019년 출간을 목표로 집필에 박차를 가하고 있다.

정　지금 고려대나 연세대나 조금씩 작업은 하고 있지만, 인력이 많지는 않은 것 같습니다. 아마 이 정도 대규모 인력이 작업하고 있는 곳은 '겨레말'이 유일하지 않을까 싶어요.

조　사전 전문가가 별로 없어요. 우리 사전의 현황이 그러니까. 전문화가 이루어지질 않아. 외국에는 사전 편찬만 전문적으로 하는 집단이 있다고 하는데 우린 없어요. 사업이 생기면 모집을 했다가 편찬이 끝나면 그날로 사람들이 흩어져버리지 않습니까. 그래도 출판사가 사전을 만들 때는 최소한 책임자 정도는 전문가로 남아 있었는데 그마저도 이젠 없어졌고. 국립국어원도 『표준국어대사전』을 1999년에 내고 웹사전으로 유지는 하고 있지만 편찬실은 없잖아요. 그러니까 전문가라는 지킴이가 없지. 없으니까 우리 정 선생이 만나서 얘기 들어보고 싶은 사람도 없게 된 거지.
사업 규모는 크게 잡는데, 사업 기간은 대사전을 만드는 데 고작 5년을 잡아요. 처음 계획을 5년, 하다 안 되니까 10년 이렇게 하는데, 그래서 우리 사전들이 크게 봤을 때 실패한 것 같아. 실제로 작업해보면 그렇게 이루어질 수가 없는데 문서상으로 계획을 세우면서 그렇게 되리라 바랐지요. 몇 차례 실패했는데도 또 그렇게 계획을 세웠다는 건 잘못이죠. 사업을 뒷받침해줄 예산도 문제예요. 예산이야 나라에서 정하든 돈 많은 사람이 감당해주든 하면 되는데 그것도 5년, 10년 정도 지원해서 될 일이 아니지요. 그다음에는 예산이 없어서 일을 못 해요. 그림 형제의 『독일어사전Deutsche Wörterbuch』도 100여 년 만에 나왔다고 하잖아요? 10년, 20년짜리 사업이 아니라 멀리 내다보는 안목으로 한 사업이었기 때문에 가능했던 게 아닌가 싶어요. 우리는 글쎄요. 대사전 만든다면서 10년, 20년짜리만 생각하면, 앞으로도 그동안 나왔던 것만큼밖에 안 되는 거지.

일단 스케일이 다르다. 10년, 20년 정도 바라보고 시작하면 지금까지 나왔던 사전보다 더 좋은 것은 만들 수 없다는 일갈이다. 사실 말이 20년이지 우리나라에서 그 정도 기간을 보장받고 만들어진 사전은 단 하나도 없다. 한글학회의 『우리말큰사전』도 하다 보니 그렇게 이어졌을 뿐 20년을 바라보고 시작한 일은 아니다. 『표준국어대사전』도 10년, 『겨레말큰사전』도 이제 막 10년을 넘었을 뿐이고 대부분은 그보다 짧았다. 처음에는 3년, 5년으로 계획을 세웠다가 겨우 10년, 20년 보장받아 수행되는 것이다.
수십 년 혹은 100년이라는 시간의 의미는 말하자면 이런 것이다. 효율을 생각

하지 않고 결과물의 질적인 수준만을 고려해서 사전을 만들어야 한다는, 말의 정수를 담는 일이라면 그것의 순도 이외에 다른 것을 고민하면 안 된다는 의지의 표현인 것이다. 하지만 우리는 늘 성과주의에 시달리고 100만, 300만 어휘의 사전을 만들라는 터무니없는 주문을 받는다. 아무리 압축 성장의 나라라지만 적어도 사전 편찬에서만큼은 압축 성장을 그만둬야 한다는 것이 사전계 원로의 준엄한 꾸짖음이다.

사전 전문 인력의 양성과 관리라는 측면에서 한국은 단절의 연속이다. 지금까지의 거의 모든 한국어사전 프로젝트가 단발성으로 끝났다. 사전의 출간과 함께 자금 지원이 끊기거나 조직이 쇠락하여 편집팀이 해체되는 일이 거듭되었다. 개별 편집자들은 프로젝트가 끝나면 각자 살 길을 찾아갈 수밖에 없었다. 국어학 전공자는 교수 자리가 생기면 당연하다는 듯이 그쪽으로 옮겨 갔다. 출판사에서는 지속적으로 개정판을 만들었지만 그것이 진정한 개정판이었는가, 편찬자의 성장과 미래에 도움이 되었는가는 자신 있게 말하기 어렵다.

해외에서 사전 전문 인력이 유지되는 방식은 크게 두 가지다. 첫째, 대학과 출판사를 포함하는 사전 편찬 기관이 오래 존속하면서 계속 개정판을 내기 때문에 조직도 인력도 꾸준히 유지되는 방식. 해외 사전 편찬계는 우리나라보다 호흡이 길기 때문에 조직의 안정성만으로도 후대에 노하우를 전수하는 일이 충분히 가능하다. 애석하게도 지금은 전 세계적으로 이 구조가 흔들리고 있다. 둘째, 사전 편찬학이라는 학문의 정립과 인력 배출. 이는 주로 영국의 사례로 대학의 학위과정을 통해 지속적으로 연구를 수행하고 전문 인력을 배출하고 있다. 영국 이외의 다른 나라에서는 언어학 전공자들이 응용언어학의 세부 전공 중 하나로 사전학을 공부하고 있다.

한국에서도 근래 들어 사전 관련 교육이 조금씩 이루어지고 있다. 학위과정으로 연세대학교에 언어정보학협동과정이 있다. 사전에만 특화된 것은 아니며, 자연어 처리도 다루고 있다. 국어학이나 전산학으로 석박사 학위를 받을 수 있

다. 학위과정은 아니지만 실무 위주의 학습 과정으로 고려대학교 '사전 편찬학 교실'이 있다. 2개월 동안 집중적으로 이론과 실기 교육을 진행한다. '사전 편찬학 교실'은 업무상 소규모 사전을 만들어야 하거나 개인적으로 사전에 흥미가 있는 여러 세대의 사람이 참여하며 비용도 아주 저렴하다.

정 『겨레말큰사전』 편찬 과정에서 남북 간의 차이가 가장 큰 부분은 두음법칙이죠?

조 두음법칙과 사이시옷 문제는 어느 한쪽으로 가면 어려워요. 두 가지를 함께 표기해야 하지 않을까 싶은데.

남북 간의 언어 이질화는 크다면 크고 작다면 작은 수준이다. 어휘상의 이질감은 꽤 크지만 문법상의 이질감은 별로 없다. 어휘야 설명만 잘 해주면 되니까 큰 문제는 없으나 두음법칙은 전체적인 색깔을 좌우하는 문제라 타협이 쉽지 않다. '여성노동자'와 '녀성로동자'는 같은 어휘지만 어감이 너무 달라서 어느 한쪽으로 정했다가는 마치 서로 다 양보한 것처럼 느낄 수 있다. 종이사전으로 편찬할 경우 두음법칙은 어휘의 배열 순서에 크게 영향을 준다. 이 문제는 웹사전이 쉽게 해결해줄 수 있다. '북한 모드'와 '남한 모드'를 각각 만들어 두음법칙과 사이시옷 부분에서 자동 변환이 되게 할 수 있기 때문이다.

정 북쪽 학자들과 만나셨잖아요, 어떤 점이 인상적이셨어요?

조 북에 나와 상대가 될 만한 분이 있어요. 나이는 나보다 두세 살 위고, 나는 대학이 순조롭지 못해서 3년을 헛보냈는데 그분은 김일성대학 나오자마자 『조선말사전』 편찬 보조원으로 들어가서 오늘날까지 사전 편찬에 관한 일만 해온 분입니다. 북쪽 사전 편찬의 산증인이지. 나는 남쪽에서 그런 사람이고. 서로 얘기해보면 안 통하는 것이 없어요. 마침 조선어학회의 역사도 많이 알고 계시고. 이극로 선생이 북으로 가서 처음에 조선언어문화연구소 소장을 하면서 사전 편찬실을 주관하셨는데, 그 그늘에서 일하면서 여러 가지 배우고 그랬다니까 나하고는 잘 통했어요. 그런데 연세가 많아서……. 다음 회의가 언제 열릴지는 모르겠는데, 거기나 나나 거의 끝나가지 않나 싶어요. 정순기 선생님.

북은 사회과학원 언어학연구소에서 필요할 때마다 사전 작업을 했어요. 북이나 여기나 벌써 세대가 많이 바뀌었지요. 분단 1세대는 이극로 선생 때고, 우리가 2세대가 되거든. 우리도 이제 저물어 간다 이 말이야. 여기 한용운 편찬실장이나 북의 그 또래나 우리 아랫세대 분들이 우리 때의 정서나 역사, 이런 걸 가지고 있지 않아요. 그동안 쌓인 자료를 바탕으로 편찬할 뿐이지. 사전을 기술할 때의 문제, 남북 간의 미묘한 문제를 해결해본 경험이 부족해요. 아직 쌓아가는 중이라고 보면 되겠지. 근데 정순기 선생님과 내가 결국은 이 일을 못 끝내고 갈 것 같아.

정순기 선생님은 우리에게 많이 알려져 있지 않은 분이다. 1950년대 말에 시작된 『조선말사전』의 편찬 보조원으로 경력을 시작했고, 『조선문화어사전』(1973)과 『현대조선말사전』(1968년 초판, 1981년 개정판)의 개정판을 책임 편찬했다. 사회과학원 언어학연구소의 교수로 재직하면서 『사전편찬리론연구』(1984)와 『조선어형태론』(2005) 외 다수의 저서를 썼다.

정 말씀 나누면서 안 통하는 점이 없으셨다는 걸 보니 편안한 사이였나 보네요. 『겨레말큰사전』 작업하실 때 문제가 될 법한 것은 뒤로 미루고, 문제없을 것 같은 부분을 먼저 하셨다고 하니 분위기는 좋았을 것 같아요.

조 그분이 해결 못 하시는 건 내가 해결해주고 그랬죠. 나는 새 어휘팀에서 회의를 하고, 그분은 기존 어휘의 뜻풀이를 맡고. 문제되는 걸 논의하는 자리에서는 서로 모르는 게 있으면 물어보고 잘 답해주고 했지. 조선어학회를 알고 있는 분이라 편했어요. 지금 우리 교수 중에는 그런 역사를 추억할 만한 분이 이제 없어. 북쪽도 마찬가지고.
아까 세대가 바뀐다는 얘기를 했는데 어휘 감각이나 해석, 풀이가 달라져요. 1960~70년대에 한창 사전들이 나오고, 1990년대 들어 북에서도 대사전을 했습니다. 그때 편찬 인원이 바뀌거든요. 오류가 자꾸 생기기 시작한다 이 말이야. 분량을 크게 잡아서 편찬하다 보니까. 과거에 제대로 했던 것을 잘못 고치기도 하고, 그다음에 새롭게 추가하거나 설명한 것 중에서 좀 어색한 것도 있고. 옛날 사람들은 좀 느리고 분량은 적었는지 모르지만, 꼼꼼하고 기품 있게 했는데 요즘은 그런 게 좀 없어. 이것도 전문적으로 하는 사람이 있어야 될 것 같아요.

『우리말큰사전』과 한글학회

정 아까 사전 편찬의 호흡에 대해서 잠깐 이야기를 나눴습니다. 한글학회의 『우리말큰사전』도 20년 넘게 작업하셨죠. 조선어

한글학회가 보관하고 있는 『우리말큰사전』의 표제어 카드(한글학회 제공).

학회 『큰사전』의 계통을 이어서 했는데도 20여 년이 걸린 거잖아요. 그런 걸 보면 3년이니 5년이니 하는 건 호흡이 너무 짧다는 생각이 들어요. 아무래도 그런 작업을 추진할 때면 정권의 임기 안에 성과를 내야 한다고 생각해서 그렇겠습니다만.

조 23년 걸렸지. 『우리말큰사전』은 1968년부터 시작했고, 내가 69년부터 참여했으니까 거의 처음부터 시작해 마무리를 지은 셈이지요. 선배들은 길어야 5년, 짧으면 1~2년 잠깐 근무하다가 그만두고 해서 그 보따리를 내가 맡아서 마무리를 지었는데 우여곡절이 많아요. 그 사업도 최현배 선생이 5년 계획으로 당시 문교부에 보조를 신청했던 일이에요. 그런데 그 5년 동안에도 국고보조금이 제대로 나오지 않았어요. 그러다가 결국엔 끊어졌고. 학회에선 포기할 수 없어서 직원들이 뿔뿔이 흩어진 다음에도 몇 명이 남아서 작업을 계속하다가 1977년에 한글회관을 짓고 다시 시작하게 되었지. 정음사에서 지원을 해줘서. 그러다가 그것도 끝나고 다시 국고보조를 받을 수 있게 힘써서 나온 것이 『우리말큰사전』이죠. 당시는 컴퓨터로 입력할 수도 없었고, 컴퓨터로 입력된 말 자료(말뭉치)가 있던 시대도 아닙니다. 카드에 어휘를 모아서 집필을 하고, 나중에 타이프라이터로 정서를 해서 인쇄소에 넘겼죠. 옛날 『큰사전』은 납활자로 찍었다죠? 우리는 사진 식자기로 작업했어요. 집필을 끝내고 출판을 준비하는 데만 1988년부터 4년이나 걸렸어요. 사진 식자기로 작업해서 교정지 내고, 교정보면서 다시 고치고, 오려 붙이고, 밤을 새우다시피 해서 나온 거죠.

정 『우리말큰사전』을 만들던 20여 년 가운데 집중적으로 집필할 때는 몇 명이 몇 년 정도 작업했나요?

조 외솔 최현배 선생님이 계실 때 전문 분야별 카드 집필을 진행했는데 외솔 선생은 언어학, 문법용어 카드를 작업하셨지. 그때가 10명 남짓 됐어요. 5개년 계획의 출발 시점이었지. 사업이 본격적으로 추진되었더라면 늘어날 수도 있었는데, 세월이 갈수록 보조금이 줄어드니 사람도 줄었지요. 출판 단계에 가서는 교정도 보고 해야 하니까 아르바이트생 포함해서 많을 때는 30명까지도 같이 했어요. 시간을 다투니까.
한마디로 말해서 아직까지 한 번도 제대로 사전 편찬을 해보질 못한 것 같아. 『겨레말큰사전』도 시작은 참 좋았고 꼭 필요한 일인데 생각만큼 잘 되질 않아요. 분기마다 일주일 동안 남북 편찬위원들이 모여서 회의를 하고 그랬어요. 그동안 서로 주고받았던 원고에서 문제점을 찾아 토론을 했지요. 중국에서도 하고 평양에서도 하고. 그렇게 하면 어느 정도까지는 되지만, 결국엔 편찬위원들이 한자리에 모여서 같이 먹고 자고 해야 작업이 되지 이따금씩 만나서 해결하는 걸로는 안 돼요. 국립국어원에서 추진했던 방식, 그러니까 원고 집필을 외주로 하는 방법도 일을 빨리 하기 위해서는 좋은데 모아놓고 보면 어려움이 많죠. 아마 분야별로 나눠줬을 텐데, 원고를 맡은 사람이 직접 한 것인지 아니면 제자한테 시켜서 가져온 것인지 알 수가 없잖아요. 또 체제에 맞게 일목요연하게 집필한 게 아니니 편찬실에서 정리하느라 엄청 힘들었겠지.

한국어사전의 개략적인 역사

사전명	편찬자	초판 발행	표제어 수	의의
보통학교 조선어사전	심의린	1925	6106	최초의 단일어 한국어사전
조선어사전	문세영	1938	81000	한글 맞춤법 통일안 준수한 첫 사전
조선말큰사전, 큰사전	조선어학회, 한글학회	1947~1957	164125	최초의 집대성
국어대사전	이희승	1961	230000	상업 출판의 시작
엣센스 국어사전	민중서림	1974	150000	
새우리말큰사전	신기철·신용철	1975	300000	
동아 새국어사전	동아출판사	1989	150000	상업 출판의 전성기
금성판 국어대사전	금성출판사	1991	400000	
우리말큰사전	한글학회	1992	450000	『큰사전』 계승
표준국어대사전	국립국어원	1999	509076	국가의 규정
연세한국어사전	연세대학교 언어정보개발연구원	1998	52000	말뭉치 활용
고려대한국어대사전	고려대학교 민족문화연구원	2009	386889	
겨레말큰사전	겨레말큰사전 편찬위원회	2019 (예정)	300000 (예정)	통일 시대를 준비

위의 표를 참고한다면 이하 내용을 이해하는 데 도움이 될 것이다. 이 표는 한국어 위키백과에서 가져온 것이며, 주로 내가 편집한 문서다. 나는 새롭게 얻은 지식이나 정보를 위키백과에 편집/정리해놓고 필요할 때 참조한다. 위키백과는 모두의 백과사전이기도 하지만 개인의 지식 창고, 정보 저장소로도 활용할 수 있다. 나는 한국어 위키백과를 내 두뇌의 확장형이라고 생각한다.

정 저는 예전에 『우리말큰사전』 만드실 때의 편찬실 분위기가 참 궁금했어요. 아까 수집한 어휘를 카드에 적어서 원고로 풀어냈다고 하셨는데 용례는 또 어떻게 하셨는지 궁금합니다.

조 처음에는 말의 자료를 모아야 되잖아요. 우선 그 사전에 필요한 올림말, 그러니까 30만, 50만 하는 그 올림말과 용례를 수집해야 하는데 기존 사전이 이미 있으니까 대충 정리하면 10만 좀 넘게 나왔지요. 1960년대는 펜에 잉크를 찍어서 카드에 단어와 뜻풀이를 적는 그런 수준이었지요. 1930년대 『큰사전』을 편찬할 때도 어휘 카드를 썼어요. 출판 단계로 갔을 때에야 원고지에다 옮겨 쓰는 절차를 밟았던 것 같아. 그러고 나서 타이프라이터 시대가 지나가고 오늘날은 컴퓨터로 집필도 하고 저장도 하는 시대로 바뀐 거죠. 처음 한글학회 일을 맡아서 들어가 보니까 편찬실에서 분야를 나눠 전문용어부터 집필을 하고 있었어요. 불교용어, 법률용어, 철학용어, 경제용어, 군사용어 등등. 나는 군대 제대한 지 얼마 안 되어서 군사용어를 맡았지. 전문용어가 어느 정도 끝난 다음에는 일반 어휘로 들어갔어요. 오늘날에는 그렇게 하지 않는 것 같아요. 요즘은 자모별로 분담을 하더라고. 'ㄱ 낱말', 'ㅇ 낱말', 'ㅅ 낱말' 하는 식으로. 사람이 많으면 그걸 더 나눌 수도 있겠지. 그렇게 자모별로 어휘를 분담하다 보면 이런 문제가 생깁니다. '가다'를 집필하는 사람과 '오다'를 집필하는 사람이 각각이면, 말이란 게 관련성이 있는 건데 그거 없이 따로따로 되는 거지. '봄', '여름', '가을', '겨울'이 제각각 풀이되는 거예요. 말의 계열별로 집필 분담을 해야 하는데, 전문적인 일꾼이 있을 때만 이게 가능한 거야. 또 시간에 쫓기면 안 되고. 분량만 채우면 되는 편찬 시스템으로는 어려운 겁니다. 오늘날도 그렇게 못 하고 있어요. 겨레말에서는 그렇게 해볼 생각도 했는데, 북쪽하고도 얘기해봤더니 역시 안 돼. 그것이 오늘날까지 아쉬운 문제로 남아 있어요.

정 계열마다 일관성 있는 집필이 필요할 텐데요.

조 이미 1930년대 『큰사전』에서 전문용어의 뜻풀이를 갈래별로 하기 시작했거든요. 문세영 선생의 『조선어사전』에서도 하긴 했습니다만. 『큰사전』에서는 고제도古制度라고 해서 옛 제도, 관직 등이나 철학용어, 민속용어 같은 것을 각 분야의 전문가가 맡아서 집필했어요. 그래서 그것들은 체계가 아주 정연합니다. 그때 정리한 편찬 자료가 오늘날도 그대로 본보기가 되어 쓰일 수 있을 정도예요. 반면에 일반 어휘는 조금 전에 말씀드린 대로 계열적인 분류를 해서 집필한 게 아니거든. 아무래도 체계라든지 정리 면에서 뒤떨어지죠. 지금 '서울'을 백과사전 같은 데서 찾아봐도 『큰사전』의 풀이만큼 정연하게, 또 넉넉하게 풀이된 것이 드물 거예요. 서울은 언제부터 서울인가, 1945년부터 서울이다, 그전에는 '경성'이었다. 그런 역사적인 것들이 쭉 서술되어 있어요. 우리 사전들 보면 초기부터 전문용어가 정연하게 정리된 편인데, 이게 다 『큰사전』

서왕-모 1681 서유 견문

처음 된 비행사(飛行士). 서기 1919 년에 중국 북경에서 비행대(飛行隊)의 비행사로 있었음.

서왕-모(西王母) 【이】 중국의 옛날 서방에 있었다는 나라 이름. ② 옛날 주 목왕(周穆王)이 요지(瑤池)에서 베뻐고 놀았다는 선녀(仙女)의 이름.

서용(敍用) 【이】 죄로 말미암아 버슬을 떨하였던 사람을 다시 씀. ——-하다 【남.여벗】.

서우-기(犀牛旗) 【남】 《고제》 의장기(儀仗旗)의 하나.

서운(瑞雲) 【이】 상서로운 구름.(경운=景雲).

서운(瑞運) 【이】 상서로운 운수.

서운-하다 【어.여벗】 마음에 부족함을 느끼다. (서분하다②. 서워하다. 결연하다=缺然—).

(서우기)

서운-향구(瑞雲香毬) 【이】 향(香)의 한 가지.

서운-히 【엊】 서운하게. (결연히=缺然—).

서울1 【이】 한 나라의 중앙 정부(中央政府)가 있는곳. (경도=京都1. 경락=京洛. 경사=京師. 경조=京兆. 도성=都城. 도읍=都邑. 도하=都下. 수부—首府②). (옛말: 서울. 셔블).

서울2 【이】 《지》 우리 나라의 수부(首府), 역사적 도읍(都邑). 나라의 정치, 문화, 교통, 상업의 중심지(中心地). 고구려 유리왕(琉璃王) 2 년(18 B.C.)에 백제 시조(始祖) 온조왕(溫祚王)이 개황(開荒)하여 즉위(即位) 14 년(5B.C)에 남한산(南漢山)으로 도읍을 옮기고 북한성(北漢城)이라 함. 백제 근초고왕(近肖古王) 26 년 (371) 에 다시 도읍이 되어 105 년이 되던 개로왕(蓋鹵王) 31 년(475)에 고구려 장수왕(長壽王)에게 파(破)함이 되어 고구려 남평양(南平壤)이 되고, 신라 진흥왕(眞興王) 14 년(553)에 신라의 신주(新州)가 되고 18 년(557)에 북한산주(北漢山州)가 되고, 29 년(568)에 남천주(南川州)에 딸리었고, 진평왕(眞平王) 26 년(604)에 다시 북한산주가 되고, 경덕왕(景德王) 16 년(757)에 한주(漢州)의 한양군(漢陽郡)이 되고, 고려 태조(太祖) 23 년(940)에 양주(楊州)가 되고, 문종(文宗) 21 년(1097)에 남경(南京)이 되고, 충렬왕(忠烈王) 34 년(1308)에 한양부(漢陽府)가 되고, 조선 태조(太祖) 3 년(1394)에 한성부(漢城府)가 되고, 융희(隆熙) 4 년(1910)에 경성부(京城府)가 됨. 서기 1945년 해방 후부터 서울이라 정함. 위치(位置) 북위(北緯) 37 도 3 분, 동경(東經) 127 도 4 분, 동과 북과 서북은 고양군(高陽郡), 동북은 양주군(楊州郡), 서는 김포군(金浦郡), 남과 서남은 시흥군(始興郡)과 접하고, 동남은 한강을 격하여 광주군(廣州郡)과 이웃함. 진산(鎭山)인 삼각산(三角山)의 줄기 북악산(北岳山)이 시가(市街)의 북쪽에 솟았고 인왕산(仁王山)과 모악(母嶽)이 서북으로, 낙타산(駱駝山)과 수락산(水落山)이 동북으로 벌리어 둘러 있으며 목멱산(木覓山)이 남에 웃뚝함. 한강(漢江)이 일떠 이 산을 휩싸고 돌다가 서남의 평지(平地)를 관류(貫流)하여 바다에 들어감. 면적 1,360,000 평방 km. 인구 1,500,000. 각 관공서(官公署)와 및 여러 기관(機關)과 창덕궁(昌德宮)과 경복궁(景福宮), 덕수궁(德壽宮)의 옛 대궐이 있고, 명승(名勝)과 고적(古蹟)이 많음. (경성=京城).

서울 까정이 【이】 시골 사람이 서울 사람의 제 욕심만 차림을 밉게 하는 말. (경중=京中).

서울-나기 【이】 서울에서 난 사람을 이르는 말.

서울-뜨기 【이】 시골 사람이 서울 사람을 조롱하여 일컫는 말. ("시골뜨기"의 대).

서울-시(—市) 【이】 서기 1945 년부터 "경성부(京城府)"를 고쳐 일컫는 이름.

서원(西苑) 【이】 《지》 =상림원(上林苑).

서원(書員) 【이】 《고제》 ① 서리(書吏) 없는 관아에 두는 구실아치. ② 각 면(面)의 세금을 받는 아전.

서원(書院) 【이】 《고제》 선비들이 모여서 학문을 강론하기도 하고, 석학(碩學), 또는 충절(忠節)로 죽은 사람을 제사하는 곳. 중종(中宗) 때 주세붕(周世鵬)이 풍기(豐基)에다 백운동 서원(白雲洞書院)을 세움에서 비롯함.

서원(署員) 【이】 끝에 서(署)라고 붙은 관아(官衙)에 직업을 둔 사람. 경찰서원, 세무서원 따위.

서원(誓願) 【이】 《불교》 ① 보살(菩薩)이 수행(修行)의 목적을 달성(達成)하겠다는 원. ② 중생(衆生)을 남김 없이 건져내겠다는 불타(佛陀)의 큰 원. 곧 아미타(阿彌陀)의 사십 팔원(四十八願), 석가(釋迦)의 오백 대원(五百大願) 따위. ——-하다 【남.여벗】.

서원-력(誓願力) 【이】 《불교》 서원(誓願)하는 염력(念力).

서위-하다 【어.여벗】 =서운하다.

서유(恕宥) 【이】 잘못을 관서(寬恕)함. ——-하다 【남.여벗】.

서 유구(徐有榘) 【이】 《사람》 순조(純祖) 때 경세가(經世家). 호는 풍석(楓石). (서기 1764—1845).

서유 견문(西遊見聞) 【이】 《책》 고종(高宗) 32 년

한글학회『큰사전』의 '서울' 항목.

에서 시작된 겁니다. 그 분야 전문가가 혼자 집필해서 그런 거야. 일반 어휘도 그렇게 해야 한다고 봐요. 계절 어휘라든지, 낚시용어라든지 전부 그렇게 하면 하나씩 계통과 체계가 서는데.

정 정인승 선생님이 『큰사전』을 만드는 데 많은 활약을 하셨잖아요. 한글학회에서 정인승 선생님의 흔적이나 흐름 같은 게 있었나요?

조 얘기 들은 건 좀 있어. 초창기 『큰사전』은 이윤재 선생님의 노력이 컸어요. 심지어 『한글』 잡지 발간할 때도 주간을 이윤재 선생이 했는데 옥중에서 돌아가셨어요. 돌아가시고 난 이후의 책임자가 건재 정인승 선생이지. 최현배 선생이 부르셨어요. 건재 선생은 연희전문학교 영어과 출신이고, 고창고보에서 교사도 하셨어요. 조선어학회 사건으로 옥고도 치르셨고. 건재 선생님이 『큰사전』을 완간할 때까지 책임을 지고 일했지요. 『큰사전』에 관여한 분들 가운데 마지막에 집필한 분들이 진짜 편찬한 사람이거든. 사실 집필한 분은 몇 분 안 되는 것 같아. 정태진 선생은 전쟁 중에 교통사고로 돌아갔고. 누가 뭘 집필했는지 그 기록이 별로 없어요. 건재 선생님과 전문 어휘를 분야별로 맡았던 분들, 그 밖에 작성된 원고를 교열한 분들이 있죠. 『큰사전』 출간 이후 편찬에 참여했던 분들이 대학 등으로 다 떠나서 편찬실은 완전히 새로 시작하게 되었어요. 건재 선생님은 중사전 때까지, 그러니까 1958년까지만 관계하시고, 그 이후로는 사전 편찬에서 떠나셨죠. 나도 학회 근무하면서 그게 좀 후회되는데, 건재 선생님을 모시고 과거에 있었던 여러 가지 일들을 왜 물어보지 않았을까. 편찬 과정에 대해 글을 남겨놓으신 게 별로 없어요. 건재 선생은 머리가 참 영리하셨던 분이에요. 사전 편찬할 때 뜻풀이를 쉽게 한다든지, 철자법에 관해 서로 왈가왈부할 때 그걸 해결한다든지, 반짝하는 머리 같은 게 좀 있으셨다고 해요.

정 이건 처음에 여쭙고 싶었던 것인데요, 한글학회에는 왜 들어가셨어요?

조 한글학회는 1969년에 들어갔어. 1966년에 대학을 졸업했고, 68년에 제대를 했지. 그때 내가 스물여덟이었어요. 당시 우리나라가 경제개발 5개년 계획을 막 시작할 때였지만 취직할 곳이 없었어요. 요즘 젊은이들과 마찬가지야. 인문학 전공자들은 신문기자로 몇 명 가고, 출판사나 방송국 정도……. 참 어려웠어요. 그때 친구 소개로 한번 가봤어요. 무슨 날, 몇 시에 외솔 선생님 뵈러 가봐라 해서 만나러 갔지.

정 우리말에 대한 사랑이라든가, 그런 게 평소에 있었던 것은 아니고요?

조 글쎄, 그런 것보다는 일단 그냥 한번 가본 거지. 외솔 선생도 이 사람을 한번 시험해보자 했던 것 같아. 원고지를 주시더라고. 한글 전용 문제에 대해 글을 써보라고. 그리고 단어 몇 개를 주면서 뜻풀이를 해보라고 하시더라고. 시간은 무제한이니까 오전 내내 썼어. 열두어 장 썼는데 한글 전용에 대해 내가 뭘 아나, 잘 모르지. 감이 없을 때거든. 얼른 생각해보니 내가 독일어과를 나왔으니까 마르틴 루터 성서를 번역한 것, 터키의 케말 파샤가 문자 개혁을 한 것 정도는 알고 있었는데, 그런 걸 적어 냈지. 논술시험을 본 거지. 외솔 선생님이 그걸 보시고는 며칠 있다가 부르시더라고.

정 들어가자마자 바로 『우리말큰사전』 작업을 하신 거예요?

조 편찬 작업은 내가 들어가기 1년 전부터 했었대. 나는 1969년에 들어갔고, 마무리할 때까지 근무했어요.

정 20대 후반부터 20년 이상 사전 하나를 만들면서 보내신 건데, 중간에 지겹거나 하지는 않으셨어요?

조 그럴 때가 있었지요. 요즘 세대는 어떤지 몰라도 사십 고개라는 게 있잖아. 마흔 살이 될 때 괴롭더라고. 한 10년 가까이 사전 편찬한다고 앉아 있었는데, 세상은 조금씩 발전하는 것 같고. 아, 이렇게 살아도 될까 싶어서 다른 데 시험 치러도 가봤어요. 해봤는데, 잘 안 되더라고. 요즘 시험은 어떤지 모르겠으나 예전엔 시험이 까다로웠어요. 시험이 아니야. 중앙일보 시험 쳐봤고, 학원사에서 백과사전 만든다기에 지원해서 거기는 합격했어. 그런데 전화로 급여를 흥정하더라고. 그때 중고등학교 교원 월급이 25만 원 정도 했으니까 그만큼은 되어야 하지 않나 했는데 조금 높았던가 봐. 그 뒤에 연락이 안 와서 못 갔지.
그렇게 지내고 있었는데 사람들이 점점 한글학회를 나가고, 그러니 내가 『한글새소식』(1972년 창간된 한글학회의 기관 신문) 일을 겸하게 됐지. 그 일에 붙들리게 되더라고. 외솔 선생님 돌아가시고 나서

허웅 선생님이 이사장이 되셨거든. 허웅 선생이 서울대 계실 때여서 원고 심부름도 해야 하고, 그러다 보니 차츰 책임자가 되었지. 오래 끌어오던 일의 보따리를 내가 챙기고 있다 보니까 후배들 중에 물려줄 만한 사람도 없고, 갈 자리도 없고 해서 끝을 본 거지. 허웅 선생님이 『우리말큰사전』 끝난 뒤에 새로운 편찬 계획을 짜보라고 말씀하셨는데, 거절하고 나와서 한국마이크로소프트에 한 2년 있었어요. 자연어 처리 한다고. 그게 이미 오래전 일이네.

허웅(1918~2004)은 서울대 언어학과 교수를 지낸 언어학자다. 외솔 최현배의 『우리말본』을 접하고 한국어학 연구를 시작했다. 국어사와 중세 국어 문법을 연구하여 『우리 옛말본』(1975)으로 집대성했다. 이후 이루어진 중세 국어 연구의 대부분이 이 책의 그늘 아래 있다. 그 외에도 『언어학 개론』(1963)과 우리말에 관한 다수의 에세이를 썼다. 주시경, 최현배의 학맥을 이었다는 평가를 받았으며 34년간 한글학회 회장을 맡아 조선어학회의 학맥 또한 이어나갔다. 한자어 표기가 일반화된 이후에도 순우리말 문법용어를 두루 사용하여 글을 남겼다.

정 한 사전을 20년 이상 작업하신 분은 한국에서 조재수 선생님이 유일하지 않나 싶더라고요.

조 한국마이크로소프트에는 얼마 못 있고 나왔지. 내가 하는 일은 늘 사전이었으니. 그 뒤에도 한 자리에서는 아니지만 출판사 등에서 요청하면 사전 원고도 쓰고 했지. 마이크로소프트에 가서는 노트북 가지고 컴퓨터 똑딱거리는 걸 배웠어요. 그 뒤로도 심심하면 사전 들여다보며 조금씩 보태고. 그러다가 『겨레말큰사전』이 불러서 오게 되었지. 1969년에 시작했으니 2019년이면 50년이

되네. 이 일 외에는 별로 한 게 없다. (웃음)

정 겨레말 일은 처음부터 참여하신 겁니까?

조 편찬위원 구성할 때 홍윤표 교수가 연락을 해왔어요. 여기 좀 나와 있으면 안 되겠느냐고 해서 나와 봤지. 여기 와서도 편찬위원장들이 임기를 못 채우고 나가니까 대리를 하고, 또 상임이사 자리가 비어 있으니까 그것도 하게 되었고. 이제 나도 끝나가고 있어. 너무 오래 있었고, 나이 많은 사람이 일을 계속 붙들고 있기도 그렇고. 그런 즈음에 정 선생과 만났네.

한글 맞춤법과 사전의 규범성

정 『우리말큰사전』이 나오던 시점에는 『표준국어대사전』이 없었죠. 당시엔 한글학회가 언어 규범을 전파하고 순화 운동도 하는 단체였잖아요. 한글학회에서는 『우리말큰사전』 작업을 하면서 규범성을 얼마나 반영하려고 했나요?

조 1930년대에 맞춤법과 표준어가 정해졌어요. 그땐 나라도 연구소도 없을 때라 조선어학회에서 만들었지요. 그걸 광복 이후에도 계속 써왔고. 처음 이름은 '한글 마춤법 통일안'(1933년 발표)이었다고 해요. 이후 나라도 되찾고 세월도 많이 지났으니까, 또 언어에도 변화가 있었으니까 철자법도 정리해야 하고 '큰사전'을 다시 만들어야겠다 해서 시작된 것이었지요.

이후 1970~77년 사이에 국어조사연구위원회라는 게 있었어요. 최현배 선생이 이사장이었지. 옛날엔 조선어학회밖에 없었으니까 조선어학회를 중심으로 전국의 위원들을 모아서 표준안을 제정했지만 이 무렵엔 이미 이런저런 어문단체가 많아졌어요. 한글학회에서 국어국문학회라든지 국어교육계라든지 관련 전문가들을 모두 위촉해서 국어조사연구를 한 적이 있어요. 맞춤법과 표준어 재사정인 거지. 그게 1977년에 마무리가 되어 결과물을 정리해서 문교부에 전달하는 심부름을 했었어. 보고서를 냈다고. 맞춤법 고친 것, 표준어 새로 사정한 것이 1만 개쯤 됐고, 한자어 5000개 정도를 정리했지.

그런데 그것을 정부에서 발표를 안 했어요. 확정을 못 했다고. 문교부에서 한글학회에 맡겨 회의비까지 줘가면서 결과물을 얻었는데, 그중에서 어떤 부분이 북쪽의 철자법과 일치했다나. 정확히는 잘 모르겠지만, 아무튼 그래서 그때가 김종필이 한참 국무총리를 하다가 최규하로 바뀐 직후였는데 그게 보류가 되었어요. 한쪽에서는 발표하고 싶어 하기도 했는데, 학술원에서도 검토하고 문교부 국어심의회에서도 검토하고 했지만 발표는 안 했지. 그러다가 1984년에 국어연구소(1991년 국립국어연구원으로 승격, 2004년 국립국어원으로 명칭 변경)가 생겼어요. 안국동에 있었어. 그 보고서가 국어연구소로 넘어갔네. 국어연구소에서 정리를 해서 발표는 1988년에 했지. 문교부가 '한글 맞춤법'(제88-1호)과 '표준어 규정'(제88-2호)이란 이름으로 고시를 하고, 그다음에 시행령을 내서 오늘날의 맞춤법과 표준어가 정해졌어요. 이때의 고시 내용은 국어조사연구위원회의 결과물을 다 반영한 게 아니고 국어연구소에서 2000개 정도만 추려서 한 겁니다. 그렇게 해서 1989년부터 쓰기 시작한 게 지금 우리가 쓰는 한글 맞춤법이에요. 북에서는 1987년부터 『조선말규범집』에 따른 철자법을 쓰고 있죠.

한글학회의 『우리말큰사전』 원고를 1988년에 출판사에 넘기려고 했는데, 그해에 표준어 고시가 있었고 다음 해에 공포가 되었단 말이지. 그래서 원고를 고쳐야 했는데, 사진 식자기로 이제 겨우 조판을 한 상황이었어요. 한글학회는 종래의 맞춤법 통일안을 포기할 수 없었지요. 학회에서는 이미 1980년에 새로 정리한 한글 맞춤법을 발표했거든. 고작 8년밖에 안 된 거지. 그렇지만 바깥에서는 국어연구소가 표준어 고시를 발표한 상황이니 한글학회의 맞춤법을 인정하지 않았어요. 1989년부터 새 맞춤법으로 바뀌었는데, 『우리말큰사전』은 걸리는 부분이 꽤 있었지. 사이시옷의 경우 새 맞춤법에서는 한자어와 한자어 사이에는 안 쓰고 고유어와 한자어, 고유어와 고유어가 결합했을 때만 쓰게 되어 있는데, 『우리말큰사전』은 종래의 문법을 고수했어요. 한자어 사이에도 사이시옷을 쓴 거지. 그런 몇 가지를 안 따라갔는데, 방송 같은 데서 기자들이 그걸 오류라고 얘기하는 거예요. 맞춤법을 따르지 않은 사전이 된 거야. 우리는 표준어로 공표된 어휘들은 우리가 정리한 것과 다르더라도 동의어로 다 받아들였고, 맞춤법만 일부 안 따라갔다고. 그것이 빌미가 되어 이 사전은 시장에서 못 쓰게 되었지.

금성출판사에서 서둘러 대사전을 만들면서 새 맞춤법을 반영해 크게 성공했어요. 그다음에는 국립국어원에서 느닷없이 사전을 시작합니다. 1999년에 그 사전을 마무리하면서 '표준'이라는 말을 이름에 붙였어요. 그 이후에는 금성판 사전도, 한글학회 사전도 모두 사라지게 됐지.

어문 규범은 바로 그런 문제입니다. 한글학회가 어문 규범을 정리하고 관리할 때는 필요할 때마다 수정을 했어요. 그런데 지금 국립국어원에서는 수정이나 보완을 잘 안 하는 것 같아. '더우기', '일찌기'를 '더욱이', '일찍이'로 바꾸며 어근을 살렸지만, '또바기' 같은 건 있는지도 모르고 그대로 두었거든. 그런 게 발견되고 자료가 나오면 보충을 해줘야 한다고. '멍석말이' 등과 달리 '두루마리'는 소리대로 적고 있거든. 철자법도 맞춤법도 한 번 만들어서 몇 십 년을 그대로 쓰는 게 아니에요. 요즘엔 새로운 문제가 생기면 금방 알리고, 해결할 수 있잖아요. 환경이 얼마나 좋습니까. 말 다듬기(순화) 할 때는 여론을 모아서 결정하고 그러잖아요. 철자법도 그렇게 하면 됩니다. 부족한 건 보완하고, 잘못된 건 고치고 그래야지요.

정 한글 맞춤법 통일안이 조금씩 바뀌어왔다면 '이희승 사전'이나 '신기철·신용철 사전' 등에도 그때그때 반영이 되어서 그 사전들이 규범 역할을 했던 거죠?

조 그렇죠. 한글학회 『큰사전』은 고생은 많이 했는데 수명이 짧았지요. 출판만 10년이 걸렸어요. 한국전쟁 직후였던 데다가 정부에서 한글 철자법이 너무 어렵다고 간소화안(1953년)을 제안해서 한 3년간 출간을 못 했어요. 소위 말하는 한글 파동이지. 첫 권을 1947년에 내고, 1957년에 마지막 권이 나왔으니까 딱 10년이지. 10년이면 원고를 정리하고도 남을 시간이지요. 1957년에 다 나왔는데 결과적으로 여섯 권으로 분책이 되었어요. 이게 상품이 되겠어요?
『큰사전』의 집필이 시작된 건 1930년대로 봐야 되거든. 1930년대에 집필을 시작해서 1957년에 완간을 했으니 그 사이에 달라진 것도 많고, 새로 편찬을 해야 하는 시점이었단 말이지. 그 시기를 노린 것이 민중서관(1945년 설립, 1979년에 사전 부문만 법문사의 계열사인 민중서림에 인수)이었어요. 민중서림은 나중에 생긴 회사고. 이희승 선생을 책임자로 모시고 서울대학교 대학원생들을 동원해서 했지. 출판사가 일은 빠르다고. 『큰사전』 나올 무렵인 1956년부터 시작했다고 해요. 6년 가까이 작업을 해서 1961년에 한 권짜리 『국어대사전』, 소위 말하는 '이희승 사전'이 나옵니다. 『큰사전』의 16만 어휘에 다른 어휘들을 더해 23만 표제어를 수록한 부피가 상당히 큰 사전이었죠. 당시 참고 자료로는 『큰사전』이 유일했는데, 그 뒤에 나온 대사전인 데다가 단권이니 보기도 편하지, 영업도 잘하지. 자연스럽게 '이희승 사전' 시대로 바뀐 거지.

한글학회는 여섯 권의 불편함을 덜기 위해 단권으로 된 『중사전』을 1958년에 냅니다. 1년 만에 책을 내기 위해 어떤 요령을 썼느냐면 『큰사전』의 틀을 그대로 놓고 글자 크기를 줄이고 고유명사를 빼고 하니까 단권이 되는 거지. 또 1960년에 정음사에서 한글학회가 편찬한 『소사전』을 냅니다. 교과서 용어를 좀 더 바꾸고 해서 냈는데, 그건 아는 사람도 별로 없어요. 그 사전도 1963년쯤 자취를 감추죠. 그 뒤에 중사전의 장정을 바꿔서 『새한글사전』을 또 냈는데 그거 가지곤 안 되지. 이미 그때는 사전 시장을 '이희승 사전'이 석권했으니까.

사전이 장사가 잘되니까 다른 출판사에서도 사전을 해보고 싶다는 생각을 하기 시작했지. 북쪽에서도 사전을 편찬해왔는데, 그때는 북쪽 자료를 입수하기가 어려웠어요. 일본의 학우서방学友書房(조총련 계열 출판사)을 통해서 북쪽 사전의 축쇄판이 간혹 들어오는 일이 있었어요. 그런 사전을 암암리에 참고했지. 그게 1970년대인

▲ 한글학회의 『큰사전』 1~6권.
▼ 『금성판 국어대사전』, 『국어대사전』(이희승), 『새우리말큰사전』(신기철·신용철).

데, 북쪽은 1956년에 소사전을 내고 1960년에 여섯 권짜리 『조선말사전』을 내기 시작해 1962년에 완간합니다. 그것이 18만 어휘였어. 옛날 『큰사전』의 16만 어휘를 정리하고 새로운 어휘를 보태고 한 거지. 『임꺽정』의 어휘 같은 게 들어가기 시작했어요. 남쪽에서 올라간 이극로 선생이나 김병제 선생 같은 분들이 동참을 해서 만들었대요. 그 사전이 일본을 통해서 우리한테 들어온 거고.

그런 자료들을 참고해서 신기철·신용철 형제의 『새우리말큰사전』이 삼성출판사에서 1975년에 나옵니다. 그게 1, 2권으로 나뉘어서 '이희승 사전'보다 모양새도 좋고, 『큰사전』에 없는 어휘들도 있어서 장사를 좀 했지. 소위 '국어사전의 장사 시대'가 열린 거예요. 『큰사전』은 점점 자취를 감췄고. 그러다가 최현배 선생이 『큰사전』 보유補遺 사업을 하게 됩니다. 5년 계획했던 게 20년 넘게 걸리고, 맞춤법 표준안에 걸리고, 또 국립국어원에서 『표준국어대사전』을 내면서 유명무실해진 거지.

이극로(1893~1978)는 조선어학회의 국어학자였다. 광복 이후 월북해 고위직을 두루 거치며 북한 정부 수립에 참여했고, 사전 편찬을 주도하며 북한의 국어학 연구와 어문 정책의 초석을 닦았다. 그는 당시 독립운동가 중에서도 유독 공부를 많이 한 인물이었다. 상하이에서 대학을 마치고 독립운동을 하던 중 독일 유학길에 올라 경제학 박사학위를 취득했고, 이후 베를린대학에 조선어 강좌를 개설해 강의하기도 했다. 귀국 후 조선어사전 편찬 사업을 기획하는 등 조선어학회의 중심인물로 활동하다가 1942년 7월 '조선어학회 사건'으로 옥고를 치렀다. 해방 이후 출소해 조선어학회 활동을 이어가던 중 1948년 김구와 함께 남북연석회의에 참석했다가 북에 남는다. 이후 북한에서 『조선말큰사전』 편찬 작업을 계승해나간다.

정 『표준국어대사전』이 없었다면 상황은 어땠을까요?

조 금성판이 장사를 더 했을 거야. 금성판은 새 표준안을 따랐고, 그걸 노려서 출판을 시작했으니까. 생각해보면 우리는 사전 편찬을 제대로 시작하고 끝내본 적이 없는 것 같아요. 이후 대학에서도 사전을 만들긴 했지. 연세대에서 편찬위원회를 대거 발표했지만 쪼그만 사전 하나 나오고 말았고, 이후 고려대가 가만히 있을 수가 없어서 대사전을 냈잖아요. 한마디로 '이희승 사전' 때부터 전문용어, 한자어, 백과사전적인 용어를 보태면 어휘 늘리기가 쉬우니까 다 그런 식으로 작업해서 『표준국어대사전』, 『고려대한국어대사전』까지 나아간 거야. 일반 어휘도 어느 정도 보태긴 했지만, 말뭉치 속에 있는 것들을 눈여겨보면서 일일이 거두진 못했지.

한글 맞춤법의 간략한 역사

1933년 조선어학회 '한글 마춤법 통일안' 발표

1937년 표준말 심사와 수정

1940년 '한글 맞춤법 통일안' 원안 일부 개정

1970년 국어조사연구위원회 발족(6개 학술단체, 30명의 한글학자)

1977년 국어조사연구위원회 새 표준어 및 맞춤법 개정안 정부에 제출

1978년 문교부 '한글 맞춤법 개정 시안' 마련

1981년 학술원으로 이관

1985년 국어연구소로 재이관

1987년 국어연구소안 작성, 문교부 국어심의회의에서 수정

1988년 1월 문교부 '한글 맞춤법'(제88-1호)과 '표준어 규정'(제88-2호) 고시

1989년 3월 시행

큰 틀에서 보자면, 1933년의 '한글 마춤법 통일안'이 조선어학회와 한글학회에 의해 지속적으로 수정되면서 사용되다가 문교부/국어연구소/국립국어(연구)원을 통해 국가가 관리하는 형태로 바뀌었다. 내용 면에서는 기본적으로 '신꼬, 신따, 시느니/갑시, 갑또, 감만'이 아니라 '신고, 신다, 신으니/값이, 값도, 값만'을 택하는, 즉 원래의 형태소를 드러내는 형태주의 입장을 취하면서 예외적으로 표음주의('낫니, 곱으니, 듣으니'가 아니라 '나으니, 고우니, 들으니')를 허용하는 지금과 같은 관점으로 정착해왔다.

이 과정에서 국가가 국민이 우리말을 일관성 있게 사용할 수 있도록 기여한 바도 있지만 전체적으로 보면 민간의 역할을 국가가 가져가 수행한 역사라고 해도 과언이 아니다. 한글 맞춤법의 토대는 조선어학회가 '한글 마춤법 통일안'과 『조선말큰사전』을 만들면서 닦았다. 조선어학회/한글학회의 『조선말큰사전』/『큰사전』은 최초의 한국어대사전이라는 의미가 있지만, 상업적 성격은 약했다. 한국 사회에서 처음으로 규범 역할을 한 것은 '이희승 사전'이었다.

한글학회에서도 맞춤법 통일안을 보완하고, 『큰사전』을 개정하려 준비하고 있었지만 문교부에서 먼저 맞춤법 개정의 역할을 가져가는 바람에 낭패를 보았다. 결국 문교부 안을 따르지 않은 한글학회의 『우리말큰사전』은 도태되고 말았고, 그 과정의 마지막 결정타는 『표준국어대사전』의 출간이었다. 국가가 주도한 『표준국어대사전』의 출간은 이후 그 밖의 모든 한국어사전을 '비표준'으로 만들어 버렸다. 이 '비표준' 한국어사전들은 차례로 소멸의 길로 들어섰다. 그럼에도 국가는 여전히 어문 정책 전반을 관장하고 있으며, 최근에는 국민과 함께 만드는 '우리말샘opendict.korean.go.kr'이라는 온라인 사전까지 내놓은 상황이다.

현재 국립국어원에서 수행하는 이런 작업들은 별다른 잡음 없이 국민의 언어생활을 좌지우지하고 있다. 종종 언중이 따르지 않는 표준어가 문제가 되기도 하지만, 최근에는 '자장면/짜장면'처럼 공통 표준어로 인정하는 방식으로 국가가 수용하고 있다. 국립국어원이 나름대로 제 역할을 잘하고 있지만, 여기서 우리가 짚고 넘어가야 할 점은 국가가 어문 정책과 사전 편찬 양쪽에 이렇게 깊이 개입하는 경우는 세계적으로 극히 드물다는 사실이다. 대부분은 대학이나 민간에서 시민의 언어생활을 자연스럽게 반영하는 방식으로 작업한다.

이런 특이한 상황 때문에 우리가 사용하는 다양한 사전 가운데 오직 한국어사전만 국립국어원의 승인 아닌 승인을 받는 꼴이 됐다. 국민들은 어휘의 정확한 사용법이나 표기법을 모를 때 국립국어원에 무엇이 옳은지 묻고, 국립국어원은 그것을 일일이 검토해 답해주는 일종의 결정자 역할을 하고 있다. 문법과 표준어는 기본적으로 권장사항일 뿐인데, 한국어 사용자들은 마치 이것을 지켜야 할 법인 양 받아들이고 있는 것이다. 국립국어연구원이라는 명칭에서 '연구'라는 말이 빠지면서 이러한 경향은 더욱 강화되었다.

조재수 선생님은 이런 상황에 대해 어떤 판단을 내리시진 않았고, 오히려 국립국어원이 새로운 어휘를 반영해 표준어를 지속적으로 보완해야 하는데 그것을 소홀히 하고 있다는 우려를 표하셨다. 즉 표준어 규범이 새로운 내용을 신속하게 받아들이고 국민에게 고시해야 혼선이 줄어든다는 관점이다. 그렇다고 해서 이런 관점이 문법이든 표준어든 정해지면 무조건 지켜야 한다는 얘기는 아니다. 언어의 사회성을 위해서라도 일관성 있는 규정이 빨리 제시되어야 하지만, 그 규정이 언어의 유동성을 막아서는 안 된다는 뜻이다. 언어생활에 규범을 제시하는 일은 이렇게 복잡 미묘한 것이다. 그런데 여기에 국가가 개입하니 아무래도 이런저런 말이 나올 수밖에 없다. 이 부분에 대해 현재 국립국어원의 입장은 매우 보수적이다. 이는 국가기관이기 때문에 어쩌면 당연한 태도다.

웹사전 편찬자인 내 입장에서도 어느 쪽이 바람직한지 판단하기가 쉽지 않다. 나는 규범이라며 제시하는 것보다는 어원을 확실히 밝혀주고 모범을 제시하는 정도면 충분하지 않은가 싶다. 다른 표기가 있다면 그것의 추이를 책이나 검색 데이터를 통해 제시하면 된다. 어떤 표기를 사용할지는 기본적으로 언중이 선택하는 것이며, 국가가 나서서 옳고 그름을 판단해줄 필요는 없다고 본다. 언어

는 '소통'이라는 기능 때문에 어느 정도 표준화되어야 하는 숙명을 가지고 있지만, 표준화가 너무 강력해지면 '변화'라는 큰 규모의 역동성을 해치게 된다. 언중의 선택이 모든 것을 결정한다는 점에서 언어의 사회성은 민주주의의 가장 철저한 사례가 아닌가 싶다.

정 선생님은 '규범사전'의 시대를 사셨잖아요. 그 사전이 지나치게 계몽적 관점을 가졌다 해도 다들 그것을 참고하며 그대로 따르려 했고, 『금성판 국어대사전』도 새로운 맞춤법과 표준어를 충실히 따랐다는 이유로 존재감을 가졌던 거잖아요. 반면에 지금은 말뭉치에 있는 것을 사전 편찬자가 얼마만큼 잘 꺼내 기술하느냐가 중요한 '기술記述사전'의 시대죠. 하지만 있는 그대로 기술하는 것만으로 사전 편찬을 끝내는 것도 그다지 바람직해 보이진 않습니다. 기술사전의 시대에 사전의 규범성은 어느 정도까지 지켜져야 할지 선생님의 의견을 듣고 싶습니다. 얼마 전에 '짜장면'이 표준어로 인정되었잖아요. 그 전에는 언론 출판계에서는 '자장면'이라 썼고 방송에서도 굳이 [자장면]이라고 발음해왔는데, 대부분의 사람들은 '짬뽕, 짜장면'을 더 좋아했거든요. 언중과 규범 사이의 괴리가 컸죠. 기술사전의 입장에서는 당연히 짜장면인 거고, 규범사전에서는 자장면이라고 얘기해왔지요. 그 사이에서 사전은 어떤 태도를 취해야 할까요?

조 사전의 규범성이라고 할 때 한국어 전체의 철자법이나 표준어 규정이라면 그것은 따라야 하고 적용해야 하겠죠. 다만 거기에 '비표준', '비규범'적인 것을 더해야 할 필요가 있을 때는 그에 대한 설명을 붙여줘야 되겠지. '자장면'이 표준어라면 '자장면'으로 다루고 그 아래 붙임이나 참고란을 둬서 '짜장면'이라고 쓰는 사람이 많다, 혹은 과거 어떤 시기에 '짜장면'이라고 썼다 등의 정보를 밝혀주는 겁니다. 그런 붙임 설명을 많이 활용해야 될 것 같아요.

정 현재의 규범은 따라가야 한다는 말씀인 거죠?

조 그걸 무너뜨리면 안 되죠. 다만 다른 의견이 있을 수 있으니까 그걸 덧붙이면 되지. 그런 것들이 필요합니다. 역사적인 내용을 붙여줄 수도 있고, 어떤 단어에 지역적인 차이가 있다면 그것도 덧붙일 수 있겠지요. 요즘 정보 시대라는 게 그거지. 정보는 많이 제공할수록 좋은 거니까. 물론 관련 없는 것까지 굳이 제공할 필요는 없지만. 관련 있는 규범적인 것을 모두 망라해서 제공하면 좋죠. 분량도 많아지고 내용도 충실해질 수 있겠지요.
순화어도 해야죠. 나는 순화어를 중요시하는 사람인데, 언중이 널리 쓰지 않더라도 풀이를 제시해주는 게 좋다고 생각해요. 순화어는 애써서 만든 것이니 설사 제대로 자리 잡지 못한다 하더라도 어휘 자료로 남겨두면 좋습니다. 최근 옛날에 나온 잡지 『한글』을 살펴보았는데 상하이에서 김두봉 선생이 만들어낸 과학용어가 많더라고요. 화학은 '될 화化'에 '배울 학學'이니까 '되갈'이라고 불렀다고. 지금 생각하면 이상하지만 이상할 게 없는 말이에요. 화학은 뭐 말이 되나. 말을 다듬은 거예요. 최현배 선생은 저술을 할 때 반드시 당신이 다듬은 어휘를 쓰고 괄호 안에 해당 한자어를 쓰고 그랬어요. 최현배 선생이 다듬은 말이 많습니다. 우리 철학자 류영모 선생도 어휘를 많이 다듬었죠. 그걸 다 수집할 수는 없어도 한번 모아보려고 해요. '자아'라는 말도 '제나'라고 썼는데, 최현배 선생도 그렇고 류영모 선생도 '제나'라고 했어요. 다들 생각하는 게 비슷해요. 서로 참조하지 않았지만 같은 식으로 다듬은 거예요.

지금도 뜻이 있는 사람들은 우리 어휘를 만들어내야 돼. 있는 말 써야 한다면서 새로 만들면 안 된다고들 하잖아. '명사, 동사'를 써야지 '이름씨, 움직씨'를 쓰면 안 된다고. 그런 식으로 하면 우리 어휘가 발전을 못 하는 거지. 단어가 처음 생길 때 하늘에서 그냥 주는 거 아니잖아요. 누가 만들었어도 최초에는 개인어란 말이에요. 그런데 지금 누가 새로운 말을 만들면 개인어라고 해요. 그거 좋은 뜻으로 쓰는 말이 아니야. 농사용어도 학자가 지은 거 아니잖아요. 시골서 밭 매고 수확하는 사람들 입에서 나온 말 아니겠어요. 지금도 뜻이 있는 사람들은 자기 말을 만들어서 글을 써야 된다고. 설령 남들이 그걸 읽어주지 않고, 써주지 않더라도 그런 것을 많이 남겨놔야 우리 어휘 자료, 우리말의 형태소가 풍부하게 된다 이 말이지. 자꾸 일본서 건너오는 말, 외국 사람들이 만들어놓은 학술용어만 받아서 쓰니까 우리 전문용어가 없어지는 거야. 우리 고유어는 전문용어가 안 된다고 생각하는 게 문제라고.

참고로 '되갈'의 '갈'과 '제나'의 '제'의 뜻풀이를 살펴보자(『고려대한국어대사전』).

> **갈[2]** '론論', '연구硏究', '학學' 따위를 뜻하는 말.
>
> **제[1]** 나를 낮추어 가리키는 말인 인칭 대명사 '저'에 관형격 조사 '의'가 붙어서 준 말.

류영모는 '제나[自我]를 이겨내 얼나[眞我]로 나아가야 한다'와 같이 사용했다.

정 한자가 조어력이 좋은 것은 맞지만…….

조 제대혈臍帶血 말이에요. 탯줄피잖아. 제대혈이 얼마나 어려운 말이야. 우리 때는 사각형 대신 네모꼴, 정사각형 대신 바른네모꼴을 썼지. 사다리꼴은 지금 제형梯形이라고 쓰는지 모르겠네. 평행사변형은 나란히꼴이라고 했죠. 혈액 순환은 피돌기거든. 그런 식의 용어들을 쓰기도 했는데 전부 한자어로 되돌아가 버렸어.

정 말뭉치를 강조하셔서 저는 선생님이 상당히 기술사전적 입장에 있는 분이구나 싶었는데 공존해야 한다는 말씀인 거네요.

조 그건 기본입니다. 어느 나라라도 철자법 같은 규범은 지켜야 하는 것이죠. 다만 우리나라는 아직까지도 표준어라는 족쇄에 붙잡혀 있는 것이 문제인데, 표준어를 인정할 수 없다는 게 아니라 표준어를 계속해서 늘려나가야 한다는 거죠. 그렇게 해도 표준어에 못 들어오는 것들은 참고란에 지역성이나 시대성 같은 걸 밝혀주면 된다는 겁니다.

정 표준이라는 말 자체에 좀 억압적인 느낌이 있죠. 표준이라고 안 했으면 시비를 걸지 않았을 텐데, 이게 왜 표준이냐는 얘기가 나오는 거잖아요. 『표준국어대사전』은 잘 만든 사전인데 표준이라는 이름을 쓰니까 공격당하기도 쉽지요. 표준이라는 이름은 적절하지 않지만, 그럼에도 불구하고 사전은 규범을 제시할 수밖에 없으니 어떻게 그 역할을 해낼 것인가, 참 어려운 문제네요.

조　표준이라는 말은 좋지 않아요. 딱 하나만 생각하게 되니까. 다른 표준은 있을 수가 없잖아요. 그래서 『표준국어대사전』에서 표준을 떼라는 말이 많았지요. 또 표준이라면 표준 노릇을 다 해야 하는데 표준에서 벗어나는 것이 많아요. 거듭 정리를 해야 하죠. 1988년에 나온 어문 규정을 그대로 유지만 해서는 안 되지. 손질할 것들도 있고, 자료가 계속 불어나니 추가해야 할 규정도 있겠고.

나는 어휘 순화에 부정적인 입장이지만, 의지를 가지고 살려 써야 한다는 명제에 토를 달 수는 없었다. 그런 노력을 지속적으로 하지 않는 한 좋은 우리말을 살려 쓸 기회가 없어지기 때문이다. 조재수 선생님의 말은 언중이 순화어를 선택할 수도 있고 안 할 수도 있지만 그것을 살려서 제안하는 일만큼은 지식인이 해야 한다는 얘기다. 나는 이 의견을 지지한다. 물론 순화어는 필연적으로 억지스러워질 수밖에 없기 때문에 소박하게 접근해야 소수의 어휘라도 선택받을 수 있다. 그러므로 국가가 진행하는 언어 순화 정책까지는 지지할 수 없다.

조재수 선생님의 말씀을 듣다 보면 중도란 무엇인가를 생각하게 된다. 선생님은 규범 자체도 중요하지만 규범이 족쇄가 되지 않기 위해서는 열려 있어야 한다는 관점을 가지고 있다. 순화어에 대해서도 마찬가지다. 규범과 순화어를 제시하고 홍보할 필요는 있지만, 그것들은 숙고를 거쳐 신중하게 정해져야 하며 자연스럽게 사용될 수 있도록 언론 출판계나 학계 등과 협력해나가야 한다는 것이다. 방향은 올바르게, 하지만 서두르지 말고 신중하게. 한평생 언어를 다룬 분의 생각이니 더욱 무겁게 다가온다.

말뭉치와 예문

정 국가는 국가대로, 대학은 대학별로 말뭉치를 다 따로 만들고 교류도 하지 않아 규모의 경제를 이루지 못하는 상황을 보면 저는 좀 화가 납니다. 이거야말로 국가가 해줘야 하는 일 아닌가 싶기도 하고요.

조 오늘날은 옛날과 사정이 다르죠. 우선 필기구가 펜에서 컴퓨터로 바뀌었으니까. 컴퓨터로 모든 말 자료를 입력하고, 또 그 자료를 들여다보며 컴퓨터로 집필하니까 엄청나게 빠른 시대가 된 거죠. 빠른 시대가 된 만큼 일거리는 더 많아졌고요. 1980~90년대에는 확보할 수 있는 말 자료가 1만 개 정도였다면 지금은 억 단위가 된 거잖아요. 도저히 상상할 수 없는 양이 모여 있으니까. 그 자료 중에는 쓸 것도 있고 못 쓸 것도 있지요. 그걸 정리하는 데만도 엄청난 노력과 시간이 필요해요. 이런 자료 수집 단계까지는 아직 연구가 아닙니다. 그 자료를 가지고 사전을 내든지 논문을 쓰든지 하는 게 연구지. 지금은 우선 말만 모아놓고 제대로 정리하지 못한 채 일을 진행하고 있어요. 아직까지도 우리의 언어 연구는 없던 말을 모으는 단계에 머물러 있지 않나 하는 생각이 들 때가 있어. 자료만 계속 쌓아온 거지. 서로 공유하지는 않고.

사전 편찬자의 일이 외려 늘어났다는 것은 정확한 지적이다. 지금은 일시적으로 일이 줄어든 것처럼 보이지만 그것은 일을 안 하기 때문이다. 사전의 본질은 개정판을 내는 과정에 있는데, 특히 외국어사전의 경우 누구도 개정 작업을 제대로 안 하고 있으니 일이 줄어든 것처럼 보이는 것이다. 기존의 편집 인력은 줄

어들겠지만, 말뭉치와 같은 IT 인프라를 구축하는 데는 인력이 늘어나야 한다. 정보의 폭증으로 검토해야 할 자료뿐 아니라 분야도 많아졌다. 다시 한 번 강조하지만 우리는 외국어사전 개정에 관해선 사실상 아무것도 하지 않고 있다. 그토록 영어 공부를 중요시하는 한국인들이 15~20년 전에 마지막으로 개정된 영어사전을 보고 있는 것이다.

정 서로 같이 작업하려 해도 포맷이 일정하지 않기 때문에 어려움이 많습니다. 합친다 해도 아주 좋은 게 나오지도 않을 것이고 중복도 많습니다. 말씀하신 연구 자료로서의 말뭉치를 얼마나 큰 규모로 정교하게 만들 것이냐는 정말 어려운 문제 같아요.

조 정리 단계를 거치지 않으면 시간만 버리게 되죠. 그건 늘 강조하는 이야기입니다. 말뭉치에 들어간 문학작품이라고 해도 그 중에는 잘된 것도 있고 잘못된 것도 많은데 그걸 구분할 사람이 과연 누구냐, 정리할 사람이 누구냐가 중요한 문제지. 아무나 들어간다고 다 정리할 수 있는 게 아니에요.

며칠 전 한글학회 행사에서 제가 '메밀꽃/모밀꽃' 얘기를 했지 않습니까? 이효석이 『조광』 잡지에 처음 발표했을 때는 「모밀꽃 필 무렵」이었거든. 모밀밭으로 썼고. 그런데 어느 시점에 '메밀'이 표준어가 된 거지. 이젠 모두 '메밀꽃'으로만 알고 있잖아요. 심지어 며칠 전 '이효석 문화제'에서도 보니 '메밀꽃 필 무렵 문화제'라는 이름으로 행사를 하고 있더라고. 이효석은 「모밀꽃 필 무렵」을 썼지 「메밀꽃 필 무렵」을 쓰진 않았지. 그것이 강원도, 함경도 말이라 하더라도 사전에 담을 수 있어야 하지 않겠어요? 그동안의 사전은 표준어와 비표준어가 있을 때 표준어를 중심으로 뜻풀이나 해주는 것이었다고. 이 간단한 사례에도 우리말의 현주소가 다 드러나요. 단어 하나에는 역사적, 문학적 발자취 같은 것이 다 남아 있어요. 우리 사전은 그걸 온전히 담지 못하고 있어.

사람들은 발음이나 품사, 뜻풀이 정도를 정리하고 그 말이 쓰인 예문 한두 개 넣어주는 것을 사전으로 아는데, 제대로 된 사전이라면 각 어휘의 시대적 정보, 언어학적 정보 등을 두루 담아야 하지 않겠어요? 『프랑스어 보고 사전Trésor de la langue française, TLF』이 나왔다는 말을 들었어요. 10만 어휘에 열여섯 권짜리 사전인데, 10만 어휘만 모아도 그만큼이나 정보의 양이 많다는 거지. 예문도 간단한 구 예문부터 문장 예문까지 다 들어 있는 데다가 문장 예문도 단문장뿐만 아니라 여러 문장으로 된 예문까지 다 있다는 거야. 우리도 어떤 어휘에 대해 아무개가 쓴 글을 생각할 수 있잖아요. 그걸 사전에서 안 대주면 어디서 대주겠어요.

정 단장취의斷章取義라는 말도 있듯이 문장 하나만으로는 뜻이 선명하게 드러나지 않는 경우도 꽤 있죠.

조 그렇지. 앞뒤 문장을 다 넣어줘야 되는 거지. 아직까지 우리는 그런 게 안 되고 있어. 김구 선생이 문화에 관해서 쓴 글이 자주 인용되잖아요. "오직 한없이 가지고 싶은 것은 높은 문화의 힘이다." 정치를 하고 혁명을, 독립운동을 하신 분인데 그런 좋은 글귀를 썼어요. 그런 내용 얼마나 좋아요. 그리고 단재 선생의 『조선상고사』 첫 줄에 나오는 "역사는 아我와 비아非我의 투쟁" 같은 구절. 그런 문장이 어디에 실려 있어야 찾아볼 수가 있지. 그런 걸 넣기에 좋은 자리가 사전이거든. 문장사전이 나오긴 했지만, 거기에만 그렇게 따로 넣는 것도 문제예요. 편찬자가 자기 입맛대로 넣기도 쉽고, 또 따로 찾아봐야 되잖아. 국어사전을 제대로만 만들면 거기 다 넣을 수 있다고 생각해요. 메밀꽃은 메밀밭에 핀 꽃이니까, 사전의 '메밀꽃' 항목에는 메밀꽃이 들어간 문장만이 아니라 '꽃이 핀 메밀밭'도 들어갈 수 있는 거지.

정 분량 제한도 없으니까요, 이젠. 웹사전을 만들다 보니 든 생각인데요, 한글학회가 만든 『큰사전』이 있고, 또 『우리말큰사전』이 있잖아요. 이 두 사전은 30년의 시차가 있어요. 두 사전의 같은 항목을 나란히 놓으면, 그게 작은 역사사전이 되잖아요. 고어까지는 어렵더라도 적어도 현대어에 한정해서는 가능하죠. 웹에서는 그렇게 보여주는 게 어려운 일이 아닌데, 그런 걸 하자고 회사를 설득하는 일은 정말 어려워요. 네이버도 카카오도 다 영리를 추구하는 회사니까요. 앞으로는 그런 일을 해야 하지 않을까 생각하고 있습니다.

조 그거 정말 필요할 텐데. 반딧불을 두고도 '깜빡이는 반딧불', '반딧불이 깜빡인다' 같은 예문을 넣어줄 수도 있지만, 이상화의 "가마득한 저문 바다 등대와 같이 / 짙어가는 밤하늘에 별 낱과 같이 / 켜졌다 꺼졌다 깜빡이는 반딧불" 같은 시를 적어 넣을 수도 있죠. 윤동주도 「반듸불(반딧불)」을 썼잖아요. "그믐밤 반듸불은 / 부서진 달쪼각"이라고 했거든. 이런 것들을 다 넣어줄 수 있지요. 소금을 두고도 이 문장을 넣어줄 수 있지요. "산허리는 왼통 모밀밭이여서 피기 시작한 꽃이 소금을 뿌린 듯이 흠읏한 달빛에 숨이 막혀 하얗었다." 이걸 후에 나온 판본에서는 문장을 고쳐버렸잖아요. 교과서에 나오는 문장이 그거죠.

아래 글은 『겨레말큰사전』 홈페이지에 연재하고 있는 '조재수의 겨레말 노트' 가운데 「문학과 사전」이라는 글의 일부로, 조재수 선생님이 위의 문장들이 어떻게 바뀌어왔는지 직접 비교 서술한 내용이다(일부 수정).

문학작품의 언어를 살펴보는 데에 가장 중요한 것은 원본 내지 초간본 자료를 이용할 수 있어야 한다는 점이다. 한 작품도 세월이 지나면 여러 이본이 나오기 때문이다. 오늘날 서점에 즐비한 우리 문학작품의 서로 다른 판본을 몇 문장만 비교해보면 느끼는 바가 있을 것이다. 윤동주 시어의 경우, 민음사의 《사진판 윤동주 자필 시고 전집》(원본)에는 '다람이', '돌재기', '뺀뺀한', '요', '잠살포시'라고 적혀 있는 것을 《하늘과 바람과 별과 시》(윤일주 엮음, 정음사, 1978년)에서는 '다래미', '돌짜기', '빤빤한', '모이', '잠 살포시'라고 적었다. 우리는 문학 분야에서도 원자료를 간직하는 일에 소홀했다. 뜻있는 국문학도나 출판인이 원본 발굴과 정본定本 작업에 관심을 기울여주면 좋겠다. 아래에서 이효석의 「모밀꽃 필 무렵」의 초간본과 이본의 한두 문장을 비교해보기 바란다.

1　길은 지금 긴 산허리에 걸녀 있다. 밤중을 지난 무렵인지 죽은 듯이 고요한 속에서 즘생 같은 달의 숨소리가 손에 잡힐 듯이 들니며, 콩포기와 옥수수 닢새가 한층 달에 푸르게 젖었다. 산허리는 왼통 모밀밭이여서 피기 시작한 꽃이 소곰을 뿌린 듯이 흠읏한 달빛에 숨이 막켜 하얗었다. -이효석, 「모밀꽃 필 무렵」(『조광』, 1936년 10월) • 일부 띄어쓰기만 오늘날 방식으로 고침.

2 길/달은 지금 긴 산허리에 걸려 있다. 밤중을 지난 무렵인지 죽은 듯이 고요한 속에서 짐승 같은 달의 숨소리가 손에 잡힐 듯이 들리며, 콩포기와 옥수수 잎새가 한층 달에 푸르게 젖었다. 산허리는 온통 메밀밭/모밀밭이어서 피기 시작한 꽃이 소금을 뿌린 듯이 흐뭇한 달빛에 숨이 막힐 지경이다. -이효석, 「메밀꽃/모밀꽃 필 무렵」(하서출판사, 2002년/동아출판사, 1995년)

3 길은 지금 긴 산허리에 걸려 있다. 밤중을 지난 무렵인지 죽은 듯이 고요한 속에서 짐승 같은 달의 숨소리가 손에 잡힐 듯이 들리며, 콩포기와 옥수수 잎새가 한층 달에 푸르게 젖었다. 산허리는 온통 메밀밭이어서 피기 시작한 꽃이 소금을 뿌린 듯이 흐뭇한 달빛에 숨이 막혀 하였다. -이효석, 「메밀꽃 필 무렵」(창비, 2005년)

오늘날에는 문학작품의 언어를 살펴보는 데에도 컴퓨터의 힘을 입고 있다. 문학 자료의 입력, 검색, 어절 추출에 따른 잦기(빈도) 조사 등에 전산언어학의 도움이 필요하다. 문학 자료의 충실한 입력, 언어 자료에 대한 정확한 분석(풀이)이 차곡차곡 이루어진다면 우리 어문학 연구도 크게 발전하리라 믿는다. 바로 이러한 일에 사전 편찬학도들의 지식과 요령이 활용되기를 바란다.

정 정말 많이 바뀌었네요.

조 바뀐 건지 다들 모르고 있어요.

정 이걸 누가 바꿉니까?

조 나도 이런 교과서로 배웠지만, 교과서 만들 때 윤문을 하는데 그게 문제야. 문장을 다듬고 고치는 그게 문제라고. 어느 정도여야지. 지금 말하는 그런 내용을 담을 수가 있어야 된다 이 말이에요. 그리고 아까 말한 것처럼 주시경 선생의 '한나라 말'이란 거, 말이 오르면 나라가 오른다는 거, 그거 몇 페이지씩 되는 거 아니거든. 그런 것도 '말'이나 '나랏말' 항목에 인용해놓으면 참고가 되잖아요.

정 그렇죠. 해당 어휘가 직접적으로 나온 부분만 짧게 보여주고, 클릭하면 전체 문장을 볼 수 있게 연결만 해주면 되니까요.

조 김구 선생의 "우리의 부력富力은 우리의 생활을 풍족히 할 만하고 우리의 강력은 남의 침략을 막을 만하면 족하다. 오직 한없이 가지고 싶은 것은 높은 문화의 힘이다" 같은 말도 사전에서 보여주면 좋잖아요. 이 일이 종이사전에서는 어렵고 할 사람도 없지만, 웹사전에서는 가능하겠다는 생각을 했어.

정 물리적 한계가 없으니까요.

조 한글학회도 사전 편찬은 돈이 없어서 못 하니까 정 선생이 일하는 사업체라든지, 웹 사업을 하는 좀 여유가 있는 쪽에서 편찬실을 운영하면서 편찬 업무도 하고, 어휘도 다듬고 해야 되지 않을까? 우리나라뿐만 아니라 외국도 그런 시대가 오지 않을까 하는 생각이 들어요.

정 아무래도 웹은 도구일 뿐입니다. 학교나 학회 혹은 포털 사이트 등 사전을 만드는 주체를 생각해봤을 때 포털은 아무래도 사람들이 많이 오기만을 바라거든요. '메밀'과 '모밀'의 형태를 고증하는 일 같은 것에는 관심이 없고, 어떻게든 신어新語를 빨리 받아들여서 사람들이 검색했을 때 나오게 해야 한다는 게 포털의 목표입니다. 관심이 너무 달라요. 학문적인 것이든 문화적인 것이든 어떤 것이 바람직한 형태인지 판단하고 조절할 수 있는 곳이 주체가 되어야 하지 않나 싶네요. 포털이 자발적으로 지적인 것에 애정을 쏟기를 바라는 건 너무 낭만적이라고 생각합니다.

『옥스퍼드 영어사전Oxford English Dictionary』(OED)이 했던 것처럼 그 언어의 최초 출현형을 찾아내고 주요 변화를 추적하는 일은 반드시 해야 한다. 하지만 돈이 많이 드는 일이라 나에겐 조금 멀게 느껴진다. 학계의 누군가가 자본을 확보해야 진행할 수 있을 것이다. 그렇다면 사전 편찬자의 입장에서 뭘 해볼 수 있을까? 이전에 출간된 사전들은 그 자체가 당시 언어의 초상화이고 단면이다. 그 단면을 모아보면 분명 전체가 보일 것이다. 다시 말해 주요 사전 몇 개를 시간순으로 나열해 뜻풀이의 변화를 보여준다면, 그것만으로도 언어의 작은 역사가 될 것이다. 그 과정에서 어떤 의미가 새로 생겼고, 또 사라졌는지를 체계적으로 정리할 수 있을 것이다. 이는 언어의 영역에만 한정되지 않는다. 역사가나 사회학자의 연구에도 도움을 줄 수 있다. 이미 저작권이 만료된 사전도 많을 뿐 아니라 집단 저작물이라는 사전의 성격상 자료 모으기는 상대적으로 쉬울 것이다. 나는 이런 작업을 해보고 싶다.

계속 여쭤보면요. 어휘의 뜻풀이는 금방 할 수 있을 것 같은데, 그에 맞는 용례를 어디서 찾아서 적절한 자리에 넣느냐가 옛날엔 참 어려웠을 것 같거든요. 지금이야 웹에서 비교적 쉽게 찾을 수 있습니다만, 예전엔 상황이 달랐으니까요. 어디까지가 인용례였고, 또 어디까지가 작성례였는지 궁금합니다.

조 이렇게 표현할 수 있겠네요. 지금까지는 사전 편찬을 머릿속에서 했어요. 머릿속 뜻풀이. 이제는 말뭉치를 가지고 해야 돼. 말의 자료를 가지고 편찬해야 한다고. 자기 머릿속의 뜻풀이를 넘어서야 더 객관적인 사전을 만들지. 지금까지 나온 사전은 다 자기 어휘력을 동원해서, 그러니까 작성례를 넣어서 만든 거야.

정 작위적인 작성례가 참 많거든요.

조 자기가 생각한 뜻풀이에 맞춘 거지. 그래서 생동감이 없단 말이야. 지금의 사전 편찬은 말의 자료를 가지고 풀이를 내고, 그 풀이가 나온 문장을 인용하는 식으로 해야지. 옛날엔 그런 상황이 못 되니 머릿속 편찬을 할 수밖에 없었지. 지난날에 편찬하시던 분들이 어휘력이 좋고 말을 많이 알긴 했지만…….

정 『옥스퍼드 영어사전』은 역사사전을 지향했으니까 예전의 용법을 찾기 위해서 잡지에 엽서를 끼워보냈잖아요. 독자들한테 책을 읽다가 발견한 문장을 보내달라고요. 그렇게 하나씩 모아서 작업을 했죠.

조 그것이 오늘날의 말뭉치 편찬입니다. 당시에는 펜과 엽서로 말뭉치를 조사한 거지. 영어권 전체에. 그걸 오늘날에는 컴퓨터로 입력하는 것이고. 옥스퍼드가 처음으로 그 일을 한 거야. 우리는 그동안 못 했는데 오늘날에는 컴퓨터로 할 수 있게 되었으니 말뭉치를 모으고 있잖아요.

이 지점에서 조재수 선생님은 단호할 만큼 객관적이다. 과거의 사전을 '머릿속 사전'이었다고 확실하게 규정하고 넘어가신다. 보통 이 정도 위치의 이만한 경력을 가진 사람은 과거를 미화하기 마련인데, 선생님은 그렇지 않았다. 과거 사전의 한계를 인정해야 그것을 거울삼아 새로운 것을 만들 수 있다. '머릿속 사전'이라는 말로 딱 잘라 규정하는 팔순 어르신의 모습은 명민한 청년과도 같았다. 조재수 선생님과 이야기를 나누며 그동안 어르신들에게 가졌던 편견이 부서지는 소리를 들었다. 어른다운 어른과 대화하는 건 이렇게 즐거운 일이구나 싶었다.

정 말뭉치를 모으긴 하지만, 그게 또 고르게 정리되고 있는 건 아니죠.

조 알다시피 홍명희 선생이 1928~39년 조선일보에 연재한 「임꺽정」, 1995년에 사계절에서 낸 『임꺽정』, 그걸 몇 년 후에 개정한 『임꺽정』 등을 비교해보면 군데군데 꽤 차이가 있거든. 그것도 초간본을 중심으로 엮어야 한다고 생각합니다. 우리 사전 편찬자들은 예전의 자료를 보다가 좀 생소한 단어가 나오면 오류일 거라 짐작하고 고쳐버리는 경향이 있었어요. 그 어휘가 지역성이 있는 것일 수도 있는데, 그걸 모르니까 자기가 아는 어휘로, 혹은 비슷한 표준어로 고쳐버리는 거지. 아까 '메밀꽃/모밀꽃'에서도 그랬지만 이건 문제예요. 남의 글이 훌륭하지 않더라도 남의 글을 읽는 태도, 평가하는 태도는 조심스러워야 하는데.

정 우리나라는 아직 판본을 엄밀하게 규정하는 부분에서는 좀 약하지 않나 싶네요.

조 많이 약합니다. 문학 전집을 내는 출판사들도 좀 나아지긴 했지만 아직 한참 부족해요. 초간본을 구해서 그것을 오늘날의 철자법에 맞게 고칠 때는 그 방면에 이해가 있는 편집자가 조심스럽게 해야 하는데, 그러려면 시간도 시간이고 사람도 있어야지. 어느 정도 개선은 되었지만 아직까지도 잘못 짚은 것들이 더러 나오는 것 같아요.

일본어의 잔재와 취음 한자

정 그나마 한국어사전은 덜한데 한영사전이나 한일사전을 보면 이상한 올림말이 너무 많거든요. 일상에서 안 쓰는 말들이 많은데, 그 가운데 상당수가 일본어 어휘를 한국 한자음으로 읽어서 등재된 것들이더라고요. 한국어사전이 일본 사전에서 벗어나기 시작한 것은 언제부터라고 봐야 할까요?

조 1930년대 『큰사전』을 편찬할 때부터 한글학회에서는 일본 한자어를 빼려고 해왔어요. 일본 한자어를 염두에 두고 의식적으로 싣지 않거나 싣더라도 비표준어로 표시했는데 지금은 그 세대가 다 돌아가셨어요. 일본어를 알고 한문과 한자를 아는 세대가 거의 돌아갔어요. 나도 여든을 바라보고 있는 사람이지만, 내가 일제 시대 교육을 받은 사람은 아니니까. 그런 점에서는 아쉬운데, 지금은 건잡을 수가 없게 되었어요.
조금만 관심이 있으면 우리 언어 감각으로도 충분히 이거 좀 이상하다 하고 느낄 수 있어요. 특히 전문용어는 일본에서 번역한 말이 그대로 들어온다고 보면 되고, 한자어도 대체로 그래요. 이런 말하기는 좀 조심스러운데, 이제 와서 일본 한자어를 골라서 배격한다는 것은 불가능해요. 써오던 것은 쓰되 어떤 것들이 일본 한자어인지를 알리고, 그에 대응할 만한 우리말이 있으면 함께 써보려고 노력하면 되는 것이죠. 그런 노력마저 없으니 그게 좀 안타깝지. 특히 전문용어는 그런 노력을 전혀 안 합니다. 그걸 하려면 고유어에 대한 지식과 애착이 있어야 하는데, 요즘 학자들 중에는 그런 문제에 관심 있는 사람이 거의 없어요. 지난날 서울대 물리학과에서 젊은 교수들이 물리학 용어를 다듬어서 우리말로 바꿔보려 한 적이 있어요. 각 분야마다 그런 모임이 생기고 그런 노력을 하면 좋은데, 전혀 없으니 아쉽지.

정 얼핏 보면 많이 사라진 것 같지만, 작정하고 찾아보면 일본어 잔재가 꽤 많다는 말씀인 거죠?

조 그렇죠. 말뭉치를 잘 이용하면 그 속에서도 얼마든지 발견할 수 있는데 요새 젊은 사람들이 그게 될까 모르겠어요. 염상섭, 박종화 같은 옛날 선배들이 쓴 어휘를 참고해보면 그분들은 무작위로 일본어를 수용해서 쓰고 그러지 않았거든요. 앞서 나온 『큰사전』을 참고한다든지 하면 쉽게 찾아낼 수 있어요. 자료가 아주 없는 것은 아니죠.

정 한일사전에서 역방歷訪이라는 단어를 발견하고 놀란 적이 있습니다. 우리는 순방巡訪이란 말을 쓰는데, 너무 무비판적으로 받아들인 거죠. 잊을 만하면 하나씩 눈에 걸리더라고요. 생각보다 많구나 싶었죠. 요즘은 개념사 연구도 많이 하니까 '사회'니 '철학'이니 이런 건 다 일본어에서 왔다고 인정을 하죠. 인정하고 쓰면 되는 거잖아요. 다른 어휘들도 그렇게 하면 좋겠어요.

조 역방이란 말을 딱 보면, 아 이거 좀 이상하다 싶잖아요. 외래적인 거니까 우리 어휘 감각만으로도 금방 알 수가 있거든. 그런 건 일본어를 몰라도 느낄 수가 있는데.

정 사전에만 있어요. 일상에선 안 쓰거든요. 빈도 조사만 해봐도 금방 알 수 있죠.

조 그렇게 안 쓰던 말도 텔레비전에서 누가 써버리면 또 금방 유행이 되지요. '엽기적'이라는 말이 그렇게 됐잖아요. 그게 얼마나 어려운 말인데.

정 그런가 하면 너무 한자어에 의존해서 발생하는 과잉 교정 문제가 있어요. '어의없다', '문안하다' 같은 거요. 저는 이걸 좀 재미있다고 생각합니다. 예나 지금이나 왠지 이건 한자어일 것이다, 한자 숭상과는 별개로 어쩐지 한자가 더 맞을 것 같다 하는 마음이 있으니까 이런 게 나오는 거거든요. '어이'가 아니라 '어의'가 맞을 것 같은 거죠.

조 우리는 한자를 너무 좋아합니다. 실수든 장난이든 한자를 이용해서 많이 놀았어요. 한자로 하는 말장난은 언제, 어디서나 있었죠. 한자를 한번 대보는 거지. 우리도 많이 했어요. 글 쓸 때 괜히 한자로 써보는 거예요. 그게 참 쓸데없는 일인데 그걸 지금도 계속 하고 있으니. 소리만 같으면 갖다 대는 거죠. 광고에서 그러더라고요. '에' 대신에 사랑 '애'를 쓴다든지.

정 저는 그건 좀 싫더라고요. 『표준국어대사전』에도 고유어에 한자를 붙여놓은 사례가 너무 많다는 얘기는 여러 번 들었습니다.

조 취음取音 한자도 있고, 의미만 따온 경우도 많아요. 조선시대엔 요즘같이 한글로 글을 쓰지 않았거든. 만약 정약전 선생이 『자산어보』를 한글로 썼다면 물고기 이름을 '갈치'나 '오징어'라고 썼을 텐데, 한자로 쓰려니까 그에 해당하는 한자어를 새로 만들게 되잖아요. 갈치는 '도어刀漁'라고 표기했다고. 이건 의미만 가져온 거지. 반면에 뜻과 상관없이 소리가 비슷한 한자를 따와서 쓰는 게 취음인데, '거창하다'나 '미안하다'같이 한자어가 아닌데 소리가 같은 한자를 갖다가 '巨創'이니 '未安'이니 하고 쓰는 걸 말해요. '기별'도 한자어가 아닙니다. 중국에서 건너온 게 아니라 우리가 만든 한자어도 있을 수 있지. 하지만 우리 자체 발음으로 만들어진 어휘에 왜 한자를 쓰느냐 말이야. 그건 한자어도 아니고, 음만 빌려서 쓸데없는 표기 수단으로 쓴 거지. 그게 취음인데, 취음이 문헌에 남아 있으니까 이걸 한자어로 생각한다고. '광대廣大' 같은 경우에는 그래도 사전에 '취음'이라고 명시되어 있는데, 뱃사공의 '사공' 같은 건 아직도 한자어로 착각하고 있어요. 정리가 안 되어 있는 거야.

취음 한자에 대한 조재수 선생님의 견해는 국립국어원이나 국어학계의 견해와는 다를 수 있음을 밝혀둔다.

누가 돈을 낼 것인가

정 사회적으로 토론이 필요한 시점 같습니다. 저는 사전 연구자분들에게 불편한 마음이 있어요. 연구도 연구지만, 사전에 필요한 것은 무엇보다 먼저 돈이잖아요. 사전 편찬의 현황이 이 모양인데, 그분들은 왜 신문이나 방송 같은 데서 어떤 사전을 어떻게 만들어야 하는가에 대해 얘기하지 않느냐는 말이죠. 우리 사전이 이렇게 척박한 상황에 있다는 것을 왜 얘기하지 않는지 저는 너무나 불편합니다. 어떤 사전의 어떤 점이 문제다, 이런 얘기만 하는데 그건 정말 작은 부분이잖아요. 제가 쓴 『검색, 사전을 삼키다』라는 책은 사전이 좋아져서 검색도 좋아진 측면이 있지만, 다른 한편으로 검색이 사전을 압도해버리는 바람에 이젠 사전을 만드는 사람이 없어졌다는 얘기를 하고 있거든요. 저는 그런 얘기를 계속 해야 한다고 생각합니다.

조 맞아요, 정확하게 짚었어. 사전을 만들 사람은 없고, 지적하는 사람은 많고.

정 확실히 사전을 학문의 대상으로 바라보는 분들과 사전을 직접 만드는 분들은 관점이 좀 다르죠? 학회 발표 같은 걸 듣고 있으면 저는 가끔 공허하더라고요.

조 실제로 일을 해보지 않았으니 겉만 가지고 겉을 논하는 거지. 사전의 모양을 논하고 내용을 논하지만, 그 모양과 내용을 만들어보진 못한 사람들이지. 대학의 학문이 요새 그래요. 부분만 만지작거리다 끝나고. 논문이라는 것이 꼭 그렇게 써야만 하는 것인지 모르겠어.

정 저는 학계에서 자기 분야의 전문용어사전을 만드는 사람에게는 학위를 주면 좋겠어요. 학계에서 인정할 만한 수준으로 전문용어를 기술하는 것은 어려운 일이잖아요. 여러 의견을 모아서 일관된 체계로 쓰는 건데, 그 정도 노력이면 학위를 줘도 되는 거 아닌가 싶어요.

조 학위 없으면 뭐 어때요.

정 학교에서는 논문을 내서 점수를 얻는 게 중요하잖아요. 다들 점수가 되는 것만 하려고 하죠. 사전 만드는 일에 참여해 중요한 어휘의 뜻을 기술하면 논문으로 인정해준다거나 하는 장치가 필요하지 않나 싶습니다. 학자들은 실천적인 정리보다는 어떻게 해야 논문이 될까만 생각해서 제 눈에는 좀 이상하게 보이곤 합니다. 왜 본질이 아닌 것에 그리 빠져들까요? 사전은 업적으로 인정되지 않고 논문만 인정되는 풍조 또한 한몫하는 게 아닐까요.

조 틀에 맞추는 거지.

정 지금도 대학원에 있는 후배들과 얘기해보면 논문을 쥐어짜는 느낌이 있거든요. 반면에 저는 사전 작업을 하다 보면 마음이 편해져요. 그래서 더 좋은 것 같아요. 회사에서는 주로 신어 같은 것을 보강하는 일을 합니다. 사람들은 수시로 영한사전에서 이상한 단어를 검색하곤 하니까요. 사전에 없는 어휘들의 목록에서 노이즈를 제거하면 신어로 올릴 유의미한 후보들이 보이거든요. 하고 있으면 재미있습니다. 하지만 뜻풀이 작성에 많이 개입하진 않아요. 포털은 외부에서 누가 뭐라고 하면 책임을 회피할 수 있는 핑계가 필요하거든요. 우린 몰랐다, 이렇게요. 뭔가를 지적받았는데, 하필 그게 직접 손댄 것이면 책임을 져야 하니까요. 그래서 내부에 사전 편찬팀을 꾸리는 일 같은 건 절대 안 하고, 외부에서 작성된 것을 받아다 서비스하는 걸 좋아하지요. 입장이 이해 안 가는 건 아니지만 아쉬움이 있죠.

조 결과물을 잘 내야 될 텐데.

정 검색 서비스를 개발하는 사람들은 사전을 꽤 많이 이용합니다. 하지만 그들이 이용하는 건 전통적인 사전이라기보다는 개발용으로 만들어진 사전이에요. 당연히 그것을 읽고 내용을 음미하거나 하진 않죠. 예전에는 사전이 문화와 가까운 산물이었는데, 지금은 파편화되어 프로그래밍에 쓰이고 일회적인 검색을 도와주는 정도로 바뀌었습니다. 그러니 문화의 집적체로서의 사전에 대해 다시 이야기해야 할 시점인 거고요. 지식과 문화에 관심 있는 사람들이 국가든 포털이든 어딘가에 계속 이런 얘길 해야 해요.

조　편찬의 주체가 어디든 우리가 알고 있는 사전은 이미 과거의 것이고, 이젠 새롭게 가꾸고 더해나가야 하는 거잖아요. 식물이나 곤충을 채집하는 사람은 전국 산천을 누비며 벌레 한 마리, 풀 한 포기까지 다 조사하잖아요. 우리 어휘도 마찬가지예요. 그런데 그렇게 수집하는 사람이 없잖아요. 나도 책상머리에서만 사전 편찬을 했지 말을 조사하러 다닌다든지 문헌 속에 있는 어휘를 거둔다든지 했던 사람은 아니야. 우리 인구가 5000만이라고 하면 5000만이 써온 어휘가 현재의 사전에 다 거두어져 있느냐 하면 아니거든요. 한 작가가 한 번이라도 쓴 어휘라면 그것도 언어 자료니까 사라지기 전에 어딘가에서 가지고 있어야 한다고 봅니다. 포털 사이트든 사전 편찬실이든. 그렇게 작업해야 할 어휘가 얼마나 많겠어요. 지금으로서는 그나마 좀 모아놓은 말뭉치 속에 남아 있지. 그래도 지역 어휘 같은 건 말뭉치 안에 들어 있지 않을 거예요. 말뭉치의 어휘만이라도 정리해서 편찬을 제대로 한다면, 전문용어나 백과사전적 어휘를 제외하고 일반 어휘만으로도 몇 만 쪽짜리 사전이 되지 않을까. 그 일을 언제 누가 할는지.

신어를 어떻게 수집할 것인가. 신어의 정의는 무엇인가. 이는 사전 편찬 과정에서 지속적으로 고민해야 하는 주제이다. 상황에 따라 기준이 달라지겠지만 특정 말뭉치에서의 빈도수와 해당 어휘가 얼마나 광범위하게 지속적으로 사용되었는가를 측정해서 파악할 수 있다. 이는 현재의 IT 기술로 충분히 해결할 수 있는 난이도지만 비용을 내는 주체가 선명하지 않아 체계적으로 수행하는 곳이 별로 없다. 프랑스에서는 ATILF(Analyse et traitement informatique de la langue

française)라는 국가기관이 하고 있으며, 한국에서는 국립국어원에서 일부 진행하고 있다.

정 그러고 보니 사투리와 관련해서는 방금 말씀하신 것과 비슷한 작업, 즉 방언 지도 만드는 작업을 몇 년 전에 본 것 같은데요.

조 그건 어휘 몇 개 가지고 그 어휘들의 분포 지도를 만드는 거예요. 그런 학문적인 방언 지도도 필요하지만 거두어지지 않은 어휘를 거두어야 합니다. 일단 거두어놓고 분류를 해서 제대로 된 책을 만들어야지. '가위', '가새' 같은 간단한 어휘 몇 개가 전국적으로 어디서, 얼마나 쓰이는지 지도로 만드는 건 사전 만드는 입장에선 별로 가치가 없어요.

지도와 사전, 연표 등은 정보를 압축해서 전달하는 좋은 방법이다. 지역색이 뚜렷한 방언을 보여주기에 지도보다 더 적합한 방식도 없을 것이다. 방언 지도는 특정 방언의 표기가 어느 지역까지 공통되는지를 지도에 표시한 것이다. 방언 지도를 많이 만들면 지금 우리가 생각하는 방언의 경계가 바뀔 수도 있다. 방언 지도에는 사전 편찬 이상의 비용이 들어간다. 지역을 구분하고, 방언 화자를 찾아야 하며, 조사 결과를 검증해야 하는데 그 과정에 어마어마한 노력이 들어간다. 그래서 지금 한국어 방언 지도는 고작 수십 개의 어휘에 대해서만 제작되어 있다. 한국처럼 극심한 변화를 겪은 나라는 그만큼 사람의 이동이 많아 방언 조사가 힘들다. 사전과 방언 지도로 공부한 어휘를 그 지역 사람들에게 말하면 모르는 경우가 다반사이다.

정 지금 한국에서 사전과 관련하여 뭔가를 할 만한 곳이 얼마

없습니다. 『겨레말큰사전』은 국가 프로젝트니까 진행되는 것이고, 대학교 몇 곳 빼면 네이버밖에 없지요. 네이버는 사전업계에서 정말 힘이 있는 곳입니다.

조 자체적인 갱신은 합니까?

정 아뇨, 외부에서 결과를 받아다 올리는 거죠. 말씀하신 일관성이나 사전 집필의 질적인 면에 대해서 얘기하긴 어려운 실정입니다. 표제어 몇 개, 원고지 몇 장에 얼마 하는 식으로 일을 하기 때문에 계속 쥐어짜게 되죠. 마치 고철을 킬로그램 당 얼마에 사는 것처럼 표제어 개수로 계약을 해요. 그래서 보고 있으면 좀 불편합니다. 어느 정도 기간에 얼마만큼의 작업을 해달라 하고 일임해야 하는데 그렇게는 못 하고 있어요. 포털은 외부의 비판이 필요합니다. 언론이 비판과 견제를 받는 것처럼요. 포털은 견제하는 곳이 별로 없지요.

모든 단어는 독자적이다

정 지금까지 해왔던 것들이야 성과를 거둔 부분도 있고, 하던 대로 하면 되는 것들도 있겠지요. 그 밖에 이제 한국어사전은 무엇을 더 해야 할까요?

조 능률적으로 사전을 편찬하기 위해서는 이렇게 해야겠다는 생각도 해봐요. 인터넷에 세계의 모든 지식이 들어 있으니까 백과

Daum 조선어학회

통합검색 어학사전 백과사전 블로그 동영상 웹문서 이미지 카페 더보기

관련 조선어학회 사건 주시경 조선어 연구회 박은식 조선어 사전 우리말 큰사전 국문연구소
진단학회 한글학회 신채호 가갸날 조선 왕의 순서 조선시대 왕의 순서

어학사전

조선어 학회 [朝鮮語學會] 국어
[역사] 1921년에 주시경의 문하생이었던 최두선, 임경재, 권덕규, 장지영 등이 모여 국어의 연구와 발전을 목적으로 창립된 민간 학술 단체 더보기

어학사전 더보기 >

백과사전

조선어학회
조선어학회를 탄압했어요 •고문 : 숨기고 있는 사실을 알아내려고 괴롭히는 것을 말해요. 잠깐 퀴즈 **조선어** 연구회를 만든 사람은 누구인가요? 정답 : 한글 학자들
과목별 학습백과 세계사 초등

한글학회 (국어연구**학회**, 배달말글몯음)
또한 2013년부터 국회기와 국회 휘장, 국회의원 배지 한글화 운동을 주도하여 관련 법안 통과를 이끌어 냈으며, '**조선어학회** 한말글 수호 기념탑' 건립을 청원하여 국비 지원이 확정되어 2014년 8월 29일 제막식을 개최하였다. 2014년 현재 정회원...
한국민족문화대백과사전

조선어학회, 한글맞춤법 통일안 발표
한글 바로 세우기에 온 정성을 쏟은 **조선어학회** 우리 겨레는 세종큰임금이 만들어주신 세계 최고의 글자, 한글을 누리며 살고 있습니다. 하지만 우리가 지금처럼 자유자재로 한글을 쓸 수 있는 것은 한힌샘 주시경 선생과 일제강점기의 **조선어학회**...

포털 사이트 다음의 검색 결과 화면이다. 백과사전과 어학사전이 함께 검색되는 시대, 각각의 역할을 어떻게 규정할 것인지 고민이 필요한 시점이다.

사전적인 항목은 이제 인터넷에 들어가서 참조할 수 있잖아요. 그런 것들은 사전에서 덜어내고 일반 어휘를 중심으로 사전을 편찬하는 거지. 그렇다고 한국어사전에서 전문용어를 아주 없앨 순 없겠지만 상당 부분 줄일 수 있을 거예요. 그럼 어휘에 좀 더 집중해서 만들 수 있지 않을까?

인터넷에서 백과사전과 어학사전을 함께 검색할 수 있는 시대, 양쪽에 중복되는 항목을 어떻게 할 것인가에 대해 크게 두 가지 의견이 있다. 하나는 다양한 백

과사전을 검색해서 볼 수 있고 사전 이외의 정보도 넘쳐나는 시대에 백과사전적인 정보를 어학사전에 담는 것은 소모적이고 낭비라는 관점이다. 다른 하나는 어학사전은 백과사전과 다른 관점에서 쓰이기 때문에 중복되는 항목이라도 서로 다른 내용으로 기술되었음을 보여주는 것만으로도 의미가 있다는 관점이다. 나는 백과사전적인 항목은 제외하고 한정된 어휘에 집중해야 양질의 어학사전을 만들 수 있다고 보지만, 내가 속한 포털의 입장은 다르다. 포털에서는 검색 결과에 기여하는 것이 핵심 과제이므로 백과사전에서 빨리 대응하지 못하는 항목은 어학사전에서라도 대응해주길 바란다. 그렇다 보니 어학사전 안에 백과사전적인 뜻풀이, 대역어를 제시하는 수준의 뜻풀이 등이 정리되지 않은 채 덕지덕지 더해지고 있다.

정 이제 표제어 숫자로 경쟁할 시대는 아니니까요.

조 그동안 거두지 못했던 어휘들을 거두어야 해요. 사투리는 오랫동안 푸대접을 받아왔는데, 이런 지역어도 사실 중요하거든. 표준어라는 것도 개념이 모호해요. 1930년대에 7000개 단어 정도로 표준어를 정하기 시작했는데, 주로 명사 위주로 정했어요. 개구리를 뜻하는 방언이 수십 개는 되고, 여우도 많아요. 거기서 여우와 개구리를 표준으로 정한 거지. 황해도 지방에서는 개구리를 멱장구라고 했어요. 그런 것 정도는 복수 표준어로 인정해줘야지. 처음에 표준어 사정이라는 것을 할 때는 '표준은 하나다'라고 하는 것도 필요했겠죠. 한 번도 정리해본 적이 없던 시절이니까. 하지만 오늘날 생각해보면 개고리, 개구락지처럼 개구리와 비슷한 계통이 아니라 아예 다른 어휘인 멱장구 같은 계통은 동의어로 인정해줘야 하는 것 아닌가 싶어요. 그렇게 안 하니까 그런 말을 점점 잊게 되잖아요. 지역 특산품이 중요하듯 지역어도 중요한 건데. 그리고 사전에 없는 말을 찾아서 싣는 것도 중요하지만, 원래 있던 말들의 뜻 갈래를 잘 나눠서 충실하게 기술하는 것도 중요해요. 말뭉치가 그래서 중요한 거지. 말의 자료를 모아놓은 것이니까. 문맥을 보면 뜻 갈래가 거기서 많이 나오거든. 그것을 사전에 보충해야 한다고. 사전의 생명력은 올림말의 수가 아니라 뜻 갈래가 얼마나 상세한가에 달려 있어요. 외국 사전들은 올림말 수뿐만 아니라 뜻 갈래 수도 신경을 씁니다. 우리는 올림말 수로 사전을 평가해서 30만, 50만이 되고 그랬는데, 뜻 갈래는 아직까지 몇 개다 하고 나온 게 없어요.

정　고려대에서 '사전 편찬학 교실'을 운영하고 있지만, 인력을 배출하는 게 문제가 아니라 작업할 기회가 필요한 거잖아요. 사실 그런 기회는 별로 없고, 기껏해야 자기 분야의 전문용어를 집필하는 정도지요. 쉽고 정확하게 우리말을 우리말로 풀이해볼 기회는 거의 없는 것 같아요. 저도 뜻풀이를 하는 사람은 아니거든요. 웹에서 데이터를 잘 보여주는 방법을 고민하는 사람이죠.

조　뜻풀이가 참 어려워요. 비슷하긴 한데 같은 말은 아닐 때 그 차이를 표현해내야 하니까. 숨은 뜻을 끄집어내는 것도 그렇고.

정　비슷한 어휘인데 사용처가 다른 것들도 있고요. 그런 것들은 용례를 사용처에 맞게 꺼내야 하는데 그런 게 참 어려운 것 같더라고요.

조 ‘딱 부러지다’, ‘똑 부러지다’도 다르거든. 하나로 뭉뚱그려서 같은 거다, 혹은 어느 하나는 표준어고 다른 하나는 비표준어다 하기 쉬운데 ‘딱’과 ‘똑’의 말맛을, 뉘앙스를 살려야 해요. ‘딱’은 어떤 결단력을 뜻하는 데 비중이 있다면, ‘똑’은 ‘꼭’과 마찬가지로 정확함이라는 뜻 바탕이 있어요. 이런 것을 가려낼 줄 알아야 한다고. 뭉뚱그려서 ‘표준’과 ‘비표준’으로 나누는 방법은 아주 위험해요. 가능하면 모든 단어는 독자적이라는 생각에서 출발해야 합니다. 물건 이름 같은 거야 똑같은 말이 있겠지. 하지만 추상적인 것은 쓰임도 다르고, 쓰이는 자리도 다르지. 그러한 차이를 밝혀내는 것이 중요해요.

정 기존 어휘가 새로운 갈래로 쓰이기 시작했다는 것을 잡아내기가 참 어렵잖아요. 일상어가 예전에는 안 쓰이던 용법으로 쓰이면 반영하기가 어려운 것 같아요. 웹사전에서는 안 쓰이던 표현이 갑자기 많이 쓰이게 되면 빈도가 올라갑니다. 검색 빈도가요. 또 블로그나 문서에 노출되는 빈도도 올라가요. 이런 것을 시기별로 뽑아보면 언제부터 많이 쓰이기 시작했는지 추이를 알 수 있어요. 그 추이의 변화를 보고 드라마나 예능에 나온 유행어라거나 정치인이 사용했다거나 하는 원인을 찾아낼 수 있는데 그것도 간단한 일은 아니죠. 문화적 배경을 뒤져야 하니까요.

조 편찬자가 잘 읽어야 하죠. 텔레비전에서 유명한 사람이 쓰면 어떤 말이 갑자기 많이 쓰이기도 하는데, 사실 사전 만드는 사람 입장에서 보면 말뭉치 속에서 그런 말들을 얼마든지 찾아낼 수 있어요. 어휘 각각의 본래 쓰임새가 있기 때문에 그런 예문이 나오는 거거든요. 새로운 뜻과 쓰임새를 같이 보여줘야 하고, 그 용례도 문장 성분별로 보여줘야 해요. 용언은 서술어로 쓰이는 게 보통이지만 관형어적으로 쓰인다거나 부사어적으로 쓰이는 것들도 많거든. 그걸 고루고루 보여줘야 합니다. 집을 '짓고' 산다, 잘 '지은' 집, 좋은 집을 '짓게' 되었다. 골고루 다 보여줘야 해. 밥을 짓고 집을 짓고 글을 짓고……. 만약 친구 사이를 '짓다'라는 표현이 새로 쓰이게 된다면, 보충을 해줘야 한단 말이야. 지금까지 알려진 '짓다'의 뜻 갈래가 전부가 아닐 수도 있다는 말입니다.

정 '먹다'를 봐도 '친구 먹다'라는 표현도 쓰잖아요.

조 그런 것도 '먹다'에서 다루고 있는지 모르겠어.

정 지금 막 찾아보니 『고려대한국어대사전』에는 없네요.

조 그러니까 할 일이 많지. (웃음)

조재수 선생님은 다양한 주제를 이야기하신 만큼 예문이 가장 중요하다는 말씀을 하시진 않았다. 하지만 디지털 시대의 사전 편찬에 대해 고민하는 나에겐 예문이 사전의 전부라 해도 과언이 아니다. 사전 이용자가 표제어의 의미를 제대로 파악하는 것은 예문을 읽은 다음이라고 생각하기 때문이다. 뜻풀이보다는 실제로 그 단어가 어떤 맥락에서 어떻게 쓰이는지를 구체적으로 확인하는 것이 의미 파악에 훨씬 도움이 된다.
따라서 어떤 예문을 웹사전의 상단에 올릴 것인가가 매우 중요하다. 해당 표제어를 이해하기에 가장 적합한 예문을 상단에 배치해야 하는데, 이때 예문의 중요도를 결정하는 것은 바로 예문 그 자신이다. 다시 말해서 얼마나 많이, 자주 사용되는 예문인가를 나타내는 '빈도'이다. 그리고 동일한 유형의 예문이 너무 반복적으로 나오면 지루하기도 하고, 어휘의 전모를 보여주지 못하기 때문에 다양한 활용태(용언의 어형 변화)와 곡용태(체언의 어형 변화)를 보여줘야 한다. 이렇게 무엇이 좋은 예문인가를 판단하는 안목 혹은 기술이 그 사전의 수준을 결정한다. 이전까지는 이런 작업이 전부 사전 편찬자 개개인의 언어 감각에 따라 이루어졌다. 하지만 이제는 통계와 수치를 바탕으로 좀 더 분명한 근거를 가지고 작업할 수 있다.

사전을 평가할 때 보통 예문보다는 뜻풀이의 차별성을 강조하곤 하는데, 나는 사전에서 뜻풀이가 가장 중요하다고 보지는 않는다. 뜻풀이를 정밀하게 하는 것은 꽤 중요한 일이지만, 그것이 어휘 학습의 핵심 요소라고 생각하지는 않기 때문이다. 단적으로 말해서 뜻풀이가 없어도 예문이 있다면 언어 학습이 가능하지만, 예문 없이 뜻풀이만으로는 학습이 어렵다. 언어 학습자는 다양한 예문을 읽어가면서 그 단어의 성격을 파악하고 머릿속에 넣기 때문이다. 따라서 디지털 사전의 가장 중요한 역할은 학습자에게 다양한 기준에 따라 분류한 적절한 예문을 지속적으로 제공하는 것이라고 생각한다.

지금은 형태적인 분류로만 예문을 제공하고 있지만 활용태와 곡용태까지도 반영할 수 있으며, 아예 문형 정보를 분석해서 그에 따라 분류할 수도 있을 것이다. '밥을 먹다'와 '돈을 먹다'에서 밥과 돈의 속성이 다르므로 '먹다'의 의미가 달라진다는 정도까지는 현재의 자연어 처리 기술로도 충분히 구분해낼 수 있다. 단어는 단독으로 있지 않고 관계 속에서 의미가 결정되기 때문에 그 관계에 따라서 뜻 갈래를 파악하고 결정할 수 있다.

사전은 가장 발전적인 책

정 선생님께서 작업하신 것들을 찾아봤습니다. 『남북한 말 비교사전』도 있고, 『윤동주 시어사전』도 있더라고요.

조 우리가 분단 상황이니까 북쪽 자료를 보기가 힘들었는데, 내가 한글학회에 있다 보니 북쪽 자료를 별도로 관리하게 되었어요. 언젠가는 남북의 말을 합쳐야 할 테니 반쪽 어휘만 챙겨서는 안 되겠다 싶어서 자료를 입수하는 대로 미리 봐뒀지. 북쪽 사전들을 보면 편찬 성원의 목록이 뒤에 나와요. 그 이름들을 익히고 나서 북쪽 사람들을 만났지. 러시아의 유 마주르 교수 등이 88올림픽 이후에 서울에도 왔는데, 그분들한테도 북쪽 이야기를 자꾸 물어봤어요. 그분들은 1950년대부터 평양을 다녔으니까 자세한 얘기를 해주더라고. 한국어도 잘하거든. 모스크바대학 교수인데 레프 콘체비치 같은 사람도 한국에 왔다 갔다 했어요. 정순기 선생에 대해 물어보면 자세하게 가르쳐주고 그랬어. 『남북한 말 비교사전』도 처음부터 계획을 세워서 한 게 아니고 그냥 틈틈이 했어. 북쪽 사전을 보면서 좀 이상하다, 이건 우리 사전에 없는데 싶은 것들을 모아뒀다가 엮은 거지. 내가 엮었지만 『남북한 말 비교사전』은 지금 보면 별 쓸모가 없어. 없는 게 많아.

정 그런 일들이 『겨레말대사전』 작업으로 이어진 건 자연스러운 흐름이었겠네요.

조 준비가 되어 있었지. 북쪽 사람들이랑 회의할 때 막히는 게 없었어요. 아, 그리고 『윤동주 시어사전』을 물어봤지요? 윤동주 시는 인기도 있고 많이 읽힌다고 하는데, 전체적으로 봐서 그렇게 어려운 말은 없어. 하지만 우리가 사전 만들듯이 어휘 하나하나를 따져보면 의미가 그렇게 간단하지도 않아요. 『윤동주 시어사전』은 한 시인을 이해하기 위해서는 그 시인이 쓴 전체 작품의 언어, 어휘를 챙겨봐야 한다는 생각으로 작업한 거예요.

정 작가의 말뭉치가 있어야 한다는 뜻이죠?

조 작가의 어휘는 그 작가의 말뭉치로 정리해야 한다는 생각으로 시작한 거야. 윤동주 시가 양이 그렇게 많지는 않더라고. 기존 출판사에서 나온 윤동주 시의 원본하고 차이 나는 것도 있고. 그런 어휘 가운데서 함경도나 간도 지방의 지역어도 챙길 수 있고. 또 산문 같은 데서도 그 사람의 문학 정신이 드러나니까 전체 어휘를 다 정리해봤지.

그것도 책을 내려고 한 것이 아닌데 나랑 동갑인 모 문학평론가와 우연히 술자리에서 시어사전 얘기를 하게 됐어. 내가 써놓은 게 있으니까 가져가서 읽어보라고 했지. 마침 그 사람은 윤동주기념사업회 임원이기도 했거든. 사전이라는 이름을 붙였지만 어휘사전 내용만 있는 것은 아니에요. 어휘만 정리하기엔 좀 그래서 핵심어 같은 것들을 풀어봤지. '우물' 같은 단어는 윤동주 시인이 특별히 생각한 바가 있잖아요. 윤동주가 생각한 우물, 나무, 터널 등 몇 단어를 풀어보다가 좀 모자란다 싶어서 유명한 몇몇 작품은 시 분석도 해보고 해서 나온 책이지. 윤동주도 퇴고를 많이 했어. 옛날 판들의 사진본이 다 남아 있거든. 그런 것도 비교 정리해서 보여줬고. 시 몇 편으로 온갖 논문도 쓰고 그러잖아요. 한 시인을 이해하기 위해서는 그 작가의 언어 전체를 알아야 해.

정 사전이라는 책은 선생님께 어떤 의미일까요? 제게 사전은 휘발성 높은 시대에 그나마 불멸에 가까운 책이자 체계거든요. 제 시간과 노력을 들여도 아깝지 않은 대상입니다.

조 내가 사전 편찬을 해왔다고 해서 하는 말이 아니라, 예를 들어 언어학을 공부한다고 하면 요즘 대학교육이든 연구든 전공 분야는 아주 작은 부분 아니겠어요? 우리가 한국어라는 언어를 공부한다고 할 때, 대학에서 가르치는 과목이나 연구하는 분야는 극히 일부분일 뿐이에요. 한국어 전체를 보려면 사전을 봐야지. 언어학의 모든 부분을 아울러 만든 것이 사전이니까.

나는 인류가 고안해낸 책 가운데 가장 발전적인 책이 사전이라고 봐요. 사전은 무엇보다 과학입니다. 알파벳순이라는 거 고대부터 있던 게 아니거든. 그런 걸 생각해낼 머리가 뚫린 것도 불과 몇 백 년 되질 않아요. 그리고 학문이든 사업이든 모두 정리가 필요하지요. 순간순간의 정리도 필요하지만 평생을 두고도 정리를 해야 되잖아. 정리의 바탕에는 사전적인 것이 아주 중요하다고. 그런 점에서 사전은 언어학적인 것만이 아니라 인류 지식의 총합이자 그걸 정리한 체계라고 생각해요. 아주 폭넓은 문헌이지.

아무리 잘못된 사전이라도 그 어떤 책보다 가치가 있다고 봐요. 오류가 많아도 그 사전에서 얻을 수 있는 것들이 많다고 보는 거죠. 그만큼 가치가 있는 건데, 잘 만들어야 하는데……. 간혹 시골에 친구 집이라고 가면 쪼그만 단어장이나 한자어를 모아서 만든 작은 책자 같은 게 있어요. 그런 사전 아닌 사전도 얼마나 도움이 된다고. 거기서 출발해보면 사전이란 것은 어마어마한 지식의 그릇이지. 사전 만드는 방법을 각 지식 분야에 몸담고 있는 분들, 아니 일반 사람들도 배워서 나름대로 자기 사전을 만들어보면 재미가 있을 것 같아요. 만약에 화초를 가꾸는 사람이 그에 관한 책을 쓰고 싶다면 여러 가지를 조사하고 생각했을 텐데, 그 분량이 많아지고 복잡해지면 결국 사전 만드는 방식으로 배열하고 정리를 해야 될 겁니다. 그럴 때 사전 편찬이라는 게 바로 이런 것이구나 하고 느낄 수 있을 겁니다.

사전 편찬자의 사생활

사전 만드시는 분들은 사전 이외의 일을 하셔도 뭐랄까 좀 '사전스러운' 경향이 있더라고요. 개인적으로 좋아하시는 것이라든가 취미라든가 말씀 좀 해주시죠.

사전 이외에 특별한 건 없는데. 시간이 별로 많지 않았으니까. 산 같은 데 정기적으로 다녀본 적은 없어요. 사전 편찬이라는 건 늘 책상머리에 앉아 있는 거라. 클래식 음악 듣는 거 좋아하고, 아니면 책 보는 거. 정보를 다루는 일을 하다 보니까 소설 같은 것은 안 봐. 안 읽혀. 이 일을 놓고 나면 자연스럽게 그런 독서를 할 수 있을지 모르지. 정 선생은 음악을 좋아한다고 했는데 클래식은 어떤 거 들어봤소?

클래식은 베토벤과 쇼스타코비치 정도만요. 저는 보통은 록을 듣습니다.

쇼스타코비치는 어렵고 나도 가장 많이 들은 건 베토벤인데, 그 나이에는 뭐가 좋아요? 빌헬름 박하우스 연주를 좋아하나?

베토벤은 피아노 소나타를 듣고 아, 진짜 이건 반복해서 들어볼 만한 음악이구나 하는 생각이 들었어요. 빌헬름 켐프 녹음을 많이 들었고요. 교향곡보다는 협주곡이나 독주곡이 좋습니다. 쇼스타코비치는 음악이 현대적이어서 록 음악이랑 비슷해요. 언제 들어도 편한 건 바흐 같고요.

현대음악은 가까워지지가 않아. 나이 들면 종교음악을 듣게 되고. 베토벤 현악 사중주 같은 걸 자주 듣게 돼요. 교향곡은 젊었을 때 많이 들었지.

라디오로 들으셨습니까, 아니면 음반으로?

CD 나오고 난 뒤에는 CD 사서 들었지. 얼마 전부터는 소니 MP3를 구해서 들으며 다니고. 이어폰으로 듣는데 소리가 더 좋은 것 같아.

음악을 시끄럽게 들었던 사람들은 귀가 좀 상했다고 하더라고요. 음악은 주로 어디서 들으셨어요?

음악도 사전 편찬실에서 들었지. KTX만 타도 소음이 심해서 잘 못 듣겠어. 음악을 들을 만한 곳이 많지 않아.

사전 작업에는 클래식이 어울리긴 하네요. 록을 들으면서는 도저히 못 하겠더라고요.

난 들으면서는 못 해. 음악은 음악 따로 들어야 하고, 일할 때는 일만 하지.

음악 들으면서 일하는 건 음악을 안 듣는 거죠. 아무 생각 없이 듣다가 귀에 확 들어오는 순간이 있는데 저는 그런 순간이 좋습니다. 지난 책에서도 음악 이야기를 좀 적었습니다. 음악을 파고드는 게 사전이랑 성격이 비슷하더라고요. 저는 아무래도 정리를 좋아하는 사람이다 보니까요.

나도 그래. 여기도 어질러져 있잖아. 손을 떼야겠다 생각하다가도 다시 보면 또 정리해야 할 것 같고. 평생을 정리만 하다가 끝나는 것 같아. 그만해야겠어. 어질러져 있는 것 정리도 다 못 하는걸.

책 욕심은 없으셨어요?

있지. 하지만 공무에서 손을 떼면 이제 정리를 해야지. 전에는 필요한 사람한테 책 같은 거 주고 그랬는데, 지금은 컴퓨터 속에 있는 것들을 나눠주고 말아야 하지 않나 싶어요. 내가 했던 것들 말이야.

대학원에서 홍윤표 선생님 수업을 들었어요. 그렇게 자료를 나눠주려고 하셨던 모습이 기억납니다.

그분 자료통이지. 자료를 많이 가지고 있고. 혼자서 박물관을 하나 만들어도 될 거야. 겨레말 편찬실을 그분이 처음에 꾸리셨는데 나를 여기에 넣은 건 그런 대학에 있는 사람들이지. 나는 한글학회 쪽 사람이고. 교수들은 여기에 늘 나올 수 없으니까 내가 많이 나와 있게 되었지.

2장

브리태니커는 지식의 구조, 사전의 가치를 고민해온 회사

장경식 한국브리태니커회사 대표

일시 2016년 7월 27일 수요일 오후 7시
장소 한국백과사전연구소(서울 마포구 서교동)

장경식

1958년 서울 출생
1986년 출판사 책세상 편집장
1992년 한국브리태니커회사 입사,
한국어판 『브리태니커백과사전』 완간
1995년 중앙일보 신춘문예로 등단(소설 부문)
1995년 한국어판 『브리태니커백과사전』 개정판 및 연감 편집장
1999년 한국어판 '브리태니커 온라인'과 '브리태니커 CD롬' 개발
2015년 한국브리태니커회사 대표
2016년 한국백과사전연구소 설립

장경식 대표와는 『브리태니커백과사전』(이하 『브리태니커』)을
다음사전에서 서비스하기 시작할 때부터
한두 달에 한 번씩은 만나서 다양한 대화를 나누었다.
갓 서른을 넘긴 내가 되는 대로 생각을 주워섬길 때
장 대표는 그 내용이 아무리 어쭙잖아도 존중해주었고,
내 성긴 이야기가 말이 되도록 이끌어주었다.
그는 한국브리태니커회사의 편집장과 대표를 거치며
그 흥망성쇠를 모두 지켜보았고, 그 과정에서
힘든 결정을 내리기도 했던 인물이다. 아마 한국에서
백과사전을 어떻게 살려나갈 것인가를
가장 깊이 고민해온 사람일 것이다. 이 인터뷰 이후
그와 백과사전의 다음 단계에 대해 주기적인 토론을 시작했다.

한국어판 『브리태니커백과사전』이 나오기까지

정철(이하 정) 가장 공들여 만든 작품일 『브리태니커』 한국어판에 대한 질문부터 시작하겠습니다. 한국어판을 만드실 때의 시장 상황이 궁금한데요, 한국브리태니커회사가 설립될 즈음 사람들은 영어판을 많이 샀잖아요. 그 기세로 한창기 선생이 브리태니커회사를 키울 수 있었고요. 영어판이 많이 팔렸다고 한국어판도 팔린다는 보장은 없었을 텐데, 한국어판을 만들 때의 시장 상황은 어땠으며, 예산은 얼마나 잡았는지 궁금합니다.

장경식(이하 장) 브리태니커가 1968년에 창립 200주년 기념 회사로 한국 지사를 세웠을 때 초대 사장은 일본브리태니커회사 사장을 겸직하던 프랭크 기브니 씨였지만, 한국의 실질적인 수장은 부사장 한창기 씨였습니다. 1년 후에는 한창기 씨가 사장이 되었고요. 한창기 씨는 처음에는 세상에서 가장 좋은 책을 팔아보겠다는 생각으로 브리태니커 지사를 유치했지만, 곧 한국에도 이와 같은 문화 사업이 필요하다는 생각을 하게 됩니다. 본사에는 한국에서 외국 상품을 팔려면 한국 문화에 기여해야 한다고 설득해서 잡지 『뿌리깊은나무』를 1976년에 창간했습니다. 한창기 씨는 출중한 문화적 안목을 갖춘 사람이었을 뿐 아니라 마케팅의 귀재이기도 했습니다. 그분은 『뿌리깊은나무』도 마케팅의 훌륭한 도구로 활용했지요. 당시 영어판 『브리태니커』를 사면 잡지 『뿌리깊은나무』의 1년 정기구독권을 줬어요. 영어판 『브리태니커』를 거실에 꽂아두고 있으면, 한 달에 한 번씩 세간의 평가가 좋은 『뿌리깊은나무』라는 잡지가 오는 거예요.

『뿌리깊은나무』는 당시 흐름과 달리 순 한글 표기에 가로쓰기를 채택해 한국 출판문화의 갈 길을 예고한 잡지였습니다. 독자들에게 『브리태니커』를 사면 한국의 문화 사업에도 기여하는 거라는 생각을 하게 했지요. 영어판의 판매가 늘면서 『뿌리깊은나무』의 정기구독자도 계속 늘어나 한창 때는 10만을 넘었다고 합니다. 당시 대표적인 교양지였던 『신동아』의 발행부수가 15만 정도였다니까 10만이면 엄청난 숫자죠. 거기서 한국어판의 시장 가능성을 읽고, 1977년 무렵 한국브리태니커회사에서 시카고 본사에 『브리태니커』 한국어판을 내겠다고 제안했습니다. 그러다가 1980년에 정권을 장악한 신군부가 정기간행물 통폐합을 단행하면서 『뿌리깊은나무』를 폐간시키죠. 그때 한창기 씨가 상처를 크게 받았어요. 본사에서 한국어판 출간을 승인했지만 계획을 반납했습니다.

한국 현대 문화사를 이야기할 때 한창기(1936~1997)는 피해갈 수 없는 인물이다. 나는 장경식 대표가 한국브리태니커회사 상무로 재직할 당시 한창기에 대해 물은 적이 있다. 그날 이후 장 대표와 친해졌다는 느낌을 받았다. 한창기라는 인물의 이면을 알고 있다는 것만으로도 공감대가 형성되었기 때문이다.

한창기를 처음 알게 된 것은 친구에게서 『민중 자서전』이라는 책자를 건네받으면서였다. 뿌리깊은나무 출판사에서 발행한 『민중 자서전』 시리즈는 한국의 시골 노인들을 인터뷰해서 그들의 입말을 그대로 담은 책이다. 노인 한 사람 한 사람이 하나의 도서관과 같다는 생각으로 그들의 삶과 말을 기록한 책으로, 한국에서 처음으로 체계적 구술 기록을 시도한 사례라고 봐도 좋다. 읽기조차 힘들었던 시골 노인들의 입말에 놀라고 감탄하면서 나는 한창기가 만들어낸 『뿌리깊은나무』, 『한국의 발견』, 『판소리 전집』 등을 역추적하기 시작했다. 그러는 가운데 한창기가 한국의 전근대와 근대의 문화를 잇는 핵심 인물임을 알게 되었다.

한창기가 만든『뿌리깊은나무』는 일단 지금 봐도 예쁘다. 그리고 그 안에 담긴 생각도 예쁘다. 한국적인 미감을 그렇게 오롯이 담아낸 출판물을 이전에도 이후에도 본 적이 없다. '우리 것'이 무엇인가라는 질문을 거듭하면서, 그것을 새로운 그릇에 담아야겠다는 생각을 실천한 인물이 바로 한창기였다. 게다가 그는 그 그릇에 한국어를 잘 살려 담기 위해 한국어학자 서정수와 함께 한국어 문법책을 만들기도 했다. 근대성, 교양이라는 주제에 관심이 있는 나에게 한창기는 언제나 내 앞에 우뚝 선 롤 모델이었다. 그를 알기에 가장 적당한 책은『특집! 한창기』(강운구 지음)라는 단행본이다. 장경식 대표도 그 책에 한 꼭지 글을 썼다.

정 당시 다른 언어판도 있었습니까?

장 스페인어판, 포르투갈어판, 일본어판 등이 있었죠. 한국어판도 일본어판의 영향을 받아 만들려고 했던 겁니다. 1980년대 초에는 신군부가 물가 억제책을 쓰는 등 경제가 불황이라 개발 계획을 중단했습니다. 1980년대 후반 올림픽 즈음에 경기가 살아나고, 부동산 가격 폭등과 강남 개발 등으로 호황이 이어지자 다시 본사에 한국어판 출간을 제안합니다. 1987년에 승인을 받았고요. 당시 한국 돈으로 200억 원 규모의 개발 계획을 제출했습니다. 한국보다 1년 정도 앞서 이탈리아가 같은 규모로 승인을 받았거든요. 처음에는 마이크로피디어(소항목) 위주로 번역해서 20권 정도로 낼 계획이었습니다. 중국어판도 비슷한 규모라 한국어판과 이탈리아어판도 그 정도에 맞춰서 제안서를 냈지요. 하지만 이탈리아어판은 편집진의 문제로 중간에 계획을 접었습니다. 원고 청탁과 입수 과정에서 승인된 예산을 다 썼다고 합니다. 원고는 받았지만 검수 등 이후의 편집 공정에 착수하기 전에 예산이 소진되어 프로젝트가 종료된 거죠. 당시 편집자들 중에서 3명이 시카고 본사로 가서 원고를 살리려고 노력했지만 결국 출간 계획을 접고 말았습니다.

『브리태니커백과사전』은 대항목macropaedia과 소항목micropaedia으로 구분되어 있다. 대항목은 '깊이 알기knowledge in depth'를 위한 부분으로 국가, 철학 등 보편적이고 넓은 범위의 개념을 다룬다. 거의 모든 항목이 당대의 석학이나 전문가의 기고로 구성되며 많은 경우 단행본 한 권 분량에 이른다. 실제로 일부 항목은 개별적인 저작권 계약을 통해 단행본으로 출간되기도 한다. 소항목은 '얼른 알기ready reference'를 위한 부분으로 인명, 지명, 각종 고유명사, 동식물, 기관 등 독자가 궁금해할 만한 항목들로 구성한다. 대항목에 수록된 주제어도 개별 항목으로 중복 수록한다. 즉 어떤 궁금한 것에 대해 '간단히 요약한 정보를 알고 싶을 때 먼저 찾아보는 책'이라는 효용을 만족시키기 위한 백과사전이다. 한 항목의 길이는 길어야 한두 면을 넘지 않으며, 짧은 항목은 10행 정도 분량이다. 브리태니커는 200년이 넘는 역사를 거치는 동안 대항목주의와 소항목주의를 오가며 지식의 체계, 구조를 고민해왔다. 영어판은 대항목과 소항목을 구분해 집필했으며, 영어판 이외의 언어판은 소항목 위주로 작업되었다(장경식, 『브리태니커백과사전』 참조).

이는 거시적 시각과 미시적 시각으로 나누어 생각해볼 수 있다. 지금의 백과사전은 검색/참조가 주목적이므로 미시적 소항목이 더 적합하다. 위키백과 등 다른 백과사전도 마찬가지이다. 하지만 백과사전이 독서/교양의 목적으로 소비된다면 거시적 대항목이 더 적합할 수 있다. 한 번 읽고 지나가는 것이 아니라 읽고 생각하게 하는 것이다. 한쪽에 위키백과처럼 사용자가 만들어나가는 백과사전이 있다면, 사유를 이끌어 교양을 쌓게 하는 백과사전도 필요하다. 백과사전의 미래가 이런 모습이어야 한다는 것이 장 대표의 생각이며, 나도 그에 동의한다. 흔히 말하는 오래된 미래의 하나가 『브리태니커』 영어판의 대항목에 담겨 있다.

『브리태니커』의 대항목(▲)과 소항목(▼).

이런 관점의 확장형으로 브리태니커회사가 출간한 『서양의 위대한 저서Great Books of the Western World』(브리태니커가 1952년 미국에서 출간한 54권짜리 시리즈로 현재도 읽을 가치가 있는 서양의 위대한 저작들을 엄선하여 소개하고 있다. 1990년 60권짜리 제2판이 출간되었다)라는 전집물이 있다. 서구의 정신을 형성한 고전들을 브리태니커 방식으로 재편집한 책이다. 다시 말하면 백과사전의 한 항목은 그 자체로 한 권의 책이기도 하며, 항목의 집합인 백과사전은 책들의 집합인 도서관과 대응할 수 있다. 백과사전은 인간이 만들어낸 모든 지식을 압축해놓은 체계이자 메타 지식이다.

아까 한국어판 판매를 어떻게 전망했느냐고 하셨죠? 당시 성인들이 보는 백과사전으로는 1950년대 후반에 발간된 『학원세계대백과사전』이 유명했고, 1970년대에 몇몇 백과사전이 나왔습니다. 본격적인 백과사전이라 할 만한 것은 1980년대 초에 동아출판사에서 펴낸 『동아원색세계대백과사전』(이하 『동아대백과』)입니다. 제대로 된 규모의 백과사전이었지요. 당시 동아출판사 김상문 회장이 『쇼가쿠칸세계원색백과사전』(1965)을 펴내 일본에서 크게 성공한 쇼가쿠칸小学館의 사장을 만나 백과사전을 만들겠다고 하니까 그쪽에서 도판과 자료를 사용하게 해주었다고 합니다. 당시는 저작권 개념이 없었으니까 그런 게 가능했겠지요. 그렇게 해서 『동아대백과』가 1984년에 완간되었습니다. 『동아대백과』가 좀 팔리니까 브리태니커에도 자극이 되었겠지요. 당시 1년에 1만 질씩 10년간 10만 질을 팔면 손익분기를 넘기는 정도로 예산을 잡았어요.

김상문(1915~2011)은 상당히 재미있는 경영인이었다. 1980~90년대 학창시절을 보낸 사람이라면 한 번쯤은 보았을 참고서 『동아전과』를 만들어 큰 부를 쌓았던 그는 당시 출판업계를 쥐락펴락했다. 이후 백과사전을 만들면 부와 명성을 함께 얻을 수 있겠다고 판단해 일본 백과사전을 모범 삼아 만든 것이 『동아대백과』였다. 하지만 초기 투자비용이 컸던 데다가 지나치게 많은 부수를 찍는 바람에 자금 순환이 안 되어 회사가 도산하고 말았다. 동아출판사는 두산그룹이 인수하여 『동아대백과』도 『두산세계대백과사전』(이하 『두산대백과』)이 되었고 지금은 '두피디아 두산백과'라는 이름으로 온라인에서만 콘텐츠를 제공하며 명맥을 유지하고 있다. 김상문은 회사 도산 이후 출판사 상문각을 설립해 재기를 꿈꾸었지만 끝내 성공하지 못했다. 『빈손으로 와서 빈손으로 간다』라는 진솔한 내용의 자서전을 출간했다.

정　　손익분기점을 10년 뒤로 본 겁니까? 참 호흡이 기네요. 좋습니다.

장　　굉장히 길어요. 1995년에 브리태니커 본사를 방문했을 때, 백과사전 편집용 데이터 구조를 새로 구축하는 계획이 진행되고 있었는데 7년짜리 프로젝트더군요. 인터넷 시대가 오기 전에 백과의 구조를 잡는 데만 7년을 쓰는 작업이 진행 중이었던 거죠. 그때는 이렇게 인터넷으로 환경이 바뀔지는 아무도 몰랐으니까요. 브리태니커 본사에서는 이미 1980년대부터 디지털 문화와 백과사전의 변화에 관심을 가졌고, 1987년에 CD롬 개발을 시작해서 1989년에 첫 백과사전 CD롬을 출시하기도 했어요.

정　　10년에 걸쳐 회수할 계획이었을 때, 한 질의 가격은 얼마 정도로 보셨나요?

장　처음엔 125만 원으로 잡았다가 나중에 152만 원으로 올렸습니다. 10만 질이 손익분기점이니까 1500억 정도 매출을 내야 손익분기를 넘기는 거였네요. 한국어판은 1988~89년에 샘플 작업을 하고, 1991년 무렵 한국 실정에 맞게 계획을 수정하고 항목을 분류하여 리스트 작업과 원고 청탁을 진행했습니다. 40~50명이던 초기 인원은 1992년부터 180명까지 늘어났습니다. 저도 1992년 초에 입사했고요. 작업하다 보니까 20권으로는 경쟁 상품인 『동아대백과』의 30권에 비해 빈약하다는 느낌을 줄 것 같았어요. 브리태니커 원칙에 맞는 글꼴이나 편집 스타일을 깨지 않으면서 분량을 늘리려면 결국 대항목까지 번역하는 수밖에 없었지요.

그래서 추가 예산이 필요했고, 동아일보사와 합작을 하게 됩니다. 당시 동아일보사는 200만 불 정도를 투자합니다. 창립 70주년 기념사업으로요. 그 투자금을 이후 로열티 개념으로 회수했고요. 전무급 임원을 한 명 파견해서 협업이 가능하게 도왔어요. 동아일보사의 사진 자료 등을 쓸 수 있게 해줬는데, 막상 자료를 받아보니 당시 신문사 자료라는 게 형편없었어요. 저작권 개념이 없을 때 모은 것들이어서 잡지나 신문 오린 것, 해상도 떨어지는 것, 수정액이나 수정 테이프가 덕지덕지 붙은 것들이 많았고, 저작권자도 불분명한 것이 다수였습니다. 반면에 브리태니커의 자료는 필름으로 받았고 본사에서 보내주는 것이 많아서 그것들을 더 많이 썼어요. 그 사이에 저작권협약에도 가입해서 저작권료를 예상보다 많이 쓰게 되었지요.

당시 편집자문위원회도 국제적으로 구성되었습니다. 고려대학교 총장을 지낸 김준엽 박사가 명예위원장이었고, 시카고 본사의 편집위원회 부위원장이었던 프랭크 기브니 씨가 위원장을 맡았습니다. 프랭크 기브니 씨는 한국전쟁 때 첫 외국인 종군기자로 한강대교 폭파 장면을 직접 취재한 언론인이자 지일知日, 지한知韓파 지식인이었습니다. 김경원 주미대사, 1세대 사회학자 이만갑 교수, 한승주 전 외무부 장관, 대니얼 부어스틴 미국의회도서관장, 허버트 패신 컬럼비아대 교수, 로버트 스칼라피노 캘리포니아대 교수, 데일 호이버그 시카고 본사 국제 간행물 담당 부사장 등이 자문위원이었습니다. 그분들이 편집위원들을 추천했고, 편집위원들이 편집 실무진을 구성했지요.

이 가운데 로버트 스칼라피노Robert A. Scalapino(1919~2011)는 주목해볼 만한 인물이다. 2011년 그의 부고 기사를 요약해보면 아래와 같다.

미국의 1세대 아시아 정치사회 연구자. 북한을 여섯 차례 방문할 정도로 한국과 중국, 일본 관련 연구를 열심히 해왔다. 제자이자 동료인 이정식과 함께 『한국 공산주의 운동사』(1972)를 썼고 1973년에 이 책으로 우드로윌슨재단상을 받았다. 그는 1959년 미국 상원에 제출한 보고서에서 군사 쿠데타를 예측했으며, 이후 박정희 정권의 유신독재를 주한미군 철수에 대비한 권력 강화로 해석하기도 했다. 1973년 김대중을 만나 지지 의사를 밝히기도 했고, 이후 군사정권에 종종 평화적 정권 교체를 권유했다. 그는 북한의 붕괴로 흡수 통일을 할 경우 통일 비용이 독일에 비해 엄청나게 클 것으로 보았다.

시기별로 정리하면 1987~88년에는 기획하고 승인받는 작업, 1989~91년에는 항목 결정, 필자 확인, 원고 청탁 등을 진행했고, 1991년부터는 들어오는 원고들을 편집하기 시작했어요. 1992년

쯤부터 원고 전체가 들어와서 전문가들의 감수를 받기 시작했고요. 1992~94년까지 집중적으로 집필, 검수, 편집 작업을 진행했습니다. 1992년 9월에 첫 세 권을 출간했고 1994년 3월에 완간했습니다. 세 권씩 출간해서 나올 때마다 계약자들에게 배송하는 식으로 판매했어요.

브리태니커의 사전 편찬자들

정 제가 특히 궁금한 것은 의뢰는 누구에게 했고, 품질 관리는 어떻게 했는가 등이에요.

장 제가 1992년 4월에 입사했는데, 일부 원고가 들어와 검수와 교열 작업이 진행되고 있었습니다. 이미 영어판을 바탕으로 항목 분류가 되어 있었고, 한국의 현실과 지역 특성, 번역판의 정체성에 맞춰서 재조정할 것들이 있었어요. 조직은 번역 작업 위주였던 인문·사회·자연과학 부서와 새로 집필해야 하는 한국 지리, 한국 역사, 한국 문학 등으로 나뉘어 있었습니다. 저는 교열이 끝난 원고를 표준화하는 작업과 이후 편집 관리 공정을 진행했어요. 서로 다른 부서에서 작업한 항목들이 충돌하지 않도록 조정하거나 통합하는 일을 했습니다. 교열 단계에서는 각 전문 분야별로 분량을 조정하고, 사실 확인을 하고, 문장도 다듬고, 브리태니커식 표준적인 문장으로 다시 쓰는 일 등을 했고요.

정 항목 선정은 자문위원들이 했나요? 보통 사전을 만들 때 표제어만 정해도 절반은 했다고 하잖아요.

장 아뇨, 자문위원들은 분야를 정했고, 항목을 구체적으로 정하는 일은 실무진이 했지요. 『브리태니커』는 영어판이 있었으니까 훨씬 쉬웠습니다. 거기에 한국 관련 항목만 추가하면 되는 상황이었죠. 그래서 한국 관련 부서가 따로 생겼던 거예요. 그러다 보니 불가피하게 충돌하는 부분이 있었는데, 다 모아놓기 전까지는 그걸 확인할 수 없었어요. 각자 작업을 했으니까. 인터넷이 없던 시절임을 잊어서는 안 됩니다. (웃음)

백과사전 작업 과정에서는 중복되는 항목이 반드시 나와요. 인문학자가 다루는 용어를 사회과학 쪽에서도 쓸 수 있으니까요. 모아서 정렬을 해봐야 알지요. 용어가 통일되어 있지 않은 경우도 많았습니다. 제가 원래 교열부 책임자로 입사했는데, 그런 일들이 발생하면서 편집 관리부로 역할이 바뀌었어요. 이미 교열의 차원을 넘어서는 일이 되어버렸거든요. 당시 저희 팀은 30명 정도가 같이 일했는데, 각 부서에서 원고 검수, 팩트 체크, 에디터 교열까지 거친 원고들을 넘겨받았는데도 분야별로 문체와 난이도가 너무도 달랐습니다. 쉬운 우리말로 문장을 통일하기 위해 이오덕 선생님의 글쓰기 특강도 받고 했지만, 막상 백과사전에 적용하기엔 너무 어려웠습니다.

정 어이쿠, 진짜 어려운 일이죠. 순우리말로 풀어쓴 백과사전이라…….

장 가능하면 간결한 문장, 해당 분야의 비전문가도 이해할 수 있는 쉬운 말로 쓴다는 일반 원칙을 적용했지만 개인차가 너무 심했습니다. 분야별로 전문가와 학자들이 글을 썼는데, 한계가 있었어요. 학자들은 자기가 아는 만큼 생각해요. 다 나름대로 자기 분야에서 실력을 쌓은 분들이지만 출판을 이해 못하는 분들도 많았어요. 분야별 용어의 충돌을 피하고, 난해한 용어의 이해를 돕기 위해 각 부서별 실무진이 참여하는 용어 통일 모임을 만들었지요. 하나의 백과사전 안에서는 오인되거나 일관성이 깨지는 것을 막아야 했기 때문입니다. 한자와 순우리말 사용 문제도 합의가 필요했어요. 가령 당시 식물학 쪽에서는 순우리말을 지향해서 용어를 바꾸는 중이었고, 동물학 쪽에서는 아직 한자어를 사용했거든요. 바늘잎숲과 침엽수림처럼요. 베끼기도 많았습니다. 베낀다는 것을 의식하지 못하고 베끼는 경우도 많았지요. 필자들의 무성의도 문제였고요. 예를 들어 '도미설화'라는 항목을 작성할 때 삼국유사에 나오는 게 전부인데, 그 내용만 적으면 되지 뭘 더 써야 하느냐는 식의 항의가 많았어요. 그래서 내부 검수 시스템을 만들어야 했습니다. 서점에 나와 있는 모든 사전을 구매한 뒤 원고가 들어오면 그 사전들을 뒤져서 내용을 체크했습니다. 출판계에서 편집장급 이상을 지낸 중견 편집자 8인 정도가 그걸 다 읽고 검토했어요. 그러다 보면 종종 똑같은 문장이 나옵니다. 어떤 분들은 그 문장을 쓸 수밖에 없다고 얘기하지만, 오자까지 베끼는 건 너무나 명백한 증거잖아요. 그런 증거들을 제시하면서 재집필을 요청했어요.

정 그 정도 판단이 가능한 선생님들을 모으는 것도 엄청 어려웠을 것 같아요.

장 다행히 그런 인물들을 섭외할 수 있었어요. 방금 말한 일들 이외에도 각 부서에서 집필하거나 번역한 항목들이 전체적으로 균형 잡혀 있는지를 백과사전 전체의 관점에서 판단하고, 누락되거나 중복된 항목을 찾아내고, 또 개별 항목의 관점이나 분량이 정치적으로 균형을 잃지는 않았는지도 살펴야 했지요. 이런 일들은 전체 원고를 읽으면서 해야 하기 때문에 가나다순으로 정렬된 전 항목을 관통하면서 읽어줄 수 있는 원로들의 검수가 필요했습니다. 대형 출판사 상무를 지낸 분, 해직 교수, 전 주미 공보관 등 다양한 분야에서 경륜을 쌓아 보편적 시각과 풍부한 교양을 지닌 분들께 그 일을 부탁드렸습니다. 그분들의 지적과 조언에 따라 항목을 추가하거나 분량을 조절하고, 관점이 극단적인 경우에는 새로 집필하기도 했습니다.

정 표제어 정하면서 분량도 정하셨을 것 같은데요.

장 수퍼A, A, B, C, D까지 있었어요. 한 페이지는 세로 세 단으로 나눴는데, 한 단이 원고지 9매니까 한 페이지면 원고지 27매였죠. 우선 수퍼A는 분량이 무제한이었습니다. 다음으로 A는 원고지 27~50매, B는 9매(1단), C는 4~5매, D는 2매 내외 같은 식으로 할당했습니다. D는 소항목 중에서도 작은 항목 수준이었지요. 물론 필자들은 원고 분량을 제대로 맞추지 않았고, 글의 밀도도 서로 많이 달랐어요. 그래서 교열하는 분들이 고생을 많이 했죠. 그렇게 점차 편집 관련 인원이 늘어 마지막에는 180명 정도 되었습니다.

정 필자들에게 글쓰기 가이드를 주시진 않았나요?

장 글쓰기 가이드가 있기는 했지만 적용하기가 쉽지 않았지요. 『브리태니커』 영어판 저본부터가 대항목과 소항목으로 나뉘어 있어서 글의 색깔이 달랐습니다. 자연히 번역 원고도 그랬고요. 번역자 중에는 원문 신봉자도 있고, 자연스런 우리말로 바꿔야 한다는 이들도 있었어요. 한국인들이 백과사전에서 기대하는 정보와 구조의 차이도 있었고요. 예를 들어 '가을'이라는 항목이 있잖아요. 『동아대백과』를 보면 구구절절 내용이 많은 데 반해 『브리태니커』 영어판을 보면 '가을은 ~이다'라고 간단히 서술하고 참고할 것은 개별 항목으로 넘기기 때문에 길이가 아주 짧습니다. 게다가 가을 항목의 담당자는 물리학 전공자라 번역이 아주 건조하게 왔지요. '가을이라는 말은 독일어 ~에서 왔다' 이렇게 가져온 거예요. 그래서 이게 뭐냐고 물어봤더니 번역에는 문제가 없지 않느냐 하더군요. 한국어 가을의 원어가 'autumn'이 아니잖아요. 그러니까 기계적으로 번역한 원고는 쓸 수가 없는 거죠. 한국어 화자의 관점에서 다시 써야죠.

정 전체적인 틀을 잡는다는 것에 대해 좀 더 얘기해주세요.

장 항목들을 다 모아서 정렬해보면 유사, 중복 항목도 많고 또 필요하지만 없는 것들도 눈에 보여요. 그런 누락과 중복이 없도록 앞서 소개한 상당한 역량의 소유자들이 원고를 보면서 전체적인 통일성을 유지하곤 했습니다. 앞에서는 표절을 찾아내고 뒤에서는 전체적인 통일성을 유지하는 작업을 한 거죠. 이런 작업을 통해 전체적인 틀을 잡아갔어요.
일관성의 문제가 뭐가 있느냐면, 예를 들어볼게요. 책이 가나다순으로 나오니까 앞쪽은 이미 출간되어서 고객의 손에 들어가 있단 말이죠. 그런데 중간에 누락을 발견하면 어떻게 해결하겠어요. 두음법칙 문제를 예로 들 수 있겠네요. 로동신문이냐 노동신문이냐. 그때 우리는 북한의 인명, 지명 등 고유명사 표기에 대해 관련 기관에 두루 문의를 해봤어요. 하지만 당시 정부기관 어디에도 통일된 기준이 없었습니다. 그 무렵 북한과 우리가 유엔UN에 동시 가입했으니 북한도 국가로 인정한 것으로 보고, 북한어를 외국어로 간주했습니다. 이를 전제로 자체적으로 만든 표기 원칙을 관련 기관에 보내 공유도 했고요. 이런 과정 끝에 북한의 표기를 존중한 '로동신문'으로 최종 결정을 했어요. 그렇게 결정하고 1, 2, 3권을 출간했습니다. 당연히 'ㄴ' 항목이 포함되어 있는 1, 2, 3권에서 '로동신문'은 빠졌지요. 그랬는데 교육부에서 '로동신문'이 아니라 두음법칙을 적용한 '노동신문'으로 쓰겠다고 방침을 정한 거예요. 우리는 이미 세 권을 출간했고, 그렇다고 뒤에 나올 책에서 '로동신문'을 빼버릴 수도 없어서 결국 두 가지 버전을 만들기로 했습니다. 다시 말해서 '노동신문'이 없는 1, 2, 3권의 첫 판을 산 독자들을 위해 4, 5, 6권에 '로동신문'이 수록된 버전을 만들고, 다른 한편으로 1, 2, 3권에 '노동신문'이 들어간 새 버전을 따로 제작했습니다. 상황이 이렇다 보니 초기 『브리태니커』 한국어판은 버전 1과 버전 2가 존재합니다. 1~6권까지를 두 번 편집하고, 두 번 인쇄한 거죠.

정 아, 듣기만 해도 고통스럽네요. 저라면 그냥 빼자고 했을 것 같아요.

장 하지만 브리태니커는 내적 일관성을 유지하려는 경향이 있었거든요. 브리태니커의 고집이자 철학이죠.

사전을 만드는 과정에서 내적 일관성을 유지하기 위해 쓰는 비용은 엄청나다. 종종 원고 집필보다 더 큰 노고가 들어간다. 한 사람이 책을 쓸 때도 앞뒤 일관성이 맞지 않거나 형식이 달라지거나 문체가 변하는 일이 허다한데, 하물며 여러 저자가 쓰는 거질巨帙의 백과사전이라면 말할 나위도 없다. 이런 노력을 들인 것은 백과사전이 종이에 인쇄되는 방식이었기 때문이다. 한번 제작되어 시장에 나가면 고칠 수 없기 때문에 사전의 권위를 위해서라도 일관성이 중요했다. 지적하기는 쉽지만 잘 만들기는 어려운 물건의 대표적인 사례라 할 수 있다.

나는 포털에서 사전 서비스를 담당하면서 항상 인력 부족에 시달렸다. 그 과정에서 제일 먼저 포기한 게 일관성이다. 몇 가지 예외를 바로잡겠다고 자꾸 뭔가를 개발하다 보면 성과는 안 나고 인력만 들어가기 때문이다. 중요한 순서대로 A, B, C까지 처리하고, 나머지는 기타 정도로 몰아서 처리하곤 했다. 이런 방식이 가능했던 것은 내가 일하는 환경이 웹이기 때문에 사람들이 전체적인 일관성을 파악하기도 어렵거니와, 누군가의 지적이 들어왔을 때 바로바로 고칠 수 있기 때문이다. 지속적으로 고쳐나간다는 것이 핵심이므로 약간의 오류는 넘어갈 수 있다. 날은 저물고 갈 길은 먼데, 언제 모든 것을 다 일관되게 맞추고 출시한단 말인가.

10년 전쯤 사전학회에서 발표를 하다가 옛날엔 사전을 만들기 위해서 5교, 10교의 교정교열 과정을 거쳐야 했지만 이제는 1교, 2교 정도로도 충분한 시대가 되었다고 말했더니 앞자리에 앉아 있던 노교수들의 표정이 일시에 굳어졌다. 그분들에게 제대로 교정되지 않은 사전은 사전이 아니었다. 하지만 매체가 달라지면 콘텐츠의 성격도 달라진다. 내용이 그릇을 좌우하기도 하지만 그릇이 내용을 바꾸는 일도 흔하다. 스마트폰 시대가 되면서 콘텐츠의 특성이 얼마나 달라졌는지를 생각해보면 이를 좀 더 분명하게 느낄 수 있을 것이다.

정 대단합니다. 아까 필자들만의 개성을 얘기하셨잖아요. 어느 선에서는 필자에게 의존하지 말고 끊자, 이렇게 정리는 안 하셨나요?

장 그래도 필자에게 의존할 수밖에 없었어요. 기명 문제도 있었거든요. 저작권이야 집단 저작물이므로 모두 브리태니커에 귀속된다, 내용 수정은 가능하다 이런 것까지는 승인을 받았어요. 그 이후에 필자가 고쳐올 거라 기대하지는 않았고, 우리가 일일이 고쳤습니다. 우리보다 한 해 먼저 출간된 『민족문화대백과』는 필자의 주관에 따라가자는 입장이었대요. 중복되고 스타일이 달라도 그것도 개성으로 본 거였어요. 하지만 브리태니커는 용어 통일 등을 시도하고 다른 요소들도 모두 맞추는 쪽으로 작업해서 힘이 들었지요. 대항목은 한국어로 번역하면서 상당 부분을 축약해달라고 요구했습니다. 대신 분야별 전문가들에게 맡겼죠. 한국 관련 항목, 특히 북한 관련 항목은 기존의 책들 가운데 참고할 것이 거의 없었어요. 모두 1945년 이전이 기준이었거든요. 전부 평안도, 함경도, 황해도라고 적혀 있지 양강도라는 지명이 적혀 있는 사전은 없었습니다. 그래서 우리는 북한 지도를 거의 새로 만들다시피 했어요. 1945년 지도와 새로 나온 지도를 놓고 엄밀하게 재검토했지요. 자연지리를 설명하려면 지형의 정확성이 필수였거든요.

정 당시 북한 지리에 대한 수요가 있었습니까?

장 그저 브리태니커다운 엄밀함의 결과죠. 일제시대에 공부했던 사람들이 두루뭉술하게 넘어가며 백과사전을 만들었다면, 『브리태니커』는 이미 나와 있는 영어판을 번역하는 일이라 한국에서 왜곡된 부분이 있을 때 그게 아니라고 줏대 있게 밀어붙일 수 있었습니다. 기존의 백과사전이 놓치고 있던 것들을 과감하게 보강하는 편이었고요. 기존 사전과는 다른 방식으로 만들었으니까요. 작업자들이 대체로 약간 진보 성향이었습니다. 이전까지는 몸 사리느라 안 하던 것들을 우리는 손을 대야 한다는 편집팀 공통의 정서가 있었습니다.

정 처음 승인받았던 1970년대에 한국어판을 만들었다면 또 좀 달랐겠네요.

장 많이 달랐겠지요. 당시의 정치적, 사상적 배경을 생각해봤을 때 북한 정보를 새로 고치려는 시도는 못 했을 겁니다. 1990년대 초도 여전히 몸조심하는 분위기가 남아 있던 시절이었지만, 우리는 뭔가 다른 것을 한 겁니다. 북한 지도를 있는 그대로 사용하자. 우리는 '있는 그대로'라는 말을 자주 썼습니다. 말 그대로 '있는 그대로' 기술하려고 노력했어요. 한동안 어디서도 우리처럼 북한을 있는 그대로 보려는 시도를 못 했어요. 그렇게 브리태니커는 일차 자료를 만들려고 노력한 겁니다. 민주화는 되었지만 사람들의 정신은 여전히 군사독재 시절에 머물러 있고, 몸조심하는 것이 몸에 밴 시기에 브리태니커는 개방된 곳이었기 때문에 그런 일들을 했던 거죠. 서울대 지리학과 류우익 교수가 당시 자문위원이었는데, 그때 그분에게 지도 만드는 법을 배웠어요. 지도에 인문지리와 자연지리를 어떤 식으로 자연스럽게 반영할 것인가 등을 일일이 배웠는데, 당시는 컴퓨터가 흔치 않은 때였으니까 하나하나 손으로 작업하며 배웠습니다. 그분이 하나하나 짚어가면서 알려주셨어요. 지도를 5도로 인쇄하느냐 6도로 하느냐, 강 이름 같은 건 어디에 몇 번을 적어야 하느냐 등을 배운 거죠.

정　저도 기획자니까 사람들과 프로젝트를 해보면 결국 요구사항이 얼마나 정확한가에 따라 결과물이 달라지더라고요. 지도도 그랬겠지요.

장　그렇죠. 인간인 이상 당연히 오류도 나고요. 제가 백과사전을 20~30년 했다고 해서 혼자 만들 수 있는 것은 아니잖아요. 함께 확인하며 만들어가는 공정이 필요합니다. 당시에는 그런 과정을 어떻게 정확하고 효율적으로 할 것인가를 많이 고민했죠.

정　백과사전은 객관적인 책이고, 게다가 『브리태니커』는 번역되는 책이니까 시대상을 그렇게 많이 반영할 거라고는 생각지 못했습니다.

장　백과사전은 객관적일 수가 없습니다. 시장과 독자를 의식해서 객관성을 유지하려고 하지만 같은 『브리태니커』라도 언어, 민족, 정치 사회적 동향에 따라 다르게 기술될 수밖에 없어요. 백과사전이 객관적이라면 어디나 똑같아야겠지요. 하지만 자연과학조차도 절대적으로 객관적인 건 아니죠. 미국 사람의 '사과'와 한국 사람의 '사과'는 항목의 내용이 달라질 수밖에 없습니다. 예전에 포클랜드 제도를 영국의 입장에서 기술하느냐, 아르헨티나의 입장에서 기술하느냐 하는 문제가 있었죠. 지금은 중국이나 일본과의 영토 분쟁 등이 있고요. 단지 그 언어권 안에서 최대한 객관성을 지키려 노력하는 것이죠. 모든 것을 번역하기는 하되 한국의 입장에서 쓰자는 것이 『브리태니커』의 원칙입니다.

> 포클랜드 전쟁Falklands War은 일단 명칭부터가 2개다. 스페인어로는 말비나스 전쟁La Guerra de las Malvinas이라 부른다. 종종 남대서양 충돌Conflicto del Atlántico Sur이라는 중립적인 표현을 쓰기도 한다. 이곳이 원래 아르헨티나의 영토인가 아닌가에 대해서는 여러 시각이 있지만, 어쨌든 영국이 제국이던 시절부터 100년 이상 그곳을 실효 지배하고 있었다. 위치는 아르헨티나 옆이다. 그런 상황에서 아르헨티나가 독재 정권을 유지하기 위한 정치적 목적으로 포클랜드 섬의 영국군을 공격해 교전이 발생했고 결국 영국군이 승리했다.
>
> 이는 우리의 독도 문제와 맥락이 닿는다. 우리가 '포클랜드 전쟁'이라고 부르는 순간 영국 편을 드는 것이 되듯, 독도 역시 어떻게 부르느냐에 따라 그에 대한 견해가 드러나기 때문이다. 그래서인지 영어 위키백과에서는 독도를 'Dokdo'도 'Takeshima'도 아닌 'Liancourt Rocks'라고 표기하고 있다. 한국어 위키백과와 『브리태니커』 한국어판에서는 당연히 독도라는 표기를, 일본어 위키백과와 『브리태니커』 일본어판에서는 다케시마竹島라는 표기를 택하고 있다. 다시 말해서 백과사전도 결코 여러 가지 이해관계에서 자유로울 수 없다.

정 『브리태니커』 일본어판에서는 독도를 다케시마라고 적을 거 아닙니까?

장 동식물도 마찬가지예요. 영어판에 나오는 어떤 새가 한국에 있다 없다, 철새다 아니다 이런 문제부터 시작해서 색깔이나 서식 환경도 다르죠. 그쪽에서는 텃새지만 여기서는 철새일 수도 있고요. 이렇게 자연과학조차도 객관적이지 않습니다. 그러니 독자의 입장에서 써야 하는 거죠.

정 천문학도 그럴 것 같네요. 별자리가 민족마다 다르게 해석되기도 했으니까요.

장 별자리, 신화뿐만 아니라 일식, 월식의 날짜도 다르죠. 같은 날이라도 어디선 부분 일식이고, 어디선 개기 일식일 수도 있고요. 이렇게 많은 부분이 나라마다 지역마다 다 다릅니다. '남한의 보편적인 한국인 독자의 입장에서 쓰되 통일 한국을 지향한다'가 목표였어요. 통일이 되었을 때 남북한 모두가 이해할 수 있게 쓰는 것.

정 아, 좋네요. 그때는 분위기가 좋았으니까요.

장 2000년대 초, 남북 화해 분위기가 무르익고 금강산 관광이 시작될 무렵 평양에서 내려온 북쪽 관계자를 만난 적이 있습니다. 금강산에서 만나 『브리태니커』 다섯 세트와 CD롬 20개를 기증했죠. 북쪽에서도 수록된 내용에 거부감을 느끼지 않았다고 들었습니다. 사실을 있는 그대로 쓰고, 남북 사이에서 중립적 시각을 유지하려고 노력했다는 걸 그들도 인정했다고 들었어요. 사회과학원, 김일성종합대학 도서관, 인민대학습당 등에 배치했다고 알고 있습니다. 지금 『겨레말큰사전』 작업하는 분들은 두음법칙에서 합의를 못 봐서 고생이라고 하더라고요. 다른 것은 다 양보 가능한데 그거 하나가 어렵다고 해요.

북한을 외국으로 인정하면 간단해요. 대화의 상대로 인정하면 나머지는 그에 따라서 진행할 수 있거든요. 남북 모두 지향하는 바야 통일이지만, 현재는 다른 공동체라는 구분만 명확하게 해주면 됩니다. 그냥 공통된 언어와 문자를 사용하고 있는 것뿐이라고 보는 거죠. 그러다 보니 두음법칙 같은 데서 차이가 있는 거고. 오래 갈 수 있는 기준을 마련해야 합니다.

구소련이 붕괴하면서 체코슬로바키아도 무너졌잖아요. 체코는 체크가 맞는지, 체코가 맞는지 관련 기관에 물어봤는데 아직 기준이 없대요. 우리는 '체크 + 오 + 슬로바키아'니까 체크로 했어요. 그랬는데 나중에 체코로 정했다더군요. 체코는 분열 전 명칭의 축약형이고, 분열 이후는 체크와 슬로바키아로 하면 되거든요. 그런데 관행이라는 이유로 '체코'로 정했다는 게 이해가 안 되더라고요. 이런 식으로 어긋나는 것들이 많아요. 이 문제에서는 결국 체크로 정했습니다.

정 그럼요. 국립국어원이나 『표준국어대사전』 쪽에서도 자의적으로 정한 게 얼마나 많은데요. 전체적으로 끝까지 일관성을 유지하는 건 어렵잖아요. 이런저런 출판사가 있지만 창비처럼 자사 고유의 표기법을 고수하는 곳도 있죠. 다수가 이 표기를 쓴다고 얘기할 수는 있지만 다른 표기를 썼다고 해서 뭐라 할 수는 없다고 생각합니다.

장 그렇다면 더욱 길게 보고 오해가 적도록 기준을 정해야 하는데 앞뒤가 안 맞는 부분이 너무 많은 것 같습니다.

한국은 국가가 대단히 강력한 어문 정책을 펼치는 나라다. 어문 규범과 그것을

준수한 사전을 국가기관인 국립국어원이 만들었다. 그 결과물이 바로 『표준국어대사전』이다. 이후 대다수의 언론, 출판계가 국립국어원의 지침을 따르게 되었다. 그것은 이 책도 마찬가지다. 나는 '타케시마'라는 표기를 선호하지만, 편집자는 분명 이를 '다케시마'라고 고칠 것이다. 그것이 국립국어원의 외래어표기법에 따른 표기이기 때문이다.

하지만 이에 반발한 출판사도 있다. 대표적인 곳이 창비로, 이 출판사는 고유의 외국어 인명/지명 표기 원칙을 가지고 있다. 열린책들도 마찬가지다. 그래서 Достоевский는 도스토옙스키(국립국어원), 도스또예프스끼(열린책들), 도스또옙스끼(창비)라는 3개의 미묘한 한글 표기를 가지게 되었다. とうめ けい라는 일본 작가는 게이 도메(국립국어원), 케이 토우메(일본 만화 전문 출판사들)라는 2개의 표기가 있다. 심지어 이 경우는 영어식으로 성과 이름을 뒤바꿔 표기해 혼란을 가중시키고 있다(성이 도메, 이름이 게이).

언어는 대체로 관습의 집합이므로 관습에 적절하게 따라가는 편이 좋다. 하지만 국가가 어느 시점에 어문 규범을 정해버렸고 그것이 관습에 어긋나는 일이 많아지자 그에 반발한 이종 표기들이 생겨난 것이다. 국가가 모든 경우를 다 만족시키는 표기를 만들었으면 좋았겠지만 그런 것은 처음부터 존재하지 않는다. 관습은 예외투성이이기도 하기 때문이다. 외래어 표기를 둘러싼 논쟁이 계속되고 있긴 하지만, 국립국어원의 표기가 사실상 압도적 우위를 점하고 있다. 그래서 나는 편집자가 '타케시마'를 '다케시마'로 고치는 일을 굳이 거부하지 않는다.

정 띄어쓰기와 비슷한 것 아닐까요?

장 사실 띄어쓰기도 이상한 말이에요. '붙여쓰기' 원칙이죠. 조사를 제외한 모든 단어는 띄어 쓴다고 해놓고 이후 예외적으로 붙여 쓸 것들을 나열하고 있으니까요. 그럴 거면 붙여쓰기라고 부르는 게 맞죠.

한창기와 한국브리태니커회사

정 『브리태니커』 한국어판의 바깥에 대해 여쭤보고 싶습니다. 저와 장 대표님이 공감한 인물은 한창기였잖아요. 그가 한국브리태니커회사에서 어떤 존재였는지 듣고 싶은데요.

장 브리태니커회사가 240년간 지켜온 정신은 시대를 따르며, 시대를 이끌며 이어져왔습니다. 그러니까 『브리태니커』라는 책이 지금까지 살아남았겠지요. 그 사이에 많은 백과가 나왔다가 사라졌지만 어떤 것도 『브리태니커』만큼 존재감을 유지하지 못했습니다. 저는 브리태니커가 전통을 자랑해서가 아니라 백과사전과 지식의 가치에 대해 지속적으로 질문을 제기해왔기 때문에 살아남았다고 생각합니다. 이 책에 어떤 가치를 부여해야 하는가를 계속해서 고민한 회사인 거죠.
그런 점에서 한창기라는 분은 가장 브리태니커적인 인물이었어요. 다빈치처럼 다재다능한 사람을 백과사전적 인물이라고 하잖아요. 딱 그런 인물이었지요. 그는 학비를 벌기 위해 『브리태니커』 영어판을 파는 일을 시작했습니다. 그런데 팔다 보니 이 책의 가치에 탐닉하게 된 겁니다. 자기가 봐도 세상에서 가장 좋은 책이었거든요. 그는 영어로 된 책을 팔면서 가장 한국적인 것은 무엇일까를 고민했지요. 그래서 판소리, 잎차 등을 복원하면서 우리말 문법도 공부하고, 잡지란 어떠해야 하는가를 생각한 끝에 『뿌리깊은나

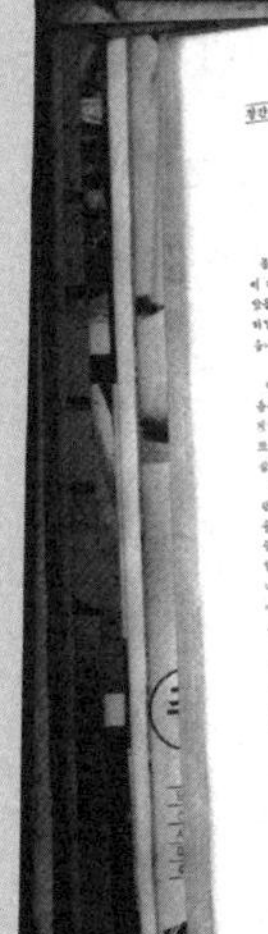

『뿌리깊은나무』 창간호 표지(▲)와 한창기의 발간사(▼).

무』를 만든 겁니다.

「독립신문」 이후 한국 근대 출판물 중에서 교과서를 제외하고 한자 없이 순 한글 가로쓰기를 한 책이 있었던가, 이렇게 고유어를 살려 쓰고 또 한국어다운 어휘를 만들다시피 하면서 제대로 된 한국어를 구현해낸 잡지가 있었던가 생각해보면 전혀 없었다고 해도 과언이 아니에요. 『창작과비평』 같은 진보 잡지들도 그렇게까지 고민하지는 못했어요. 게다가 한창기는 글꼴이나 잡지의 판형까지, 즉 내용과 함께 그것을 담을 그릇의 형태까지 고민했던 사람입니다.

1976년에 창간된 『뿌리깊은나무』는 초기에는 한국브리태니커회사에서 발행했습니다. 그런데 정기 간행물 등록은 1970년에 해두었더군요. 그런 걸 보면 한창기 사장은 한국브리태니커회사 초기부터 이런 잡지를 간행하겠다는 꿈이 있었던 것 같습니다. 하지만 당시의 '신문·통신 등의 등록에 관한 법률'을 보면 외국인이나 외국 법인은 정기 간행물의 발행인이 될 수 없다고 되어 있었어요. 아마 처음에는 외국 법인인 줄 모르고 등록을 받아주었던 것 같습니다. 1978년 9월 뒤늦게 법에 따라 한창기 사장이 개인 자격으로 출판사 '뿌리깊은나무'를 새로 설립하고, 『뿌리깊은나무』의 발행처도 뿌리깊은나무 출판사로 바꾸게 됩니다.

하지만 이때까지만 해도 한국브리태니커회사와 뿌리깊은나무 출판사는 같은 건물에 있었고 한 조직처럼 움직였어요. 두 회사의 출판물이 구분 없이 한국브리태니커회사의 영업 조직을 통해서 판매되었고요. 이때 나온 단행본들도 필요에 따라 때로는 브리태니커, 때로는 뿌리깊은나무의 이름으로 뒤섞여 발행되었습니다. 『브리태니커 판소리 다섯 마당』과 『뿌리깊은나무 판소리 다섯 마당』

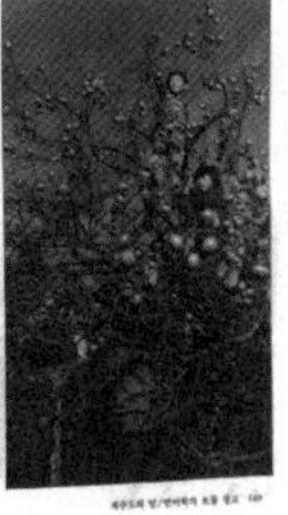

『한국의 발견』 전질(▲)과 제1권 제주도 편의 본문(▼).

이 따로 존재하는 것도 이런 까닭입니다. 그러다가 1980년대 중반 경기 침체와 함께 『브리태니커』 영어판의 매출이 떨어지면서 1985년 11월 한창기는 사장 자리에서 물러나게 됩니다.

그러자 사실상 브리태니커의 자본과 인력으로 운영되던 뿌리깊은나무 출판사의 소유권이 문제가 됩니다. 본사에서는 당연히 브리태니커의 소유라고 생각하고 있었는데, 법적으로는 한창기 사장이 대표였기 때문에 혼란이 좀 있었지요. 그런 상황에서 초대 한국브리태니커회사 대표를 지냈던 프랭크 기브니 씨가 한창기 사장을 감싸주어 뿌리깊은나무 출판사가 독립할 수 있게 됩니다. 프랭크 기브니 씨는 한창기 사장의 빛나는 감각과 실행력, 안목 등을 너무나 좋아해서 회사에서 나간 다음에도 계속 아들처럼 대하고 그랬다지요. 뿌리깊은나무 출판사와 한국브리태니커회사의 원만한 관계도 계속 유지되어 『샘이깊은물』 등 뿌리깊은나무 출판사의 간행물은 계속 브리태니커에서 영업을 맡아 했습니다.

1980년 신군부에 의해 『뿌리깊은나무』가 강제 폐간되자 그 인력으로 할 수 있는 일이 두 가지 거론되었다고 해요. 하나는 학습용 백과사전을 만드는 것이었고, 다른 하나는 인문지리지인 『한국의 발견』을 만드는 것이었습니다. 한창기는 학습용 백과사전이라는 손쉽고 돈도 벌 수 있는 길을 마다하고, 『한국의 발견』을 만들어냅니다. 그는 미학적인 자기 주관이 뚜렷했던 사람인 거죠. 그렇다고 해서 마케팅을 꺼려했던 인물도 아니에요. 영국과 호주, 미국 등에서 자리 잡은 브리태니커의 방문 판매 기법을 한국에 들여왔지요. 한창기는 체계적으로 구축된 세일즈 방법론을 한국에 전파한 사람입니다. 이후 브리태니커에서 나온 사람들이 화장품, 정수기, 보험, 자동차 등 여러 업계로 퍼져나가 성장했지요.

『한국의 발견』은 『뿌리깊은나무』 폐간 이후 함께 일했던 편집 인력이 모여서 만든 인문지리지로 1983년에 완간되었다. 『뿌리깊은나무』에서 지속적으로 나는 누구인가, 우리는 누구인가를 물어왔던 한창기는 이 질문을 우리가 사는 이 땅은 어디이며, 우리의 삶과 어떤 관계인가라는 관점으로 확대하여 한국의 각 도와 서울, 부산, 제주 지역을 중심으로 기술했다. 필진이 직접 지방으로 내려가 발로 뛰어 만든 책으로 상당한 비용이 들어갔지만 독자들의 광범위한 호응을 얻어 인기 상품이 되었다. 세련된 편집과 토속적이고 깊이 있는 내용으로 회자되는 명작이며, 출간된 지 30년 이상 지난 지금까지도 책 수집가들이 찾아다니는 숨은 걸작이기도 하다.

정 이전까지는 방문 판매 기법이 없었나요?

장 그전까지는 월부 장수였죠. 김승옥의 소설 『서울, 1964년 겨울』에 나오는 월부 책장수요. 매뉴얼, 복장, 설명 기법, 피드백, 멘트 등을 규정하고, 어떤 방식으로 성과를 지급할지, 그것이 각 나라의 관습과 어느 정도 맞는지를 고민하고 확인하며 운용하는 세일즈 기법은 세계적으로도 별로 없었어요. 그걸 한국 상황에 접목시킨 인물이 한창기였지요. 그는 그런 세일즈 기법을 거부하지 않는 세련된 문화인이었던 겁니다.
제가 보관하고 있는 자료 중에 한창기 선생이 뿌리깊은나무 출판사의 명의로 브리태니커 본사에 보냈던 공문이 있어요. 도서전 같은 것을 함께 추진하면서 보낸 업무용 공문입니다. 거기엔 한창기 선생 특유의 문장으로 어떤 손님을 포착해 어떻게 얘기해야 하는지, 이 물건이 왜 당신에게 의미가 있는지 등을 설득하는 가이드가 적혀 있어요. 지금 우리는 그분을 인문학적인 경영자 정도로만 기억하고 있지, 세일즈 방면에 대단한 감각을 가지고 있던 사람으로는 잘 기억하지 않아요. 그런 분이 『뿌리깊은나무』의 폐간으로 날개가 꺾였으니 안타까운 일입니다. 오래 사셨다면 훨씬 더 많은 일을 할 수 있는 분이었지요. 한창기 선생 이후에 이현상 님이 대표가 되는데 이분은 관리 중심의 경영자였어요. 그가 바로 『브리태니커』 한국어판이 세상에 나오게 한 산파였습니다.

정 회사 내에서는 한창기 사장이 어떤 인물이었을까요? 존경받는? 사랑받는? 무서운?

장 무섭다고 할 수는 없지만 범접할 수 없는 인물이었죠. 창업 공신들이 여전히 남아 있어서 그렇기도 했지만, 그분의 깊이나 안목을 회사에서 지워버릴 수는 없었지요.

정 어쨌거나 한창기 선생은 한국브리태니커회사가 가장 능동적으로 움직이던 시기에 회사를 이끄셨던 거네요. 이후 브리태니커회사는 한국어판을 내놓았지만, 회사가 그것으로 손익분기를 넘기기 전에 이미 시장은 흔들리던 상황이었고요.

인터넷의 등장과 브리태니커의 대응

장 출판 시장이 나름 호황이다가 1993년 즈음부터 경기가 안 좋아지기 시작해요. 동서문화사의 『세계대백과사전』(1997년 완간과 함께 『파스칼세계대백과사전』으로 개편)이나 학원출판공사의 『학원세계대백과사전』(1994년 완간)이 나와 시장이 복잡해지기도 했고요. 1991~92년 무렵에 CD롬과 디지털이라는 개념이 들어오기 시작했습니다. 한국브리태니커회사에서도 CD롬을 만들기 시작했지요. 1995년에 넷스케이프 네비게이터 같은 브라우저가 대중화되면서 일반인들이 인터넷에 접속하기 시작했어요. 야후Yahoo도 등장했고요.

당시 본사의 주인은 벤튼재단The Benton Foundation이었는데, 벤튼재단은 시카고대학의 재단이었습니다. 브리태니커회사는 이 비영리재단의 수익회사였기 때문에 긴 안목으로 투자를 할 수 있었어요. 그래서 1980년대 말에 CD롬을 개발해 상품화할 정도였지요. 이미 초기 투자가 많았던 겁니다. 브리태니커는 이익이 생기면 재단으로 들어가는 회사였기 때문에 이익이 있어도 축적해두지 않았어요. 상장회사도 아니었고요. 그러다 보니 문제가 생겨요. 디지털 작업을 계속 진행해야 하는데 쌓인 돈이 없었던 거죠.

그래서 외부 투자 유치를 시도합니다. 마이크로소프트가 관심을 가졌다고도 하는데, 거기서 투자하면 마이크로소프트의 이름만 남을 것 같아서 거절했다는 말이 있습니다. 그러다가 지금의 회장 제이콥 사프라Jacob E. Safra라는 인물이 인수를 하죠. 1995년 당시의 시장 상황과 추세를 보면서 전략을 정한 게 디지털이에요. 그러면서 방문 판매 조직을 한 해 동안에 모두 없앱니다. 전 세계의 조직을 모두 없앴어요.

한국어판 백과사전이 나온 지 1년 만에 방문 판매를 없애겠다고 한 거예요. 그동안 계속 여기저기 다니면서 홍보도 하고 그랬는데 말이죠. 그래서 웅진에서 판매 대행을 합니다. 웅진의 대표인 윤석금 씨는 브리태니커 출신이라는 인연이 있었지요. 초기인

1996~97년에는 웅진 매출의 30퍼센트 가까이가 『브리태니커』 한국어판에서 나왔다고 들었어요. 영업 이익의 40퍼센트를 『브리태니커』 한국어판이 차지했다고도 합니다. 그런 경험 덕분에 이후 웅진이 학습백과를 만들 수 있었는지도 모르겠습니다. 한국브리태니커회사는 거기서 로열티만 받았기 때문에 큰돈은 못 벌었습니다. 그 수익으로 연감을 개발했지요. 본사는 결국 한국에 투자만 한 거예요. 저는 어디 가서 브리태니커가 외화 획득에 크게 기여한 회사라고 얘기합니다. 200억 이상을 투자했고, 거기서 나온 작은 수익마저 다시 투자한 셈이니까요.

이후 콘텐츠의 디지털화와 관련해서 여러 기업과 협의를 했는데, SK의 넷츠고(SK텔레콤이 인터넷과 PC 통신을 통합한 '인터넷 PC 통신 사이트'로 내놓은 서비스. 전용 접속 프로그램인 '넷츠고 브라우저'를 사용하면 인터넷을 하면서 PC 통신도 할 수 있었다) 개발팀과 뜻이 통했어요. SK가 확보한 모바일 가입자만 해도 1000만 명이었기 때문에 향후 인터넷과 모바일, 지식 데이터를 결합한 비즈니스가 가능할 거라고 생각했습니다. 원래 그 협업에서 SK가 개발비를 대려고 했어요. 브리태니커와 전략적으로 협업해 지식 포털을 개발하면 현재의 네이버 같은 것을 만들 수 있으리라 기대했습니다. 그때 지식iN과 같은 모델도 생각했고, 오버추어Overture(세계 최대의 검색 광고 대행업체로, 키워드 검색을 통해 이용자 클릭이 발생했을 때만 광고비를 지불하는 독특한 방식으로 획기적인 수익 모델을 개발했다) 방식의 광고 모델도 구상하는 등 여러 가지 계획이 있었어요. 본사에서 그 얘길 듣더니 그렇게 하면 SK에 종속될 거라고 우려를 하더군요. 결국 본사가 개발비를 대겠다고 해서 또 외화가 들어갑니다. 그때가 IMF 때여서 환율이 엄청났어요. 꽤 큰돈을 또 투자한 셈인데, 그 돈은 투자로 끝났죠. 그러다가 두산이 네이버에 백과사전 콘텐츠를 제공하면서 무료 백과사전 시대가 열렸고, 순식간에 시장이 없어졌습니다. 브리태니커 본사는 정말 한국에는 지원할 만큼 했어요.

정 그때 나왔던 CD롬을 생각해보면 여러 가지 고민이 많이 녹아 있었고, 시스템이 상당히 복잡했던 기억이 납니다.

장 제가 책임자였는데, 두산의 CD롬이 1년 정도 먼저 나와 있었지요. 1996년이 두산그룹 창립 100주년이라서 『동아대백과』라는 이름을 『두산대백과』로 바꾸고 행사를 했습니다. 브리태니커 사람들도 두산으로 꽤 이직을 했지요. 두산은 좀 급하게 만들었어요. 브리태니커 CD롬은 영어판이라는 모델이 있었으니 그 품질을 그대로 살리려고 했죠. 360도 영상이라든가 연표라든가 이런저런 기능이 있었어요. 브리태니커는 14만 9000원으로 두산보다 1만 원 비쌌지요. 당시 신제품이 나오면 교보문고에서 행사를 했는데, 사람들이 성능을 비교해보고는 브리태니커를 선택하곤 했습니다. 시장의 거의 90퍼센트 이상을 브리태니커 CD롬이 차지했다고 알고 있습니다. 그 시점에서 두산의 선택은 포털에 파는 것밖에는 없지 않았나 싶어요. 네이버에서 매력적인 제안을 하기도 했고요.

정 그때 저는 네이버의 실무 담당자였습니다. 계약 담당자는 아니었습니다만. 그때 브리태니커와도 대화를 시도했는데 그런 식의 공개는 안 한다고 들었어요. 여기는 칼날도 안 들어갈 곳이구나 해서 더 얘기를 못 했던 것 같아요.

장 서로 진작 알았으면 같이 뭐라도 했을 텐데요. (웃음) 그때 마케팅 쪽은 뭔가 다른 계획이 있었던 것 같아요. 또 CD롬이 잘 팔리고 있었기 때문에…….

정 책도, CD롬도 잘 팔렸는데 그 시기가 참 짧았네요.

장 너무 잘 팔려서 TV 광고도 집행했을 정도였어요. 원래 브리태니커는 그렇게 마케팅을 하는 회사가 아니거든요. 기대 이상으로 잘 팔렸던 거죠. 그때 한국 지사장이 제이콥 사프라를 면담할 기회도 있었어요. 그분은 은둔자였지만 칭찬해준다고 부른 거죠. 그렇게 회사의 기대가 컸는데 두산이 백과사전 콘텐츠를 무료로 공개한 이후 시장 자체가 급격히 사라졌습니다.

정 인터넷에 유의미한 백과사전을 오픈한 건 두산이 처음이었으니까요. 세계적으로도 드문 경우였고요. 브리태니커가 이익을 회수할 수 있는 시간이 좀 있었더라면, 다음 스텝을 고민할 수 있었겠네요.

장 디지털화에 대해 알아보기 시작한 것은 1993년부터였고, 1997~98년 무렵에는 신비로(온세통신이 현대정보기술로부터 인수하여 운영했던 인터넷 서비스. 영화, 게임, 만화 등 다양한 콘텐츠와 커뮤니티 서비스를 제공했던 일종의 포털 사이트였다)를 개발했던 분들과도 연결된 적이 있어요. 또 큐릭스(케이블 TV, 초고속 인터넷 서비스 등을 제공하는 기업)와도 도장 찍기 직전까지 갔지만 성사되지 않았죠. SK와 논의를 진행한 것도 SK가 '선경'이던 시절에 이미 한 번 만난 적이 있으니까 처음

CD롬으로 출시되었던『브리태니커』. 왼쪽은 영어판, 오른쪽은 한국어판.

이 아니었습니다. 신비로 만들던 분이 SK로 가서 넷츠고 작업을 하신 다음에 다시 한 번 얘기를 하게 되었지요. 눈 밝은 분이라 저와 여러 초기 기획 작업을 했습니다. 어떤 방식의 광고가 효과적일지 모델을 만들어본다거나 백과사전의 내부 구조를 짜는 일 등이요. 그때는 PC 통신과 인터넷의 경계에 있었으니까요. 사용자의 피드백을 어떻게 받아서 반영할지 등 지금도 고민하는 문제를 그때 이미 논의했어요. 당시 PDA 중에는 전화가 되는 것도 있었고, 팜palm(최초로 상용화에 성공한 PDA)도 있었잖아요. 후에 모바일에서 소비될 거라는 생각도 했었지요.

정 그때가 40대 초반 정도셨죠?

장 그렇죠. 제가 1958년생이니까요. 아이디어가 많았어요. 광고 효과는 노출 횟수로 측정 가능할 거라 생각했고, 딱딱한 기존의 백과사전 데이터를 보강하기 위해 지식 나눔 공간을 만들어 활성화시키자는 얘기도 했지요. 그런 콘텐츠로 잡지를 만든다거나, 관련 상품을 개발해 쇼핑몰을 꾸려보자는 등 백과사전을 중심으로 현재의 인터넷 세상 같은 것을 구상했어요. 그때는 야후만 있었잖아요. 즐겨찾기. 그건 실체가 아니죠. 우리는 데이터가 있었기 때문에 실체가 있는 서비스였어요. 잘 풀어나갔으면 우리가 본사보다 더 나은 모델을 제시할 수도 있었을 텐데…….

일부 독자에게는 초기 인터넷이 등장하던 시기에 대한 부가 설명이 필요할 것 같아 간단히 정리해보겠다. 저사양 286, 386 PC와 모뎀이라는 통신 장치로 다룰 수 있는 정보는 용량이 작은 텍스트 형태였다. 그런 환경에서 만들어진 PC 통신은 게시판을 기반으로 할 수밖에 없었다. PC 통신은 지금의 뉴스, 커뮤니티, 메일, 채팅 등의 서비스를 모두 텍스트로 구현한 하나의 작은 세계였다. 물론 백과사전과 같은 정보 서비스 역시 텍스트로 제공되었다.

여기서 언급되는 신비로(온세통신)와 넷츠고(SK)는 PC 통신과 인터넷의 중간 형태였다. 하이텔(한국통신), 천리안(데이콤), 나우누리(나우콤) 등이 100퍼센트 텍스트 환경이었다면, 신비로와 넷츠고는 PC 통신처럼 전화망으로 접근하긴 했지만 윈도우 환경에서 일부나마 그래픽 인터페이스가 지원되었다. 각각의 서비스는 지금의 네이버, 다음처럼 자사의 서비스 안에서 모든 것을 가능하게 해 사용자의 이탈을 막는 정책을 썼다. 모두 유료 서비스였기 때문에 여러 서비스에 중복 가입하는 경우는 흔치 않았다.

그러다가 월드와이드웹과 인터넷 브라우저가 등장했고, 그 드넓고 막막한 세계에서 길잡이처럼 웹사이트를 안내해주는 야후가 1995년에 등장했다. 야후는 일종의 전화번호부 같은 역할을 했다. 수많은 웹사이트를 도서관의 십진 분류 형태로, 즉 다단계로 정리하여 보여주었다. 자신이 원하는 분야로 가서 그 분야의 홈페이지를 방문하게 돕는 것이다. 이것으로 야후는 세계 최초의 포털 서비스가 되었으며, 사람들은 브라우저의 첫 페이지로 야후를 이용하곤 했다. 검색엔진은 그때도 있었지만 매우 어려운 개념이었고 보편적이지 않았다. 백과사전은 기본적으로 검색을 전제로 한 책이기 때문에 브리태니커가 정보를 검색하여 보여주는 서비스를 빨리 만들었다면 그것은 아마 구글이 위키백과를 검색 결과 최상단에 놓는 현재의 모습과 유사했을 것이다. 그 아래에 광고를 붙이는 것만으로도 수익을 낼 수 있었을 것이며, 이를 바탕으로 야후를 위협하는 차세대 포털 서비스를 만드는 것도 가능했을 것이다. 장 대표가 이야기하는, 브리태니커의 콘텐츠를 바탕으로 검색 포털을 만드는 작업은 충분히 승산이 있는 계획이었다. 인터넷 서비스의 발전에서 선발 주자의 이점이 얼마나 큰가 생각해보라. PC 통신이 몰락하고 인터넷 환경이 만들어지던 시점에 콘텐츠를 가진 브리태니커가 조금만 더 기민하게 움직였다면 인터넷 시장의 판도는 지금과 많이 달라졌을지도 모른다.

정 백과사전은 세계를 압축한 책이니까요. 뼈대가 튼실한 상태니까 살은 어떻게든 붙일 수 있다고 저도 생각합니다.

장 코어 데이터가 있으니까 검색하면 뭐라도 나왔습니다. 그것을 중심으로 서비스를 만들면 분명히 시장이 생긴다고 봤죠. 그리고 브리태니커는 여러 언어판이 있으니 그 모델을 여러 국가로 확장시킬 수도 있었어요. 이런 모델을 한국브리태니커회사가 선도할 수도 있었던 거죠. SK는 모바일까지도 확장할 수 있는 회사였잖아요.

정 팜 같은 모델은 확실히 될 거라고 생각했습니다. 당시 전화가 되는 PDA가 이미 있었으니까요. 그게 아이폰/아이팟 같은 형식일 거라고까지는 예상하지 못했지만요.

장 당시가 전환점이었던 것 같아요. 브리태니커는 네이버에 비해 빨리 움직일 수 있었거든요. 미국은 모르겠습니다만, 한국에선 그랬다고 생각해요. 꿈만 있었던 것이 아니고 실행할 기반도 어느 정도 있었습니다.

정 어찌 보면 누가 한발 먼저 시작하느냐가 많은 걸 갈랐던 시기였잖아요. 사실 야후도 대단한 기술력이 있었다기보다는 서퍼들이 사이트 찾아서 일일이 입력하는 것이었죠. 그 한심한 모델로 시작해 이십수 년을 버티다가 얼마 전에 결국 인수되었죠.

장 그때 우리 모델이 정말 좋았던 것은 SK라는 파트너와 함께 논의를 진행했다는 것입니다. SK는 실행할 기반을 거의 다 갖추고 있었으니까요. 당시 인터넷 공급자라고는 유니텔, 넷츠고 정도였지요. 하이텔, 천리안은 PC 통신에 멈춰 있었고요. 우리 모델을 놓고 인터넷 기반의 PC 통신이라는 말도 있었는데, 사실상 포털이었어요. 화면에서 이미지를 볼 수 있었고, 위지위그WYSIWYG(What You See Is What You Get, 화면에 표시되는 문서의 글자체, 사진, 도표 등이 그대로 프린터로 인쇄되는 기능)가 가능한 상황이었습니다. 그래서 저는 정말 이 채널에 백과사전 콘텐츠가 들어간다면 충분히 된다고 생각했어요. 투자자들도 있었고요.

지식의 구조를 고민하며 부단히 변화해온 브리태니커

정 정말 흥미진진하고 안타까운 스토리네요. 다시 브리태니커 본연의 얘기로 돌아가지요. 『브리태니커』 다른 언어판에 대한 질문입니다. 다른 언어판에서는 왜 대항목이 적용되지 못했나요?

장 그게 나라마다 사정이 다른데, 일본어판에서는 적용이 되었습니다. 대항목과 소항목이 함께 존재하는 형태로 만들어졌지요. 소항목을 더 작게 만들어서 레퍼런스 가이드로 삼았어요. 그래서 영어판처럼 대항목과 소항목이 분리되어 있습니다. 프랑스어판은 좀 달라요. 소항목을 대항목 사이사이에 배치했어요. 중국어판이나 한국어판은 소항목만 개발한 거죠.

정 대항목의 깊이와 밀도라는 건 소항목과는 완전히 다르잖아요. 일반 단행본과 비교해도 손색이 없죠? 어느 시점에 내더라도 경쟁력이 있을 것 같아요. 시간이 지난다고 사라지는 항목들이 아니니까요.

장 항목 하나만 따로 빼서 단행본으로 낸 경우도 많아요. 중요한 항목들이고, 시대가 바뀐다고 안 읽히는 주제가 아니니까요. 15판 b가 1985년에 나오면서 대항목이 700개로 줄어들었지만 분량은 그대로였어요. 더 추상화된 형태로 간 겁니다. 더 포괄적으로 접근한 것이고요.

정 한국어사전에서도 그런 얘기들을 하니까요. 항목 늘리는 게 뭐가 중요한가. 항목을 줄이되 그 기본 어휘들에 대해서만큼은 깊이 있고 상세하게 다루자. 이게 어학사전에 대한 요구잖아요. 그런 걸 브리태니커는 일찌감치 하고 있었네요.

장　제가 브리태니커가 놀랍다고 말하는 이유는 지식의 구조를 계속 고민해왔기 때문이에요. 그 고민의 첫 결과물이 브리태니커 영어판의 대항목/소항목의 관계이고, 두 번째가 『서양의 위대한 저서』입니다. 그 두 가지는 브리태니커가 지식의 구조와 교양에 대해 고민한 결과물이에요. 같은 겁니다.

『브리태니커』는 14판까지도 꾸준히 변해왔습니다만 뭔가 부족하다고 느낀 거예요. 굳이 수정하지 않아도 여전히 유효한 지식들이지만 좀 더 깊이 들어가 고민한 거죠. 백과사전을 기획한다는 건 어떤 의미일까? 급히 찾아봐야 하는 지식이 있고, 천천히 깊이 알고 싶은 지식이 있지 않을까? 백과사전의 형식으로 총체적인 지식을 다루는 부분을 따로 만들어보자. 그걸 항목 단위로 엮어 색인을 만들고, 또 주제어 단위로 묶어내 함께 볼 수 있게 해보자. 이런 구조를 구상하고 실행에 옮긴 거잖아요.

이런 걸 고민하고 실천한 사례는 드뭅니다. 브리태니커는 그런 고민을 진지하게 하면서 백과사전을 계속 새롭게 만들어온 거예요. 저는 15판이 1974년에 나왔는데 불과 10년 만에 그걸 엎고 15판 b를 만들었다는 게 정말 대단한 것 같아요. 그런 자기 갱신의 노력이 바로 '브리태니커 정신'입니다. 백과사전 CD롬도 언론에서는 브리태니커라는 공룡이 인터넷에 적응을 못해서 몰락했다고 썼지만, 그건 몰라서 그렇게 쓴 겁니다. 브리태니커는 CD롬과 디지털을 1980년대에 너무 일찍 추진했기 때문에 시장을 만나지 못했던

『브리태니커』 15판 b의 영어판과 그것을 저본으로 한 한국어판.

거예요. 뭘 하든지 장기적 관점에서 고민하고 전망하며 변화해온 회사가 바로 브리태니커입니다.

정 그렇게 지속적으로 연구 개발을 하면서 한국에서는 주로 돈을 썼지만, 세계적으로는 수익을 냈던 거잖아요.

장 수익이야 냈지만 투자 금액이 너무 커서 문제가 되긴 했어요. 샌디에이고에 연구소를 만들어서, 요즘 식으로 말하자면 구글 같은 검색 개념을 설계했다고 해요. 그러다가 접었는데 왜 접었는지 이해가 잘 안 됩니다. '브리태니커 3'이라는 계획도 있었어요. 16판을 만들려는 계획이었죠. 40~60권짜리 백과사전으로, 각국의 현지 정보를 많이 넣는 방식으로요. 2006년 정도까지도 진행이 되었습니다. 현재 나와 있는 최신판은 15판 b인데, 이것은 1985년의 형식에 내용만 계속 업데이트하고 있습니다. 구조는 안 바뀌었지만, 내용은 계속 바뀝니다.
16판에는 시의적인 내용과 현지 정보를 폭넓게 넣자는 얘기가 많았어요. 이와 관련해서 1995년부터 10년 정도 연구가 진행되었지요. 매년 회의할 때마다 그에 대한 브리핑을 계속 들었습니다. 앞으로 지식 시장의 단일 플랫폼화가 이루어질 것이며, 그 하나로 모든 언어권에 대응할 수 있는 거대 플랫폼을 만들어야 한다는 구상이었지요.

정 1985년 이후로 너무나 많은 것이 바뀌었으니 앞으로 16판이 과연 나올 수 있을지 없을지 모르는 거네요.

장 이미 16판이라는 개념은 없어졌다고 봐야 할 것 같아요. 디지털은 눈에 안 보이잖아요. 내부 구조화는 계속 진행하고 있고, 데이터도 늘려나가고는 있죠. 이는 분명 16판의 정신입니다. 검색을 좀 더 효율적으로 할 수 있게 주제별 검색이 되게 한다거나……. 정보처리연구소 같은 개념의 인덱스팀이 따로 있었거든요. 그런 포괄적인 검색까지 포함한 큰 꿈을 꾸고 있었던 겁니다.

이미 그 시절에 지금 우리가 고민하는 것들을 효율적으로 구현할 생각을 했던 거예요. 그래서 한국에서도 관련 팀을 만들어 일부 대응하기도 했었죠.

정 저는 여기서 패착이 읽히네요. 그전까지는 사회적으로 존경받는 전문가들이 지식을 다루었고 그것을 종이에 인쇄해야 했기 때문에 계획이 탄탄해야 했지만, 인터넷 시대에는 일단 되는 대로 빨리 만들어서 내놓는 게 중요하잖아요. 먼저 시장을 장악한 후 개선하든지 말든지 하는 거죠. 브리태니커는 예전처럼 너무 진지하게 나갔던 게 문제였네요.

장 맞아요. 남들보다 한발 앞서 나간 것은 잘했지만요. 이블라스트eBlast라는 서비스가 출시되었을 때 서버가 다운되었대요. 『브리태니커』를 무료로 웹에서 볼 수 있는 유일한 채널이었어요. 그런 작업을 계속해왔으면 실리콘밸리와도 뭔가 할 수 있었을 겁니다. 그만둔 이유를 지금도 이해하지 못하겠어요. 기업 공개IPO(Initial Public Opening)까지 고민하던 프로젝트였거든요. 그걸 그만둔 이후 디지털 쪽 대응은 전사적으로 중단되었습니다. 브리태니커 특유의 완결성에 대한 집착이 너무 크지 않았던가 싶습니다.

정 페이스북은 온라인 시장은 누가 개인정보를 빨리, 많이 침해하느냐의 게임이라고 봤거든요. 개인정보를 노출하게 만든 거죠. 이메일이나 그 밖의 다양한 정보를 조합해서 인간관계를 계속 꺼내게 한 거예요. 그 과정에서 소송이 꽤 있었다고 들었습니다.

장 『브리태니커』 한 세트를 기증해서 100세트를 팔 수 있어도 그렇게 하면 안 된다는 내용이 회사 윤리강령에 있었어요. 이익이 있더라도 정도正道에서 벗어나면 안 된다는 거죠. 일단 한번 부딪쳐보자, 이런 게 잘 안 되는 회사였어요. 지금 생각해보면 참 안타깝죠.

백과사전의 두 가지 기능, 참조와 교육

정 비영어권 브리태니커 지사들은 각국에서 지금 존재감이 있나요?

장 앞서 말씀드린 백과사전의 두 가지 목적, 즉 참조와 교육 중에서 브리태니커는 지금 교육 쪽에 더 무게를 둔 상황입니다. 정책적인 변화가 필요하다는 생각을 한 것 같아요. 쓰레기 같은 정보가 넘쳐나는 시대에 시장은 신뢰할 수 있는 정보를 원한다는 판단을 한 거죠. 이는 교육과 연결되고요. 3년쯤 전부터 글로벌 미팅에서 브리태니커가 앞으로 어떤 방향으로 나아가야 하나를 계속 이야기해왔는데, 거기서 정한 게 교육이에요. 각국에서 이 교육이라는 방향에 맞게 자체 프로젝트를 개발해 진행할 수 있도록 브리태니커 본사에서 함께 검토하고 지원하고 있어요.

인도, 호주 등에서는 영어를 기반으로 한 교과서와 학습백과를 만들어 성장하고 있어요. 인도는 직원 30~40명으로 시작해서 지금은 150명이 넘습니다. 하지만 한국이나 일본은 그게 안 돼요. 자국의 교육 회사들이 너무 강해요. 과거제를 경험한 나라들이라. 브리태니커는 2012년 전후까지만 해도 정부의 디지털 교과서 추진 계획과 관련해서 이것저것 할 만한 게 있다고 생각했어요. 그런데 이 프로젝트가 잘 안 풀렸죠. 참여했던 출판사들도 매출이 많이 줄었어요. 교과서는 가격이 고정되어 있어서 출판사에 이익이 별로 안 남는 데다가 학생 수가 급격히 줄고 있으니까요. 지금은 흐지부지되어서 출판사들이 이쪽 투자를 많이 줄였습니다.

정 여기 책이 있어서 한번 들여다봤는데 인도의 브리태니커 학습백과는 한국의 학습백과들과 비슷해 보이지만 이 정도 편집과 구성으로는 한국에서 자리 못 잡겠는데요.

장 본사에서는 한국이 개발을 잘하니까 원천 콘텐츠 개발 중심 회사로 만들고 동남아와 인접 시장을 대응하면 어떻겠느냐는 의견도 있었지만, 또 본사의 정책은 영어를 중심으로 가는 게 맞다는 얘기도 나오고 해서 일단 서울사무소를 접은 겁니다. 한국법인은 아직 있어요. 미국 오하이오주 델라웨어시의 법인이죠. (웃음)

정 일본은 지금 어떻게 하고 있습니까?

장 우리랑 조금 비슷해요. 매출 구조는 온라인에 소항목을 제공하는 것, 연감 판매 수익, 전자사전 콘텐츠 수익으로 이루어져 있는데 모두 감소하고 있죠. 전자사전 매출이 우리는 이미 흔적도 없지만 일본은 이제야 꺾이는 것 같아요. 어쨌든 전부 악화되고 있는 겁니다. 일본은 우치다 요코内田洋行라는 교육 회사가 있는데 칠판부터 콘텐츠까지 지역 단위로 공급하는 전문 기업이거든요. 『브리태니커』는 이 회사를 통해 각 학교에 공급되는 방식이었어요. 그게 기본 모델이거든요. 이렇게 기업과 학교 간의 유통이 일원화된 상황에서 교육 시장을 개척하는 건 쉽지 않지요.

정 일본도 『일본대백과전서日本大百科全書』(ニッポニカ) 등이 웹에 공개되었죠.

장 『포퓰러디아ポプラディア』라는 학습백과가 한동안 히트 상품이었는데, 그것도 이제는 죽어가고 있어요. 우리와 유사한 상황이 되는 것 같아서 걱정하고 있습니다. 그쪽도 그들에게 맞는 시장을 발견하려 노력하고 있어요.

정 한국이 매를 먼저 맞았으니까 앞장서서 다른 방향을 고민해야겠네요.

장 우리가 너무 빨라서 그렇게 된 거죠. 지금 미래엔이라는 출판사가 『브리태니커 만화백과』라는 학습백과를 만들어서 팔고 있어요. 라이선스 사업이고 꽤 잘 팔린다고 들었습니다. 이렇게 브리태니커는 R&D 회사가 되는 거죠.

정 전통적인 백과사전은 검색으로 한 차례 충격을 경험했고, 그 이후에 위키백과가 두 번째 충격을 준 것 같거든요. 저는 위키백과와 전통적인 백과사전은 경쟁이 안 된다고 봅니다. 『브리태니커』는 그동안 대항목에 신경을 써왔으니 교육 쪽으로 가는 게 맞는 것 같습니다. 소항목 쪽은 위키백과가 더 잘하고요.

장 앞서 말한 것처럼 백과사전의 목적은 첫째 참조, 둘째 교육이거든요. 참조를 위한 부분이 바로 소항목이죠. 필요할 때 바로바로 찾아보는. 반면에 어떤 것에 대해 깊이 공부해보자 할 때 필요한 게 대항목이에요. 교육의 기능인 거죠. 소비자 입장에서 참조의 기능은 구글이나 위키백과에서 해결할 수도 있어요. 출처나 내용의 정확성은 잘 모르겠지만, 어쨌거나 찾아보면 뭐라도 나오니까요. 위키백과는 백과의 형태를 띠고 있기도 하고요.

정 포털이 '네이버 지식백과' 같은 방식으로 사전 콘텐츠를 가져와 무료로 유통시키고 있습니다. 피키캐스트Pikicast(모바일 콘텐츠 플랫폼으로 '우주의 얕은 재미'라는 슬로건 아래 기존의 저작물이나 콘텐츠를 가공, 편집, 큐레이션해 제공하는 서비스)가 사람들의 호응을 얻자 포털에서도 피키캐스트 같은 백과사전을 해야 하는 거 아닌가 하는 논의도 있었고요. 한숨이 나왔지만 그게 현실이었어요. 한국의 온라인 백과사전은 위키백과와 피키캐스트/지식백과 사이에서 헤매고 있는 것 같습니다. 교양, 교육으로서의 백과사전에 대한 논의는 없고요. '백과'라는 이름이 좀 범람하고 있다는 느낌이에요. 위키백과도 있고 나무위키도 있고요. 이렇게 여러 가지 형태가 뒤섞인 상태에서 백과사전이라는 말이 가졌던 무게감은 사라진 것 같습니다.

백과사전과 우리 시대의 교양

정 만약 여건이 된다면 어떤 사전을 만들어보고 싶으세요? 저도 사전을 만드는 입장에서 딱 이거다 싶은 게 없어서 하는 질문인데요. 어학사전은 그래도 뭘 어떻게 해야 한다는 얘기를 할 수 있어요. 균형 말뭉치든 웹 말뭉치든 말뭉치만 잘 갖춰도 좋은 사전을 만들 수 있거든요. 이미 다 나와 있는 방법론조차 제대로 적용하지 못하고 있으니까요. 어설프게나마 영한/한영만 시도하는 정도예요. 일본어-중국어는 병렬 말뭉치가 없으니까 시도도 못 해요. 다시 말해서 어학사전은 어쨌거나 발전할 여지가 있긴 해요. 하지만 백과사전은 과연 위키백과를 어떻게 극복해야 할지 잘 모르겠어요. 회사에서 저한테 어떤 백과사전을 만들고 싶으냐고 물어보면 뭐라고 딱 답하기가 어렵더라고요.

장 질문의 폭이 좀 넓은데요? (웃음) 생각은 많습니다. 디지털이란 무엇인가 항상 고민해왔으니까요. 전통적 백과사전이 가지고 있던 의미가 있잖아요. 백과는 말하자면 누군가 기준을 세워놓고 만든 데이터죠. 그것을 만든 사람은 대개 믿을 만한 사람이었고요. 신뢰가 핵심이었죠. 신뢰가 쌓인 뒤에야 개성이 생기겠지요. 헤이본샤平凡社와 쇼가쿠칸의 특징이 다르듯이 말이죠. 새로운 백과사전을 만든다면 그런 신뢰를 복원해보고 싶습니다.
신뢰는 정체성의 문제와도 관계가 있습니다. 제가 『민족문화대백과』의 자문회의에 들어가곤 하는데 갈 때마다 민족이란 말은 뺄 때가 되었다는 말을 하고 있습니다. 그것이 항목 선정에 영향을 미쳐요. 그 이름에는 외국인이 못 들어가요. 한국 백과사전의 역사에서 '민백'은 한국학 백과사전이라는 독특한 존재감이 있거든요. 한국학은 외국/외국인을 배제하는 것이 아닙니다. 실제로 민백에는 우리와 관련해서 풀이한 외국에 관한 항목이 많이 들어 있어요.

정 민족이라는 이름은 이제 촌스럽죠. 한국학 좋네요. 해외에서도 한국학 연구 많이 한다고 하잖아요.

장 이제 백과사전은 목적을 가지고 만들어야 합니다. 사용자를 구분해줘야 하고요. 인터넷에 아이를 그냥 두는 것은 드넓은 사바나에 풀어놓는 것과 비슷하다고 봅니다. 위키백과처럼 백과사전의 형태를 갖춰놓았다고 다 된 걸까요? 교육이라면 균형과 통제의 안목이 있어야 유의미해진다고 생각해요.
백과사전은 인터넷의 일차적인 소스, 그러니까 지식과 정보의 원천 역할을 해야 해요. 아이에게 필요한 정보를 줄 때 난이도를 조절해가며 가이드를 해줘야 하지 않을까요? 그런데 그걸 위키백과와 나무위키가 해줄 수는 없죠. 많다고 좋은 게 아니에요. 소비자에게 시간은 한정된 자원이에요. 그 소중한 시간을 목적에 맞게 사용할 수 있도록 도와주는 교육용 백과사전이 필요합니다.
나무위키는 풍자와 유머, 니힐리즘과 시니컬한 것들을 많이 가지고 있죠. 그런 내용은 문화적 수준이 높지 않으면 이해하기 어려워요. 위키백과의 정보는 완결성이나 신뢰성에서 불완전한 면이 있고요. 균질하지도 않고. 정보와 정보의 관계를 살피고, 그 사이에서 상대적 중요성을 파악해야 균형감 있게 세상을 바라볼 수 있습니다. 요즘의 디지털 환경에서는 그런 것을 익힐 수가 없어요. 이런 문제는 앞으로도 계속될 겁니다. 저는 종이 신문을 보고 자란 사람과 그렇지 않은 사람에게는 큰 차이가 있다고 봅니다. 비록 전체를 읽지 않더라도 헤드라인과 기사의 크기만으로도 어느 정도 균형 감각을 얻을 수 있거든요.

정 균형 감각을 얻으려는 노력을 체계적으로 꾸준히 해야 한다는 말씀이죠? 그 노력에는 백과사전도 들어갈 테고요.

장 아이들이 자발적으로, 자연스럽게 그런 걸 익힐 수 있으면 좋을 텐데 그런 기회가 별로 없어요. 지식을 접할 때도 그렇고, 인간관계라는 측면에서도 균형 감각이 떨어지죠. 근대 교양은 타인에 대한 존중, 배려를 바탕으로 성립한 겁니다. 자유는 보장하되 방종으로 흐르지 않도록 교육이 해야 하는 역할이 있는 거죠. 백과사전이 바로 그런 역할을 해줄 수 있는 책이에요. 위키백과나 나무위키에는 알면 좋겠지만 몰라도 되는 것들이 제일 길고 자세하게 나와 있어요. 꼭 알아야 하는 것들은 오히려 빈약하거나 없고요. 이런 왜곡을 바로잡아줄 필요가 있죠. 그냥 시장 논리에만 맡겨두면 아무것도 되지 않아요.

정 좀 계몽적인 입장 아닌가요?

장 계몽과는 좀 다릅니다. 계몽은 불특정 다수를 대상으로 하는 거죠. 이건 교육에 대한 얘기입니다. 교육은 인생의 각 시기에 따라 다르게 적용되어야 해요. 평생교육까지 포괄하는 얘기입니다. 일정한 체계 안에서 이 시기에는 이런 걸 익혀야 한다는 합의가 있으니 교육 과정이 있고, 교과서가 있는 거잖아요. 제도로서 강요하기 위한 것이 아니라 발달 상황에 따라 적절하게 배치해서 그 시기에 가장 좋은 것을 전하는 것이죠. 그런 과정, 체계가 잘 잡혀 있지 않기 때문에 하는 애기예요. 믿을 만한 사람들이 만든 책임감 있는 콘텐츠가 필요합니다. 그것을 아이들이 접하는 공간에서 제공해야 하는 것이죠. 요즘 나오는 콘텐츠는 죄다 돈 벌기 위해 만든 것들이에요. 그게 다 나쁘다는 뜻은 아니지만, 균형이 필요하다는 겁니다. 지금 이런 논의를 하는 이유도 뭔가 좀 더 나은 걸 만들자는 거 아닌가요. 더 나은 미래를 위해서요. 계몽은 아는 사람이 모르는 사람에게 가르쳐주자는 얘기지만, 이건 사회를 개선하자는 이야기잖아요.

정 위키백과에 '사정'이라는 항목이 있는데 영어판이나 한국어판이나 사정하는 이미지나 영상 파일이 올라와 있어요. 저는 그거 보는 게 좀 불편해서 한국어판을 영상을 클릭해야 볼 수 있는 방식으로 바꿔봤어요. 그러면 얼마 못 가 누군가 복구해놓아요. 교육 목적으로 노출해놓은 건데, 이걸 보고 불편한 건 제가 음란마귀에 씌어서 그런 거라면서요. '한국' 위키백과가 아니라 '한국어' 위키백과이니 영어나 다른 언어 위키백과에 비해 덜 개방적이어야 할 이유가 없다는 겁니다. 저는 보고 있으면 좀 답답해요. 클릭해서 보면 되는 걸 왜 굳이 그렇게……. 싸우는 게 너무 힘들어서 그만뒀어요.

장 위키백과가 집단지성의 산물이니 객관적일 것 같지만 사실은 매우 공격적이에요. 영어 위키백과는 WASP(White Anglo-Saxon Protestant)의 힘이 일상생활에서보다 훨씬 강력하게 발휘되는 공간이에요. 다수가 지배하는 곳이죠. 그 안에도 권력자가 있고 권력에 의해 텍스트가 만들어집니다. 한국에서 사정하는 동영상은 음란한 것 맞거든요. 그런 걸 다 내버려둬도 된다면 뭐 하러 교육을 해요. 정보의 바다에 풀어두기만 하면 되지. 그건 자유롭게 내버려두는 게 아니라 그저 방치하는 거죠. 위키든 뭐든 무엇을 위한 교육인가라는 고민을 하면서 시스템을 계속 고쳐나가야 합니다. 지금 있는 것이 절대적인 것은 아니거든요.

정 위키백과는 성비가 깨진 지 오래라 지나치게 남성적입니다. 그 편향의 강도는 종이 시대보다 더 크다고 생각합니다. 인터넷 성비도 깨졌거든요.

장 동영상을 그대로 노출해야 한다고 말했던 친구들은 인터넷의 미디어적인 속성을 이해하지 못한 것 같습니다. 풍경은 그 자체로 시詩가 되는 게 아니잖아요. 풍경은 그대로 있지만, 그것을 본 우리 심성의 무언가가 반응해서 시가 되는 거죠. 미디어도 마찬가지예요. 그 자체만 놓고는 아무런 얘기도 할 수 없어요. 그것이 특정한 환경 속에 있는 우리와 만나 어떤 일이 벌어지는가, 우리가 그것에 어떻게 반응하는가를 살펴봐야죠. 그런 만남, 반응의 지점을 살핀다면 그것을 왜 노출하지 말자고 하는지 이해할 수 있을 텐데요. 기존의 백과사전이든 집단지성에 의한 결과물이든 이렇게 잃어버린 균형을 찾는 일을 해보고 싶습니다. 망가진 시스템을 보수하고 싶은 거죠. 버니 샌더스가 계몽주의자인가요?

정 좌파는 계몽적인 면이 꽤 있다고 생각합니다. 옛날처럼 계몽주의자라고 얘기하진 않겠지만요.

장 샌더스의 주장은 부의 불균형한 분배 시스템을 보완하자는 것이죠. 마찬가지로 저는 지식의 균형이 깨진 시스템을 보완하자는 말을 하는 겁니다. 계몽이란 말을 꺼리는 것은 위에서 아래를 내려다보는 느낌이라서요. 계몽은 선각자가 뒤에 오는 사람들에게 하는 건데 제가 선각자가 아니기도 하고요.

정 사실 기계적 중립은 결국 강자를 편드는 결과를 낳으니까요. 그런 점에서 지금은 지식의 양적 팽창이 지식의 균형을 압도하고 있으니까, 그 균형을 되찾겠다는 것은 약자를 보완하겠다는 뜻이 될 것 같습니다. 균형을 교양이라는 말로 대체해도 되겠죠?

장 교양이란 인간 삶의 가치가 어디에 있는지를 고민해 '먹고사니즘'을 넘어설 수 있게 하는 것입니다.

정 거기에 더해 '지금 우리는 어디에 있는가'를 검토하고, 우리 시대의 고전을 재정의, 비판하는 것이죠. 그래서 결국 '왜 사는가'에 대한 우리 시대의 답을 찾아나가는 과정이 바로 교양이 아닌가 생각합니다.

장 비판보다는 비평적 안목이라는 표현을 쓰고 싶네요. 각자 안목을 갖춰 대화와 토론을 하는 거죠.

정 동의합니다. 대화와 토론을 통해 맥락을 읽을 수 있어야죠.

장 교양이 없으면 서로 말을 하더라도 몰이해와 분리가 진행되겠지요.

정 저는 인터넷에서 토론을 할 수 있는 채널이 필요하다고 생각해요. 사실 학회든 어디든 서로 주례사 칭찬이나 하고 제대로 토론하는 모습을 거의 못 보잖아요.

장 저는 온라인으로 토론이 가능하다고 생각하지 않아요.

정 저는 인터넷을 초창기 때 청년 시기에 접했던 사람으로서 인터넷에서 토론이 되어야 하는 것 아닐까, 가능하지 않을까 하는 마음은 있거든요.

장 서로 안면이 있는 소수라면 가능하죠. 불특정 다수가 익명성을 유지한 채로 토론할 때는 제대로 되는 걸 본 적이 없네요. 토론은 품격이 갖춰지지 않으면 불가능하거든요. 이름과 소속을 밝히고 진행한다면 달라지긴 할 겁니다. 인터넷보다는 익명성이 문제인 것 같아요. 무책임하니까요. 욕하고 도망가면 되거든요.

정 토론은 어느 정도 훈련이 된 사람들이 대면해서 진행하고, 그 결과물이 정리되어 지식으로 남아 공유되어야 한다고 생각합니다. 요즘은 확실히 일방적인 공급으로는 전달이 잘 안 되고, 생산 단계에서부터 소비자가 참여할 필요가 있는 것 같아요. 인디 뮤지션들이 굳이 후원을 받아서 음반을 만드는 것도 일종의 마케팅이에요. 너도 함께 만드는 거라는 소속감을 주는 거죠. 지식도 마찬가지로 누군가 만들어서 공급하는 게 아니라 함께 만들고 있다는 느낌이 있어야 할 것 같아요. 위키백과처럼요. 와글와글하고 현장감 있는 지식이라야 사람들이 받아들일 겁니다.

장 저는 불가능할 것 같아요. 불특정 다수가 익명성을 앞세우고 진행하는 것이라면요. 모두가 상당한 수준의 교양을 갖춘 세상이라면 모를까요. 그래서 저는 일단 균형부터 잡아주려고 하는 겁니다. 익명이어도 참여자들이 자존감을 느끼고 자기 성찰을 할 수 있을 때 토론이 가능하니까요. 학교에서든 어디서든 작은 토론을 많이 해야 합니다. 오프라인에서 토론이 되어야 온라인에서도 되는 거죠.

사전 편찬자의 사생활

너무 백과사전 얘기만 했으니 장 대표님의 개인적인 모습도 몇 가지 듣고 싶습니다. 등단 작가라고 들었습니다. 어디에 뭘 써서 등단하셨는지, 앞으로 뭘 쓰시고 싶은지 궁금합니다.

원래 꿈이 소설가였습니다. 아버지는 술꾼이셨지만 책을 좋아하셔서 집에 이런저런 책들이 굴러 다녔습니다. 그 책들을 주워 읽곤 했어요. 학교에서 글쓰기 대회 같은 데 나가고 그랬죠. 중학교 1학년 때였나. 국어 선생님이 "너 소설 써야겠더라?" 하고 한마디 해주셨어요. 제 담당도 아닌 선생님이셨는데, 문예반에서 쓰라는 거 써서 냈더니 그러시더라고요. 그래서 나는 소설을 써야 하는 거구나 했지요. 중학교 때였는데 그때는 읽을거리도 없고 하니까 헌책방에서 매일 세계문학전집을 한 권씩 사서 읽었어요. 아마 웬만한 고전은 그때 다 읽었던 것 같아요. 고등학교 때는 『문학사상』 같은 잡지를 읽었고요. 1970년대 과월호를 책장에 한 권씩 채워가는 식으로 당대 한국 문학을 독파해나갔지요.

아, 역시 교사의 한마디는 중요하네요. 『문학사상』 과월호 읽기를 고등학교 때 하신 거예요?

다들 그랬던 것 아니에요? (웃음) 그렇게 거의 다 모아서 읽었어요. 1970년대에 발표된 소설을 거의 다 읽은 겁니다. 나중에 백과사전 작업 하면서 교수들과 얘기할 때 편했어요. 작품을 거의 다 읽었으니까. 당시엔 지면의 레이아웃, 삽화, 활자에까지 관심이 있었어요. 그러니까 당시 문학계를 안팎으로 거의 다 훑었던 거죠. 그리고 글 쓰는 친구들과 몰려다니곤 했어요. 어쨌든 글을 써야겠다는 욕망은 계속 가지고 있었어요. 최인호처럼 고등학교 때 등단해야겠다는 야망도 품고. 보통 다 그렇지 않나요?

아, 그랬습니까? (웃음) 그래서 어떤 것들을 쓰셨어요? 쓰셨던 작품들 소개 좀 해주세요.

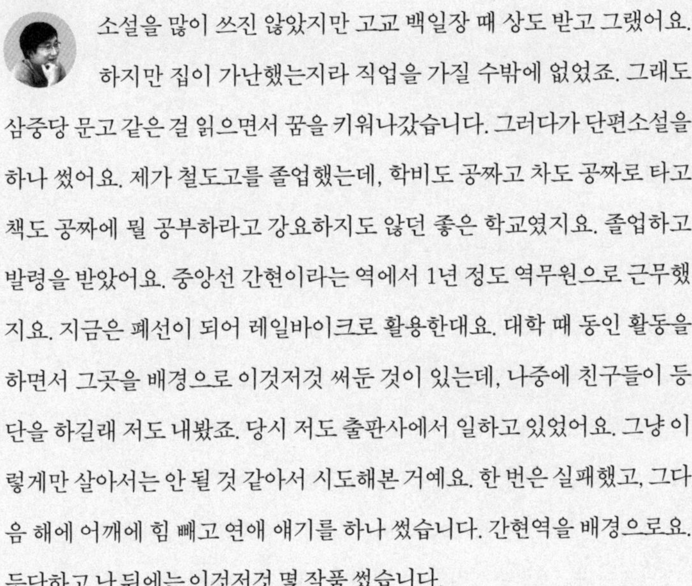

소설을 많이 쓰진 않았지만 고교 백일장 때 상도 받고 그랬어요. 하지만 집이 가난했는지라 직업을 가질 수밖에 없었죠. 그래도 삼중당 문고 같은 걸 읽으면서 꿈을 키워나갔습니다. 그러다가 단편소설을 하나 썼어요. 제가 철도고를 졸업했는데, 학비도 공짜고 차도 공짜로 타고 책도 공짜에 뭘 공부하라고 강요하지도 않던 좋은 학교였지요. 졸업하고 발령을 받았어요. 중앙선 간현이라는 역에서 1년 정도 역무원으로 근무했지요. 지금은 폐선이 되어 레일바이크로 활용한대요. 대학 때 동인 활동을 하면서 그곳을 배경으로 이것저것 써둔 것이 있는데, 나중에 친구들이 등단을 하길래 저도 내봤죠. 당시 저도 출판사에서 일하고 있었어요. 그냥 이렇게만 살아서는 안 될 것 같아서 시도해본 거예요. 한 번은 실패했고, 그다음 해에 어깨에 힘 빼고 연애 얘기를 하나 썼습니다. 간현역을 배경으로요. 등단하고 난 뒤에는 이것저것 몇 작품 썼습니다.

기차역을 배경으로 한 연애 얘기라니 궁금한데요. 찾으면 나오는 거죠?

『현대문학』 같은 걸 뒤지면 나옵니다. 그 무렵 작품집을 내기로 계약을 했습니다. 1995년에요. 글을 좀 고쳐서 내자고 했습니다만 아직도 못 지키고 있지요.

20년도 넘은 약속이네요. 그 자체도 굉장히 문학적입니다.

출판사 사장님이 아직도 저를 작가 대접 해주면서 기다리고 계세요. 『현대문학』에 실린 것을 보고 오셨던 것 같아요. 기존 글을 그냥 묶으면 되는데 그게 제 마음에는 안 드는 겁니다. 그래서 아직도 죄송하게 생각하며 그분과는 계속 만나고 있습니다.

그럼 앞으로 어떤 것을 쓰고 싶으세요? 여전히 작가의 꿈은 갖고 계신 거죠?

그럼요. 이것저것 있긴 합니다만 백과사전 노가다를 하느라 써내진 못하고 있네요. 살았던 동네를 소재 삼아서 쓰고 싶은 것도 있고, 황학동 중앙시장에 대해 쓰고 싶은 것도 있어요. '난쏘공'에서 최후의 시장이라고 묘사된 공간이지요. 지금은 재개발되어 다 바뀌었지만요. 원래 그곳은 서울 시내 고물상의 집합소였어요. 엿장수들이 가져온 것들을 정리해서 고쳐다가 다시 파는 곳이었지요. 아버지가 그곳에도 계셨기 때문에 저도 많이 가봤습니다. 그곳의 생리가 참 재미있는데 기록한 사람이 적어요. 그런 바닥 세계의 일을 쓰고 싶다는 생각을 한 지 오래되었습니다. 인간과 고물의 유통에 대해서요. 얼마 전에 다녀온 아프리카에 대해서도 뭔가 쓰고 싶기는 합니다. 대체로는 삶의 덧없음에 대해 생각을 많이 하는 편입니다. 덧없음의 반대는 뭘까 생각도 해보고요. 어릴 때는 안 그랬는데 나이

먹을수록 구조적인 문제를 생각하게 됩니다.

그렇다면 자발적 혁명가가 되시는 건가요? 젊었을 때 안 하셨던? (웃음)

그런 얘기도 쓰고 싶어요. 조지 오웰을 보면서 가끔 반성도 하고 그래요. 오웰과 카뮈의 중간 정도에서 진동하고 있는 것 같아요.

오웰과 카뮈는 너무 다르지 않나요? 그 중간이라면 어떤 거죠?

카뮈처럼 치열하게 살아볼 필요도 있고, 또 오웰처럼 구조적으로 세상을 바라볼 필요도 있지요.

저는 오웰은 좋아하지만 카뮈는 읽지 못하는 사람이라서요. 뭔가 좀 산만해서. 카뮈에게 물어보고 싶어요. 요지가 뭐냐고. (웃음)

카뮈는 니체의 연장이라고 생각해요. 지금 보기엔 좀 구식일 수 있지만 또 그게 더 미래적일 수도 있는 것 같아요. 언젠가부터 치열함이라는 게 사라졌으니까요.

군사 독재를 거친 분들만큼의 강인함이 지금 세대에게 있기는 어렵지 않을까요?

강해지라고까지 얘기하고 싶진 않지만, 좀 절실해졌으면 싶기는 해요. 그럴 때 카뮈를 읽으면 우리가 현재를 산다는 것이 무슨 의

미인지 한 번쯤 생각해보게 되거든요. 미학적으로 공감할 수도 있고요. 그런 것도 없으면 현실에 더 짓눌리게 되니까요. 어찌 보면 예술이 지향하는 바는 모두 같아요. 시시포스가 돌덩이를 밀어 올리는 순간에 솟아나는 땀방울과 불끈불끈 올라오는 핏줄이 나를 나답게 만들거든요. 위만 바라보면 지루해서 못 올라가요. 그럴 때 오웰은 전체 구조를 바라봅니다. 오웰은 쓰는 순간에는 분명 치열했고 카뮈처럼 썼습니다. 하지만 오웰은 전체를 읽었어요. 쇼펜하우어는 허무주의자라고 하지만 진짜 허무하면 그렇게 쓰지 않아요.

그렇죠, 허무한 놈은 자살했겠지요.

치열했어요. 진짜 허무했던 것은 아닌 거죠. 허무한 사람이 그렇게 치열하게 쓰겠어요? 그런 치열함이 필요하지만 또 길을 잃어선 안 되거든. 그럴 때 조지 오웰 같은 시야가 필요합니다. 치열하기만 하면 덕후가 됩니다. 치열함이 치열함으로만 있으면, 나무위키의 끝없이 긴 항목으로 변합니다.

아니, 덕후가 어때서요. (웃음)

필요없다는 건 아니지만 내 딸에게 권하고 싶진 않네요. 적어도 내가 누군지는 알면서 치열했으면 합니다.

알겠습니다. 조만간 작품 써주시는 것으로 알겠습니다. 긴 시간 귀한 말씀 감사드립니다.

3장

사전은 둘러앉아 떠들면서 만들어야 해요

도원영
고려대학교 민족문화연구원 사전편찬부 부장

일시 2016년 9월 1일 목요일 오후 2시

장소 고려대학교 민족문화연구원
(서울 성북구 안암동)

도원영

1968년 부산 출생
1990년 고려대학교 국어국문학과 졸업
1994년 고려대학교 언어정보연구소 국어사전편찬실 연구원
2002년 고려대학교 대학원 문학박사 학위 취득
2004년 고려대학교 민족문화연구원 연구교수
2007년 고려대학교 민족문화연구원 사전편찬부 부장
2011년 국립국어원 표준정보심의위원회 위원
2013년 고려대학교 민족문화연구원 사전학센터 부소장
2016년 네이버사전 자문위원회 위원

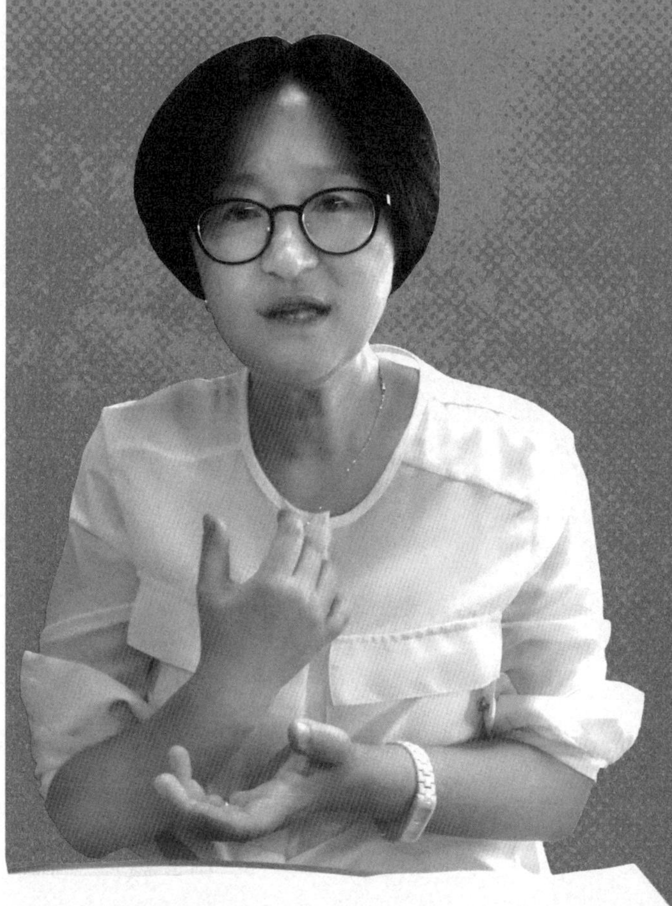

2009년 『고려대한국어대사전』이 처음 나왔을 때가 생각난다.
당시 국내 포털 서비스에서는 모두 한국어사전으로
『표준국어대사전』 콘텐츠를 제공하고 있었는데,
나는 어딘가 불편함을 느꼈다. 내가 네이버에 다니던 시절
『표준국어대사전』을 처음으로 웹사전 서비스로
공개한 사람이긴 하지만, 모든 포털이 국가가 만든
동일한 사전을 서비스하기를 바란 건 아니었다.
네이버를 떠나 다음으로 자리를 옮겨온 나는
『표준국어대사전』을 대체할 만한 다른 사전을 찾고 있었다.
『연세한국어사전』은 익히 알고 있었지만
표제어 숫자가 너무 적었다. 그 무렵 등장한 것이 바로
『고려대한국어대사전』이다. 1999년에 나온 『표준국어대사전』과
10년의 격차가 있고 민간이 주도한 사전이라 비용 차이가
꽤 있었지만, 회사와 고려대 양쪽을 설득해 결국
『고려대한국어대사전』을 웹으로 서비스할 수 있게 되었다.
그때 쉽지 않은 협의 과정을 이끌어주신 분이
도원영 선생님이었다. 사람들은 대개 『표준국어대사전』과
『고려대한국어대사전』의 차이를 잘 깨닫지 못한다.
복수의 사전을 비교해서 읽는 사람은 극히 드물기 때문이다.
비록 소수이긴 하지만 간혹 두 사전을 모두 이용해보고
어떤 쪽이 뜻풀이가 쉬워서 좋다든가, 의미 구분이 선명해서
이해가 쉽다든가 하는 의견을 주는 이들이 있다.
언어에 예민한 사람들은 느낄 수 있는 그런 차이를
어떻게 만들어낼 수 있었는지 그 뒷이야기가 궁금했다.

3대 한국어사전

정철(이하 정) 먼저 이 인터뷰를 왜 하는지 간단히 설명해드릴게요. 처음에는 제 개인적인 이유였어요. 10년 넘게 이 일을 하다 보니 어느새 저 자신의 직업적 정체성을 사전 편찬자라고 생각하게 되었습니다. 그렇게 생각하니 선배 사전 편찬자들의 역사와 이야기가 듣고 싶어졌지요. 그래서 어떤 분들께 이야기를 들을까 하고 선생님들 이름을 적다 보니 이 숨겨진 얘기들을 나 혼자 들을 게 아니라 세상에 꺼내놓으면 다른 사람들도 흥미로워 하겠다 싶더라고요. 인터뷰라는 게 서로 마주 보고 주고받는 즉각적인 대응이잖아요. 이게 상당히 재미있더라고요. 엄청 집중을 해야 하는 일이라 아마 나중에 녹취 받아보시면 인터뷰에서는 평소 내 생각과 꽤 다른 내용이 나올 수 있구나 하실 거예요. 출판사에서도 기록을 남긴다는 측면에서 긍정적으로 보더라고요. 많이 팔릴 이야기야 아니지만, 좋은 기록을 남겨보자는 마음으로 시작한 일입니다.

도원영(이하 도) 저도 보내주신 질문지를 보고 예전 자료들을 들춰보니 별별 일들이 참 많았더라고요. 그런데 이런 인터뷰에서 제가 사전 편찬자라고 지칭되는 게 일종의 업을 쌓는 것 같다는 생각이 들어요.

정 아니, 저처럼 일천한 자도 사전에 대한 책을 냈는데, 선생님이 왜 안 되십니까? 책의 저자들은 다 자기 이름 쓰고 하잖아요. 그런데 정작 사전처럼 어마어마한 노작을 해내는 편집자, 책임자의 이름은 항상 어딘가 숨겨져 있어요. 저는 예전부터 그게 불편했거든요. 다들 오랜 시간 여러 사람과 함께 작업하기 때문에 이런저런 사연이 많아요. 제 생각에 사전 편찬 과정을 주도하는 사람은 본인이 원했든 아니든 제너럴리스트가 될 수밖에 없거든요. 자기 분야만 아는 스페셜리스트는 도저히 해낼 수 없어요. 그러니 사전 편찬자들의 교양과 식견이라는 건 대단히 높은 수준인데, 다들 너무 겸손하시고 수줍어 하셔서 이분들의 목소리가 안 드러나는 거예요. 저는 그게 좀 싫더라고요. 사전 만들던 사람들은 분명히 모두 짧게는 몇 년, 길게는 몇 십 년씩 고생했고, 결과물을 내기 위해 굉장히 많은 것을 쏟아 부은 거잖아요. 엄청난 공력이 들어가는 일이니까요. 그런 역사가 그냥 사라져버리는 게 아쉽기도 해서 일단 제가 듣고 그다음 기록으로 남길 수 있다면 남기자는 생각이에요.

도 저도 그동안 간간이 썼던 글들을 읽다 보니 잊고 있던 일들이 떠올랐어요. 말씀하신 그런 이야기들이 재미있어서 예전에 사전실 연구원들에게 대사전이 나오기까지 있었던 에피소드를 한 자락씩 써보라고 했던 적이 있거든요. 당시에 그 원고를 엮어서 책을 내야겠다는 생각을 했었어요. 『고려대한국어대사전』을 내고 백서를 준비하면서 동료들에게 원고를 조금씩 받았거든요. 그 옛날의 특별한 기억, 자기가 맡은 분야에 얽힌 에피소드가 무궁무진하잖아요. 그때 받은 원고를 읽다 보니까 정말 재밌는 얘기가 많은 거예요. 정말 치열하게 치고받고 싸웠거든요. 당시엔 여러 사정이 있어 백서를 내지 못했지만, 내년이 저희 연구원 60주년이라 짧게라도 갈무리해볼까 해요. 우리끼리 즐겁게 보자는 뜻에서.

백서를 남기는 건 매우 중요한 일이고, 또 그만큼 어려운 일이기도 하다. 조선시

대의 양대 기록 문화라 할 수 있는 『조선왕조실록』과 『조선왕조의궤』도 넓은 의미에서는 백서라고 할 수 있다. 실록은 국왕과 관료들의 언행부터 조선시대의 거의 모든 정치, 사회, 경제, 문화, 외교 동향을 기록한 거대한 역사서이고, 의궤는 즉위, 혼례, 행차, 세자 책봉 등 왕실의 중요 행사와 건축 사업의 절차, 경위, 예산 등을 기록한 보고서이다. 마찬가지로 사전 같은 큰 규모의 작업을 끝냈을 때 그 전말을 기록해두는 것은 중요하고 또 반드시 필요한 일이다. 『표준국어대사전』은 국가사업이었기 때문에 백서가 나와 있고, 편찬 지침도 공개되어 있어 사전 편찬자들에게 중요한 참고 자료가 되고 있다.

정 제 인터뷰 요청이 그렇게 이어질 수 있다니 저도 기쁩니다. 그럼 시작해볼까요?

『연세한국어사전』과 『고려대한국어대사전』은 한국에서 처음으로 현대적인 언어학 방법론인 말뭉치를 이용해 만든 사전들이다. 이 두 사전의 출간으로 이전까지의 사전은 과거형이 되었다. 2017년 현재 한국인의 언어생활과 직결된 사전을 꼽으라면 『표준국어대사전』과 『고려대한국어대사전』이라고 해도 과언이 아니다. 『연세한국어사전』은 이 두 사전과 표제어 규모에서 큰 차이가 나기 때문에 영향력 또한 상대적으로 미약할 수밖에 없다.

	표준국어대사전	고려대한국어대사전	연세한국어사전
초판 출간연도	1999	2009	1998
편찬 주제	국가	대학교(민간)	대학교(민간)
성격	국가가 정한 표준을 제시, 규범성이 강함	표준어 규범을 따르지만, 규범에서 벗어난 한국어 어휘도 폭넓게 다룸	
표제어 수	약 50만	약 40만	약 5만
형태	3권 분책	3권 분책	1권
소매가	27만 원	54만 원	6만 원
웹 서비스 방식	네이버사전	다음사전	자체 홈페이지

이렇게 국내 3대 한국어사전의 성격이 크게 다르기 때문에 이하 인터뷰에서는 세 사전이 지속적으로 비교 언급된다. 이런 배경지식을 가지고 아래의 인터뷰를 읽어나가면 이해하는 데 도움이 될 것이다.

정 선생님은『고려대한국어대사전』편찬 과정의 책임자셨죠.

도 제가 책임자가 된 지는 10년 정도 된 것 같아요. 초기엔 고려대 문과대 건물인 서관에 언어정보연구소 산하 국어사전편찬실이 있었어요. 작은 공간에서 전자텍스트실 연구원들과 함께 사전 편찬 준비 작업을 했지요. 당시 책임자는 언어학과 이기용 선생님이셨고, 정광 선생님과 김흥규 선생님께서 국어사전편찬실과 전자텍스트실을 맡고 계셨습니다. 그때는 막내였어요. 1995년에 민족문화연구소(고려대학교 민족문화연구원은 1957년 '고려대학교 한국고전국역위원회'로 출발하여 1963년 '민족문화연구소'로 확대 · 개편되었고 1997년 '민족문화연구원'으로 다시 한 번 확대 · 개편되었다)로 조직 이동이 있었지요. 저희 사전실과 전자텍스트실이 당시 박물관에 있었던 민족문화연구소로 들어갔습니다. 박물관 시절부터 홍종선 선생님, 최호철 선생님께서 실장, 부실장으로 사전 편찬 사업을 이끄셨어요. 박물관 시절에는 참 즐거웠어요. 집필하다가도 궁금한 점이 생기면 모두 가운데 탁자에 모여 토론하는 일을 밥 먹듯이 했어요. 선생님들도 저희도 사전 만드는 일은 처음인지라 정답을 찾기가 어려웠거든요. 선생님들과 연구원들 모두가 공부하고 토론하고 하나씩 하나씩 결정해나가던 과정이 정말 즐겁고 행복했지요. 2대 간사였던 최경봉 선생님이 원광대로 가시면서 제가 간사가 되었습니다. 1999년에 녹지캠퍼스에 민족문화연구원 건물이 완공되면서 박물

왼쪽부터 『표준국어대사전』, 『고려대한국어대사전』, 『연세한국어사전』.

관 생활을 정리하고 모두 옮겨왔어요. 그 이후에 더 집중해서 사전을 만들었지요. 연구원 중에 학위를 받는 분들이 생기면서 이론적으로도 탄력을 받아서 우리 사전만의 특징을 살려냈어요. 제가 여기 실무 책임을 맡은 건 조직이 개편되어 사전실이 사전편찬부가 된 2007년이었어요. 중한사전실까지 맡으면서 부장이 된 시점이었죠. 그렇다고는 해도 사전을 완성할 때까지는 저의 역할보다 선생님들의 역할과 연구원들의 기여가 더 컸습니다. 그래서 제가 책임자라고 하기에는 좀 민망합니다.

정 왜요, 그래도 지금 『고려대한국어대사전』 같은 대사전을 전체적으로 바라볼 만큼 경험이 있는 분은 도원영 선생님밖에 안 계신 거 아니에요?

도 얼마 전에 겨레말큰사전편찬위원회에 갔는데, 거기 예전에 금성출판사에 계셨던 안상순 선생님(4장의 인터뷰 대상자)도 오셨거든요. 선생님은 언어학자는 아니지만, 수십 년 동안 사전을 만들어오셨기 때문에 단어의 본래 의미와 그 의미를 잘 드러내는 용법, 그리고 적절한 용례에 대한 감이 참 좋으세요. 아, 이게 수십 년을 해야 되는 거구나 싶더라고요. 이런 일을 좋아하는 성향도 필요한데 결국에는 끈질기게 생각하고, 자신의 경험과 연륜으로 그것을 표현해내는 능력이 있어야 해요. 그런 능력이 금방 생기는 게 아니구나, 안상순 선생님이나 조재수 선생님 정도는 되어야 생기는 것이구나 했지요. 저는 여기서 연구원들을 가르칠 정도의 수준이지 누군가에게 사전에 대한 회고를 말하기에는 더없이 부족하다는 게 솔직한 심정입니다.

정 『표준국어대사전』이라는 초강자가 있는 상태에서 왜 『고려대한국어대사전』이 나와야 했을까요? 출간 목적과 의미에 대해 듣고 싶습니다. 처음의 출간 결정 자체는 아마 표준이 나오기 전이 아니었을까 싶은데, 어쨌거나 그다음에 포지션을 어떻게 잡아갔는지가 궁금하더라고요.

도 1992년에 정광 선생님, 김흥규 선생님, 강범모 선생님, 이기형 선생님 등이 대규모 언어 자료에 기반한 연구를 하기 위해서는 말뭉치 구축이 필수적이라는 데 합의하셨지요. 이를 토대로 사전을 내자고 발의하셨고요. 1994년에 김흥규 선생님께서 5년 동안 한샘출판사의 지원을 받아 말뭉치에 기반한 사전이라는 지향점을 세우고, 20만 개의 표제어를 추출해 기술하기로 했어요. 말뭉치에서 뽑은 어휘의 최대치가 20만 개 규모라고 생각했으니까요. 그런데 1997년에 외환 위기가 닥쳐오고 한샘출판사 서한샘 선생님이 세운 다솜방송국이 기울면서 스폰서 관계가 깨져 연구비를 더 이상 받을 수 없게 되었지요.

당시 김흥규 선생님께서 '21세기 세종계획'을 세우고 실행하는 일에서 주도적인 역할을 하셨어요. 그 덕분에 말뭉치 구축과 편찬 작업이 지속적으로 진행될 수 있었습니다. 그때 말뭉치를 막 구축하기 시작했기 때문에 처음에는 규모가 굉장히 작았어요. 200만 어절을 형태소 분석을 해서 목록을 만들고 그 안에서 빈도 높은 것부터 시범 집필을 했어요. 그 이후에는 기존 사전에 없는 미등재어 목록을 받았지요. 세종계획의 말뭉치가 계속 구축되니까 추출 어휘가 점점 늘어갔어요. 세종계획과 함께 성장한 부분도 있지만 저희 나름대로 말뭉치 언어학과 기타 기반 연구를 지속적으로 했습니다. 어휘를 뽑고, 말뭉치에서 뜻풀이를 확인하고, 새 뜻을 찾고, 용법을 확인하고, 용례를 찾는 등 작업의 대부분이 말뭉치에 근거해 이루어졌어요. 하지만 『표준국어대사전』은 그렇지 않았지요.

김흥규는 고려대 국문과 교수로 문학을 전공했고, 한국어 정보화에 관심이 많아 다수의 프로젝트를 진행했으며, 『고려대한국어대사전』 편찬 과정을 이끌었다.

21세기 세종계획(1998-2007)은 국가에서 진행한 국어 정보화 사업으로, 『표준국어대사전』 이후 한국어와 관련한 가장 큰 연구지원 프로그램이었다. 150억 원의 예산으로 한국어 전자사전 개발, 한국어 말뭉치 개발, 한민족 언어 정보화, 전문용어/문자코드 표준화, 글꼴 개발, 정보화 인력 양성 등 여러 사업이 진행되었으며 300여 명의 연구자가 참여했다. 이 프로젝트의 결과물 중에서 가장 중요한 것이 말뭉치인데, 보통 이를 세종 말뭉치라고 부른다. 세종 말뭉치는 꼬꼬마 프로젝트 웹사이트http://kkma.snu.ac.kr/에서 살펴볼 수 있다.

말뭉치corpus는 자연언어 전체를 연구할 수 없기 때문에 연구용으로 수집한, 자연언어의 부분집합이다. 말뭉치를 연구하면 '몇 퍼센트의 신뢰도로 해당 언어는 이러하다'라고 언급할 수 있고, 이는 말뭉치나 자연언어를 통해 직간접적으로 검증할 수 있다. 통계학과 전산학으로 무장한 새로운 언어학이 바로 말뭉치 언어학이다. 확률/통계적 기법과 시계열적 접근으로 언어의 빈도와 분포를 확인할 수 있는 자료이므로 현대 언어학 연구에 필수적이다.

말뭉치를 언급하면 반드시 빈도와 분포라는 말이 따라 나오니 확인해두자. 빈도는 출현 횟수이고 분포는 출현 위치를 말한다. 빈도가 높을수록 중요한 단어라는 것은 직관적으로 알 수 있다. 많이 사용되는 말이니 먼저 익혀야 하고 자세히 알아두면 유용하다. '개'라는 단어를 모르면 언어생활에 어려움이 있지만 '닥스훈트'라는 말을 모른다고 해서 문제가 생기진 않는다. 한편 빈도만을 고려하면 빠지기 쉬운 함정을 피하기 위해 살펴야 하는 것이 분포다. 많이 사용될지라도 특정한 시기에 특정한 사람들만 사용했다면 그 단어의 중요도는 떨어질 수밖에 없다. 그래서 그 단어가 어느 영역에 출현했는지 분포를 함께 검토해야 한다. 소와 돼지는 전 지구적으로 본다면 모두 고빈도 단어겠지만 이슬람권과 인도에서의 사용 분포는 전혀 다를 것이다. 그 밖에도 고려할 사항이 더 있지만 수치로 접근할 수 있는 가장 편리한 도구는 빈도와 분포다. 그중에서도 빈도가 특히 더 유용하다.

정 『표준국어대사전』도 말뭉치를 활용했다고 들었던 것 같은데, 그렇지 않았군요.

도 네, 『표준국어대사전』은 일단 국가 차원에서 기획한 사전입니다. 우리에게도 영국의 『옥스퍼드 영어사전』 같은 사전이 필요하다고 본 것이지요. 기획 당시에는 『옥스퍼드 영어사전』과 같은 규모라는 부분에 초점이 있었던 것 같아요. 그 정도 규모를 만들어야 하는데, 당시는 말뭉치에서 뽑기는 어려운 실정이었지요.

그래서 『표준국어대사전』 편찬팀은 기존의 주요 대사전 목록에서 표제어를 선정했습니다. 물론 표제어의 용법이나 용례를 말뭉치에서 확인하긴 했을 겁니다. 특히 용례에는 문학작품에서 추출한 인용례가 많이 들어 있어요. 하지만 표제어 추출 같은 사전의 기초 작업은 말뭉치 기반이라고 하기는 어렵습니다. 이는 나중에 확인한 것이었고요. 우리 팀은 당시 국립국어연구원에서 대사전을 만드는 건 알고 있었지만 우리랑은 성격이 다르다고 생각했지요.

정　말뭉치를 활용해서 나온 최초의 성과는 『연세한국어사전』이었죠?

도　연세대는 저희보다 조금 먼저 시작했지만 규모가 달랐습니다. 저희는 긴장도 하고 안심도 하고 그랬지요. 표제어가 5만 개밖에 안 돼서요. 저희는 처음부터 20만 개 규모의 사전을 염두에 두고 있었으니까요. 하지만 그 5만 개가 굉장히 빈도 높은 단어들이고, 우리 사전 역시 연세대와 유사한 방식으로 언어 정보를 넣고 있었기 때문에 자극도 되고 '이거 큰일이다'라는 생각도 들었어요. 1998년에 『연세한국어사전』이 나오고 그다음 해에 『표준국어대사전』이 나왔을 때 저희는 사전을 출간할 만한 수준에 이르지 못했어요. 고빈도 기초 표제어들은 상당 부분 집필되었고, 중요한 미시 정보들도 대부분 결정되었던 시기입니다. 그런데 주요 정보에서 저희와 『연세한국어사전』이 상당 부분 비슷한 거예요. 문법 정보 세분화해서 넣었지, 문형 정보 들어가 있지, 부류 정보도 들어가 있지. 크게 보아 우리랑 별반 다르지 않았던 거죠. 관련어도 체계적으로 정리해서 열심히 넣었지만, 뭐 다른 사전은 관련어 없나.

그래서 도대체 우리 사전의 특징은 무엇인가에 대해 굉장히 많이 고민했어요. 『표준국어대사전』 세 권이 2000년에 다 나왔잖아요. 우리 사전도 조만간 내야 하는데 앞서 나온 두 사전과 비교해서 무엇이 다른가라고 물었을 때 특별히 내세울 게 없었어요. 유사한 부분이 좀 더 상세하게 들어가 있다는 것 이외에는요.

표제어를 빈도로 배열하고, 표제어 안의 뜻풀이 갈래 역시 빈도로 배열하고, 뜻풀이 단위 안에 용례와 문형 정보, 관련어 정보 등을 최대한 많이 보여주는 것이 우리의 강점이라고 생각하며 계속 작업을 해왔어요. 하지만 표제어와 뜻풀이의 전면에 빈도를 내세우는 것은 연구자한테는 의미 있는 장점이지만, 일반인한테는 주목받을 만한 일이 아니잖아요. 그래서 그때 저희는 형태소 분석 정보를 넣어보자는 안을 냈습니다. 2000년부터 형태소 분석을 하기로 하고 팀을 꾸렸어요. 형태론 전공자들이 지침을 만들고 예시도 작성하면서 엄청나게 집중해서 작업을 이어갔죠. 처음부터 끝까지 데이터 기반의 사전이면서도 형태소 분석이라는 전례 없는 시도를 한 거예요. 어떤 언어권에도 자국어 가운데 복합어를 이렇게 낱낱이 다 쪼개놓은 사전은 없었거든요.

여기서 도원영 선생님은 사전의 각종 요소를 언급한다. 말이 나온 김에 사전의 어떤 요소들이 어휘의 의미를 설명하고, 사전을 사전답게 만들어주는지 짚고 넘어가자. 사전은 크게 보면 표제어부와 뜻풀이부로 나뉜다. 모든 뜻풀이를 일일이 설명해서는 언어생활을 할 수 없기 때문에 우리는 그 뜻을 압축해서 단어의 형태로 주고받는다. 사실 사전뿐 아니라 모든 글이 이렇게 제목과 본문으로 구성되어 있다. 제목은 본문을 압축한다. 아래의 정리는 설명의 편의를 위해 단순하고 자의적으로 구분한 것이며 품사를 표제어부에 놓을 수도 있고 발음을 뜻풀이부에 놓을 수도 있다.

- **표제어부: 표제어 - 형태 분석 정보 - 발음 - 어원**
- 뜻풀이부: 품사 - 의미(문법/어법 정보) - 예문(문형/격틀 정보)

표제어 품사 제약 정보

불굴(不屈) 명 『주로 '불굴의'의 꼴로 쓰여』 어떤 어려움에 부닥쳐도 굽히지 않음. ¶80년대 학생들은 불굴의 투지로 독재 정권과 싸웠다. / 저 환자는 불굴의 의지로 투병해 암을 이겨 냈습니다. / 나라를 찾겠다는 불굴의 정신이 있었기에 해방의 기쁨을 누릴 수 있었다.

용례

형태 분석 정보 사용 영역 정보

대가다(+대+가_다) 동자 …… ②『명이』 (뱃사람들의 은어로) (사람이) 배를 오른쪽으로 저어 가다.

문형 정보

가두다(+가두_다) 동타 …… ❶『명이 명을 명에』 (어떤 사람이 다른 사람이나 짐승을 어디에) 강제로 넣어 두어 자유롭게 출입하지 못하게 하다. ……

발음 정보 활용 정보

협력하다(+協力-하_다)[혐녀카-] 여불 ‹협력하여/협력해, 협력하니› 동자 『명이 명에/명에게』 (어떤 사람이 다른 사람과, 또는 둘 이상의 사람이) 특정한 목적을 달성하기 위하여 서로 힘을 합하여 돕다. ……

의미역 정보

전문 분야 정보 뜻풀이

왈츠(영waltz) 명 「무용」「음악」 18세기 말경 오스트리아와 독일 바이에른 지방에서 발생한 사분의삼 박자의 경쾌한 춤곡. 또는 그 춤.

형태 분석 정보는 우리가 의미 표현을 위해 머릿속으로 수행하는 여러 복잡한 조합을 정규화하여 복원해놓은 부분이다. 우리는 문장으로 표현하기 위해 단어들을 조합하면서 그 형태를 바꾼다. 동사는 어미가 붙어서 활용을 하고, 명사는 조사가 붙어서 곡용을 한다. 이 과정을 되돌려서 해당 문장에 사용된 기본 요소(형태소)가 어떤 것인지를 나열하는 일이 형태 분석이다. 그래야 어떤 단어가 몇 번 사용되었는지 검색을 통해 확인할 수 있다. 물론 이를 통해서는 형태의 차이만 구분할 수 있지 의미의 차이는 구분해낼 수 없다. 다시 말해 '사과'와 '애플'은 글자 모양이 달라 구분이 되지만 사과謝過와 사과沙果는 구분할 수 없다. 형태 분석은 이렇게 형태에 기초하여 문장의 요소들을 자동으로 구분해내는 작업이다. 'apple'과 'apology'라는 두 개의 '사과'를 자동으로 구분하기 위해서는 컴퓨터에 더 다양한 정보를 주어야 한다.

문법/어법 정보는 해당 어휘가 어떤 환경에서 사용되는지를 보여주는 부분이다. 여기에는 문법 정보(언어의 규칙), 제약 정보(이유 없이 그렇게 쓰이는 관습상의 제약), 사용영역 정보(시대나 전문 분야 등 언어 밖의 제약) 등이 포함되어 있다. 즉 해당 어휘를 상황에 따라 적절히 사용하기 위한 정보이다.

의미 부류 정보는 해당 어휘가 어디에 속하는지를 분류한 것이다. 세종 말뭉치에서 '형제'라는 명사는 구체물 > 자연물 > 생물 > 인간 > 관계 > 대칭적 관계 > 형제라는 부류 정보를 가지고 있다. 문장 내 어휘들 간의 관계를 논리적으로 다루기 위해 작성된 것이다.

문형/격틀 정보는 단어가 문장에서 어떤 구조 안에 있는지를 보여주는 것이다. 『표준국어대사전』에서 '겨루다'라는 동사는 「~와/과 ~을/를」이라는 문형정보를 가지고 있다. '겨루다'라는 동사는 '호박을 겨루다' 같은 식으로는 사용할 수 없다. '동료와 승부를 겨루다'처럼 특정 요소와 함께 사용되어야 한다. 그 구조를 나타낸 것이 문형/격틀 정보이고, 그 구조 안에서 변화하는 속성을 구조적으로 기술한 것이 의미 부류 정보이다.

우리 사전의 또 다른 특징은 초창기부터 '사용자 중심 사전'이 되어야 한다는 전제가 있었다는 거예요. 제가 사전실에 처음 들어왔을 때 세미나에 가서 발표를 들으면, 교수님들이 전부 『콜린스 코빌드 영어사전Collins Cobuild English dictionary』이나 좋은 영어 학습사전을 가지고 와서 우리도 이런 국어사전이 필요하다고 하셨어요. 그 사전들이 외국인의 영어 학습에 많이 이용되긴 하지만, 그렇게 되기까지는 자국어와 모어 화자에 대한 충분한 고려가 있었다고 하셨고요. 영문과, 언어학과 교수님들이 계속 그런 사전들의 특징에 대해 발표를 하셨어요. 그래서 우리는 뜻풀이를 어떻게 하면 모어 화자가 쉽게 이해할까, 분량 때문에 제한하거나 없앴던 여러 가지 정보를 다 살려보자는 등의 논의를 많이 했어요. 애초부터 종이사전만이 아니라 전자사전도 함께 만드는 걸 목표로 했기 때문에 분량에 구애받지 않고 우리 사전이 이용자에게 정말 좋은 사전이 되려면 어떻게 해야 할지를 처음부터 고민했지요. 사전이 가진, 언어가 가진 현재성이나 다양성 같은 것을 충분히 집어넣자, 규범에 갇히지 말고 데이터로 나타나는 언어 정보를 다 보여주자, 그것을 비규범이라고 기술하지 말자 하고 의견을 모았어요. '가라(다른 항목으로 가서 읽으라)'라고 한다든지 '안 좋은 표현'이라고 한다든지, 이런 것들을 가능한 한 줄이고 있는 그대로 기술하자는 아이디어는 처음부터 줄곧 관철되었습니다.

단일어 사전은 흔히 표제어 규모 30만 이상의 대사전, 10만 이상의 중사전, 1만 이상의 소사전으로 나누는데, 크기가 작아질수록 뜻풀이도 쉬워진다. 어휘량이 적은 사람에게 어려운 말로 설명하는 것은 사전의 본분에 맞지 않기 때문이다. 언어 학습의 관점에서 단일어 사전을 나눈다면 일반 사전과 학습자용 사전으

로 구분할 수 있다. 모국어 화자를 위한 사전과 외국어 화자를 위한 사전이 다른 것이다. 우리가 흔히 영어사전이라고 말하는 것은 대부분 영어 학습자용 사전이다. 예를 들어 우리 주변에서 자주 볼 수 있는 『옥스퍼드 영한사전』의 원서명은 『Oxford Advanced Learner's Dictionary』(OALD)이다. 영어 화자를 위한 영어사전으로는 『Oxford Dictionary of English』(ODE)나 『Oxford English Dictionary』(OED) 등이 있는데, 이 사전들은 외국어로서 영어를 공부하는 우리가 읽을 일은 거의 없을 뿐만 아니라 읽는다 해도 난이도가 높아 어려움을 겪을 것이다. 특히 OED는 중세 영어도 다루기 때문에 알파벳이 아닌 글자들이 다수 등장해 아주 '신선하게' 어려울 것이다.

『고려대한국어대사전』의 비표준, 비규범적 요소들

정 『고려대한국어대사전』은 어떤 사전인가요? 『표준국어대사전』과는 다른 사전을 지향한 것 같지만, 그렇다고 표준어와 규범성이라는 범주에서 벗어나지는 않은 것 같거든요.

도 맞습니다. 『표준국어대사전』과 마찬가지로 규범성을 완전히 배제하기는 어려웠어요. 현실 언어를 기술하는 사전을 내놓고자 했지만, 표준어 위주의 정보를 무시할 수는 없었죠. 사전은 규범적 텍스트니까요. 『표준국어대사전』보다 앞서 나왔던 『우리말 큰사전』이나 『금성판 국어대사전』 모두 당대의 규범 역할을 했잖아요. 저희가 사전실을 꾸리고 DB를 구축할 무렵 국립국어연구원에서도 사전을 만든다는 소식을 들었어요. 국어 정책을 담당하는 기관에서 만드는 사전은 당연히 규범사전일 테니 우리는 기술사전을 만들자는 데 중지가 모였던 것 같아요. 그래서 초기 지침이나 집필 방향에서도 우리말의 다양성을 인정하고 수용하자는 쪽을 강조했고요. 처리하기 어려운 것들, 예를 들어 이견이 많거나 예외가 되는 말, 범주의 경계에 있는 표제어들은 한동안 미뤄놓았어요. 그러나 결국에는 결정을 해야 할 때가 오지요. 어떤 쪽을 선택해도 문제의 소지가 남기 마련이고요. 아무리 토론을 해도 신통방통한 답이 없는 경우가 많았어요. 그럴 때는 결국 당시의 실장님, 부실장님이 결단을 내려서 지침으로 확정하곤 했지요.

『표준국어대사전』이 이미 출간되었기 때문에 그것과 너무 차이가 많이 나면 곤란한 것들, 예를 들어 품사 구분이나 표준어 등은 따르지 않을 수 없었어요. 표준의 입장을 따른다기보다는 학교 문법을 반영한다는 차원에서 받아들인 부분도 있었고요. 학교 문법과 관련된 항목에서 쟁점이 발생하면 정말 치열하게 토론했어요. 사실 학교 문법이 우리말의 모든 특성을 낱낱이 밝힌 것은 아니거든요. 우리말의 근간을 이루는 원리와 특성을 밝히는 문제에서는 하나하나 따지고 들어가면 이견이 많았어요. 모든 것을 대원칙 아래에 두는 것이 맞다는 주장도 있었고, 대원칙이 있다 해도 세칙을 다 포괄하는 것이 아니니 학교 문법이나 규범 문법과 충돌하는 것도 다양하게 기술해야 한다는 의견도 있었고요. 그래서 모두 다 규범을 따르지는 않았어요. 규범이라는 것이 80~90퍼센트를 지배하기 때문에 그런 면에서 『표준국어대사전』과 동일하게 보일 뿐이에요. 전체적으로 '『표준국어대사전』하고 같다'라기보다는 '규범적인 측면에서 비슷한 부분이 많다'라고 할 수 있겠죠. 나머지는 비규범적인, 『표준국어대사전』하고도 다르고 규범하고도 다른 부분이 있는 것이고요. 표제어만 해도 『표준국어대사전』에는 없는 비표준어 표제어가 상당히 많아요. 문학이나 민속 말뭉치에서 살려낸 우리말도 제법 있고요.

사실 『표준국어대사전』에도 규범과 관련하여 일관성이 없어 보이는 항목들이 있어요. 현재 그런 부분을 지속적으로 다듬고 보완하고 있고요. 이런 문제는 규범 문법을 아주 세밀하게 정리하지 않는 한 늘 나올 수밖에 없지요. 그래서 지금 국립국어원에서 표준 문법을 개발하고 있어요. 국어학, 국어 교육, 한국어 교육 관련 전문가들이 모여 사업을 수행하는 걸로 알고 있습니다. 품사 문제도 있고, 어미와 조사의 문제도 있고……. 이런 다양하고 복잡한 문제들을 어느 정도 정리해서 내놓을 것이라 기대하고 있지요.

이쯤에서 사전의 규범성에 대해 이야기해보는 것이 좋겠다. 사전은 참고해서 살펴보는 것이 목적이므로 그 안의 내용은 권위를 갖게 되며, 자연스럽게 모범적이고 규범적인 것으로 인식되기 마련이다. 예를 들어 삭월세가 맞느냐 사글세가 맞느냐를 놓고 두 사람의 의견이 갈렸다면, 아무리 그럴듯한 논거를 대며 토론을 이어가더라도 사전을 펼쳐보는 순간 상황은 종료되고 만다. 그 밖에도 사전은 엄격해 보이는 형식, 건조한 서술 방식, 어두운 색의 가죽 장정, 베개 높이는 되고도 남을 두께로 인해 명실공이 가장 권위적인 책으로 인식되곤 한다.

이런 사전의 규범성이 말뭉치 언어학의 발달로 흔들리게 되었다. 이제는 말뭉치가 제시하는 데이터를 통해 언어 사용 양태의 전모를 바라볼 수 있게 되었다. 따라서 편찬자의 직관이 아니라 말뭉치 내의 빈도와 분포를 통해 비교적 객관적으로 사전을 기술할 수 있다. 즉 규범을 제시하듯 당위로서 서술하는 게 아니라, 사람들이 일상에서 사용하는 의미 그대로 사전에 실을 수 있게 되었다는 말이다. 사전 편찬자는 이전처럼 사전을 기술해나가지만 그 근거를 말뭉치에서 찾아야 한다.

그럼에도 불구하고 사람들은 여전히 사전에서 모범, 정답을 찾으려 하기 때문에 사전 편찬 과정에서는 규범사전과 기술사전이라는 두 가지 입장이 공존할 수밖에 없다. 대다수가 '괴발개발'이 아니라 '개발새발'이라고 말하는 상황에서 사전이 '개발새발'을 틀렸다고 규정하던 시대는 끝났다. 하지만 그렇다고 곧바로 '개발새발'을 권장할 수도 없는 노릇이다. '규범'과 '기술'이 각자의 기능을 하며 서로를 보완해야 할 지점이다(2011년 '개발새발'도 표준어로 인정되었다).

위에서 나는 『표준국어대사전』이라는 규범사전이 나와 있는 상황에서 『고려대한국어대사전』이 굳이 규범성과 표준어를 따라가야 했는지, 좀 더 과감하고 자유롭게 규범에서 벗어난 것들도 다루는 편이 좋지 않았을지를 질문한 것이다. 이에 대해 도원영 선생님은 『고려대한국어대사전』이 규범에서 벗어난 것들을 충분히 다루었으며, 사람들이 비규범적으로 사용하는 것들이 상대적으로 적기 때문에 눈에 잘 띄지 않을 뿐이라고 답변하셨다.

정 기존의 학교 문법에 뭔가 크게 보강해서 새로이 표준 문법이라고 제시해야 할 필요성이 있었나요?

도 있죠. 국내 문법 교육 안에서도 선생님들마다 의견이 다 다르잖아요. 학생들이 배우는 교과서에서는 우리말의 근간인 문법에 대해 일관된 기술을 해야 한다고 생각해요. 특히 쟁점이 되는 사항에 대해서는 기준점이 있어야 할 것 같고요. 그래야 문법 교과서도 다양한 접근이 가능하도록 구성할 수 있을 테니까요. 표준 문법이 더 절실한 분야는 바로 한국어 교육 쪽입니다. 외국인을 위한 한국어 교육에서는 표준화된 문법이 있어야 가르치는 사람에게나 배우는 사람에게나 실질적인 도움을 줄 수 있거든요. 또 전문용어라는 측면에서는 문법용어가 통일될 필요가 있고, 언어 간 통합 연구를 위해서라도 표준 문법이 필요해요. 여러 가지를 고려했을 때 적어도 이 정도는 일관성 있게 가르쳐야 한다고 가이드라인을 주는 거죠.

사전을 만들거나 어문 규범을 정리하기 위해서도 표준 문법이 필요하지요. 학계에서 내놓는 이론 문법과 학교 문법으로는 사전이나 어문 규범 관련 사항을 모두 해결하지 못하니까요. 『표준국어대사전』이 규범사전의 역할을 하지만, 문법에 관한 내용이 충분히 들어 있지 않아요. 학교 문법에만 근거해서 설명하는 것도 적절하지 않고, 학계의 다양한 이론으로 설명하기도 어렵지요. 출판이나 언론을 위한 좀 더 실용적인 이유에서도 어떤 기준이 필요하지 않나 싶어요. 문법서나 사전, 어문 규정에서 해결해주지 못하는 사항이 너무 많거든요. 표준적인 문법 체계와 기술이 나온다면 환영받지 않을까 싶어요. 『고려대한국어대사전』이 규범을 따르고 있는 부분은 통상적으로 인정되는 우리말의 가장 근본적인 문법을 반영한 것이라 할 수 있어요. 규범이나 『표준국어대사전』과 다른 부분은 학계에 이견이 분분하고, 관련 이론이 충분한 설득력이 있을 경우 다른 입장을 취한 거예요. 고려대 사전편찬실의 이론적 입장이 반영된 부분이라 할 수 있지요.

국립국어원은 2014년에 '표준국어문법개발'이라는 사업을 진행했다. 이는 그동안의 한국어 문법 연구의 성과를 반영하여 최신 문법 체계를 언중에게 제시하기 위한 작업이었다. 『표준국어대사전』에 이어 국가기관의 강력한 언어 정책을 보여주는 결과물이라 할 수 있다. 표준 문법은 그동안 언급되던 규범 문법의 더 경직된 표현형이다. 한편 중고등학교에서 가르치는 문법을 학교 문법이라고 부른다. 학교 문법도 넓게 보면 규범 문법에 속하겠지만, 기존의 규범 문법이나 정

리된 표준 문법에 비해 단순하다. 예외나 이견이 많으면 가르치기 번거롭기 때문일 것이다. 예를 들어 학교 문법에서는 한국어에는 9가지 품사가 있다고 배운다. 하지만 학계에서는 '이다'에 지정사라는 별도의 품사를 부여하는 흐름이 있다. 또 학교 문법에서는 조사는 단어로, 어미는 단어가 아닌 것으로 보지만 그렇게 선명하게 나뉘지 않는 경우들도 있다. 같은 대상을 다루는 표현이 여러 가지 있더라도 학교 문법에서는 한 가지로 정해서 그것만 가르친다.

정 그러니까 선생님 말씀은 사전에서 규범성을 완전히 배제할 순 없다는 것이네요.

도 네, 언어의 본질을 일관되게 반영하려다 보면 그게 법칙이 되고 원칙이 되는 경우가 많아요. 그중에서 어떤 것들은 규범이 되고요. 사전은 그 형식과 구조상 기술을 하다 보면 결국 규범에 가깝게 정리가 되고 말아요. 그래도 우리 사전은 비표준어나 사람들이 쓰는 다양한 어법을 좀 더 많이 넣으려 했어요. 그런 것들이 틀린 말이니 고쳐 쓰라는 정보를 주지 않으려고 여러 가지 모색을 했었죠. 비표준어라는 표지는 저희 사전에 아예 없어요. '가라'라는 표현은 결국 쓰게 됐지만, 다양한 비표준형을 최대한 많이 넣으려고 노력했어요. 빈도 높은 오誤표기라든지 다른 변이형들도 들어있습니다. 그런 노력이 『고려대한국어대사전』의 특징이라고 할 수 있겠지요. 언어 현실을 반영하자는 것이 우리 사전의 출판 목적이자 목표였으니까요.

『고려대한국어대사전』에 수록된 비표준어의 예로 '잊혀지다'를 들 수 있다. '잊혀지다'는 이중 피동 형태로 비문법적인 파생어이다. 어법에 맞게 쓰려면 '잊히

다'라고 해야 한다. 『고려대한국어대사전』에서는 두 가지 형태를 모두 수록하고, 비문법적인 '잊혀지다'가 널리 쓰이고 있음을 밝혔다. 비표준어를 표준어로 인정해 수록한 단어로는 '니'가 있다. '니'는 주격조사 '가' 앞에 '너' 대신 오는 어휘로, 구어에서 쓰인다는 정보를 함께 주었다. 『표준국어대사전』에서는 인정하지 않는 말이다.

정 사전 얘기를 하니 역시 금방 문법 얘기로 빠지네요. 다시 『고려대한국어대사전』 이야기로 돌아올게요. 고려대는 '민족 고대'라는 말도 즐겨 쓰고, 민족문화연구원 같은 기관을 별도로 두고 있잖아요. 학교에서는 한국어대사전 편찬 사업을 학교의 정체성과 연관 지어 생각하나요? 이것이야말로 고대다운 작업이다, 이런 의식이 있는지 궁금하네요.

도 네, 생각해보면 이런 사업은 연구원이 어려울 때도 쉼 없이 해왔거든요. 국역 사업도 마찬가지였어요. 조지훈 선생님이 우리 민족의 주체성과 기강을 세우고, 전통에 자부심을 갖기 위해서 국학을 하는 연구소가 할 일은 우리 고전을 현대 한국어로 번역하는 사업이라고 보셨거든요. 그것을 연구소의 역사적 책무이자 사명으로 여기셨어요. 한국적인 것, 민족적인 것이 늘 저희 연구소를 이끌어 나가는 핵심 정신이었던 것 같아요. 고전국역위원회를 확장해서 민족문화연구소라는 현판을 단 것도 그런 정신의 연장선상에서 이해할 수 있습니다. 민족문화와 관련된 것이라면 우리가 가장 어려운 일을 해내야 한다는 말씀을 이전의 원장님, 선배님들이 늘 하셨고 후배들은 그 이야기를 새기며 성장해온 것 같아요.

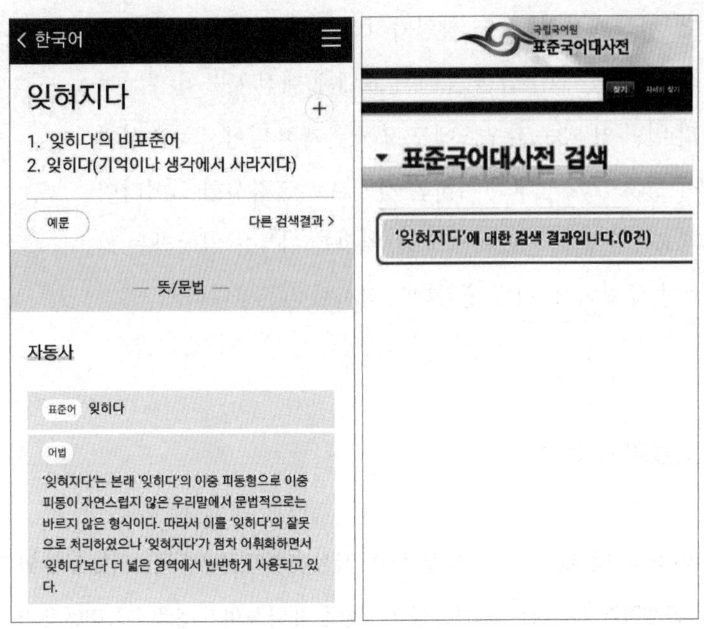

비표준어인 '잊혀지다'를 검색한 결과. 왼쪽은 『고려대한국어대사전』 콘텐츠를 서비스하고 있는 다음 한국어사전, 오른쪽은 『표준국어대사전』 웹사이트이다.

정 그 얘기 되게 멋있네요. 어려운 일을 해야 한다는 말씀.

도 네, 현재 건물로 이전하기 전에는 민족문화연구소가 박물관 안에 있었어요. 저희가 중한사전실에 세 들어 지낼 때지요. 『중한대사전』 편찬 후라 사전실은 어마어마한 양의 교정지와 오래된 중국어 자료로 가득 차 있었어요. 그런 공간 한 귀퉁이에 둥지를 틀고 언제 끝날지 모를 작업을 꾸역꾸역 해냈어요. 새해를 맞아 당시 소장이셨던 홍일식 선생님께서 연구원들의 노고를 치하하며 이 어려운 시절에 우리가 하는 일이 얼마나 중요한지를 가슴에 사무치도록 되새겨주셨어요. 그래서 더 끈끈하게 뭉치기도 했던 것 같습니다. 아마 저희만 그런 게 아니라 『연세한국어사전』 팀이나 단국대 『한한대사전』 팀도 마찬가지였을 거예요. 대사전 전문 용어를 감수해주신 교수님들 중에서 교내에 계신 분들이 많았는데요, 정말 얼마 안 되는 감수료에도 모두 흔쾌히 맡아서 해주셨어요. 이렇게 중요한 사업에 참여하는 것만으로도 감사한 일이라며 감수료를 고사한 분도 여럿이었고요. 역사를 이루는 일이라는 인식이 있었던 것 같아요. 지금 생각해도 감사할 따름입니다.

표제어를 둘러싼 논쟁

어떤 표제어를 올릴 것인지만 결정해도 사전 편찬의 절반은 끝난다는 말이 있다. 표제어만 봐도 사전의 규모, 성격, 대상 등이 다 보이기 때문이다. 어떤 단어를 사전에 싣느냐 싣지 않느냐는 그 단어가 공인받은 것인가 아닌가, 한국어가 맞는가 아닌가를 나타내기 때문에 상당히 정치적인 결정이기도 하다. 물론 웹사전 시대가 되면서 웬만하면 다 사전에 올리는 추세라 이전에 비해 엄밀함은 떨어지지만, 사전에 등재된 단어인가 아닌가는 여전히 중요한 의미를 갖는다.

정 '한국어대사전'이라는 표기에 대해서 먼저 여쭤볼게요. 웹사전 일을 하다 보면 지금도 이런 질문이 정말 많이 들어와요. 왜 국어사전이라고 안 하고 한국어사전이라고 했느냐고요. 한국어가 맞나, 국어가 맞나, 혹은 둘이 어떻게 다른가 이런 의식 자체가 사람들에게 별로 없나 봐요.

도 네, 그렇죠. 아직 충분히 바뀌지 못한 부분인 것 같아요. 일단 학계에서도 이미 국어라는 말에 이의를 제기한 사람이 많고, 지역이나 혈연, 역사적 정통성 같은 것을 기준으로 한 우리 중심의 사고를 바꿔야 한다는 의견도 있습니다. '국어'라는 표현은 일반 명사로 한 나라의 사람들이 쓰는 말을 뜻하는 것인데, 우리는 마치 그것이 한국어를 지칭하는 것처럼 고유명사로 쓰고 있죠. 오랜 역사 속에서 굳어진 말이라 단번에 바꾸기는 힘든 부분이 있습니다. 하지만 '한국어'의 특성을 강조하는 방향으로 교육과 홍보가 많이 이루어졌고 세계 곳곳에서 우리말, 우리 문화를 배우고 수용하고 있는 터라 이제는 분위기가 많이 달라졌다고 봐요.
학문적으로도 이 사전은 세계 언어 가운데 하나인 '한국어'를 다루는 사전이고, 한국에 있는 한국어 모어 화자만이 아니라 재외 동포나 한국어를 배우는 외국인도 이용하는 사전이거든요. 그들을 다 포괄하는 '한국어'라는 용어가 좀 더 미래 지향적이라는 측면에서 저희는 '한국어사전'이라는 이름을 선택했어요. 그리고 우리보다 먼저 연세대가 '한국어사전'을 냈기 때문에 학계나 일반에서도 이미 인지도가 있다고 확신했고요. 『연세한국어사전』이 외국인을 위한 사전은 아니거든요. 우리가 그 흐름을 좀 더 확장한다는 면에서도 '한국어'라는 말을 쓰는 것이 적절한 선택이었다고 생각해요.
대학원 국어학 연구모임의 이름이 한국어연구회였어요. 제가 대학원에 들어오기 전부터 있던 학술모임이었지요. 나중에는 한국어학회가 됐고요. 당시 구성원들이 이미 '한국어'를 한반도라는 지역의 언어를 넘어서는 차원에서 이해했기 때문에 사전 이름에 이의를 제기한 분은 거의 없었습니다.

정 교과서 같은 데는 여전히 국어라고 되어 있죠?

도 네, 그건 교육 정책이나 국어 정책과도 관련이 있어요. 그럼에도 불구하고 어쨌든 다문화 시대가 되다 보니 예전보다 한국어라는 명칭에 익숙한 사람이 조금씩 늘어나고 있는 건 사실이지요.

정 국어사전과 관련해서 웹사전 쪽으로 들어오는 항의는 딱 두 가지예요. 하나는 왜 웹에서 영어사전이 한국어사전 앞에 있느냐, 그게 불편하다 하고 얘기하는 사람, 다른 하나는 왜 국어사전이 아니고 한국어사전이냐 하고 따지는 사람. 국사나 국학이라는 표현도 다 마찬가지죠.

도 그런 것들이 조금씩 없어져가는 과정이긴 한데, 유독 한국어에 대해서는 강한 애정이 있는 것 같아요. 카카오에서 서비스 중인 다음사전도 한국인만 이용하는 건 아니잖아요. 외국에서 한국어를 공부하는 이들이나 국내에 있는 외국인도 이용하잖아요. 우리 사전을 이용하는 외국인의 입장에서 국어라는 표현은 이해하기 어려워요. 하나의 언어로서 한국어라는 이름이 더 많은 사용자를 포용하는 것이죠. 웹에서 제공하는 하나의 서비스로서 '한국어'라는 표현은 당연한 배려라고 말씀하시면 되겠네요.

정 그럼요. 국어라는 말은 사실 일본어에서 온 것이죠. 『국어라는 사상』이라는 책도 있잖아요.

도 물론 일본어에서 왔다는 건 그냥 어원이 그렇다는 것이고, 일반 사람들이 그걸 알고 쓰는 것은 아니니까 '당신이 국어라는 표현을 쓰는 건 잘못입니다'라고 말할 순 없을 것 같아요. '한국어'라는 표현이 가진 좋은 점을 잘 설명해서 배타적으로 이해하지 않도록 노력하는 게 좋겠죠.

좌구명左丘明이 쓴 중국 춘추시대의 역사서 『국어國語』라는 책이 오래전부터 있긴 했지만, 여기 쓰인 '국어'는 위의 맥락과는 무관하다. '국어'라는 말은 일본이 메이지시대에 일본어를 '고쿠고國語'라고 부른 이후부터 본격적으로 사용되었는데, 최초로 등장한 것은 역사학자 미야케 요네키치三宅米吉의 책에서라고 한다. 이후 일본제국주의가 동아시아를 뒤흔들면서 '고쿠고'라는 말은 일본어를 지칭하는 일반적인 표현이 되었다. 우리나라에서는 갑오개혁 이후 민족의식이 고취되면서 '한글'과 '한국어'를 인식하게 되었고 그 과정에서 '국어'라는 표현을 쓰기 시작했는데, 해방 이후에도 계속해서 '국어'라는 말로 '한국어'를 지칭해왔다.

엄밀하게 말하면 '국어'라는 말은 한 국가의 대표적인 언어national language를 지칭하는 표현이어야 한다. 일본의 국어는 일본어, 미국의 국어는 영어, 한국의 국어는 한국어가 되는 것이다. 그런데 한국에서는 '한국어韓國語'보다 '국어國語'를 더 많이 사용한다. 반면에 일본에서는 보통 '니혼고日本語'라고 말하며 '고쿠고國語'는 한정적인 용법으로만 사용한다. 국어라는 표현에는 제국주의적 이미지가 강하게 담겨 있다. 일본제국주의가 '고쿠고'라는 개념을 어떻게 만들어나갔는지는 사회언어학자 이연숙이 쓴 『국어라는 사상』에 잘 서술되어 있다. 한국인이 쓴 저작이지만 일본어로 먼저 출간되었고, 일본 내에서 큰 반향을 불러일으켰다.

한국어와 연결해서 고민할 만한 표현으로 '한글'이 있다. 엄밀하게 말하면 한글은 문자의 이름이고 한국어는 언어의 이름인데, 우리는 한국어와 한글을 잘 구별하지 않는다. 그래서 한국어판을 한글판이라 부르고 한국어 자막도 한글 자막이라고 부른다. 이래저래 한국인들의 자국어 사랑은 참 유별나다.

정 표제어 선정이 사전의 성격을 많이 규정하잖아요. 어디까지를 현대 한국어사전이 다뤄야 하는가는 항상 고민이 되는 문제입니다. 의견을 주신다면요?

도 저도 사전편찬실에 와서 내내 고민했던 문제예요. 사전에 대해 별생각이 없던 초창기를 빼고는요. (웃음) 기존의 사전에 등재되어 있는 것을 보고 '아, 사전에 있는 단어구나' 했지요. 왜냐면 내가 아는 단어는 정말 얼마 안 되었거든요. 사전에는 어휘가 무궁무진하게 많아서 이런 단어도 있구나 하고 늘 깜짝깜짝 놀라곤 했어요. 하나하나 깨우치면서 지냈지요. 그런 단어들을 찾아 확인하고 이해하는 과정이 너무 재미있었어요. 주말에도 공부하겠다고 나와서는 사전만 뒤지다가 집에 가곤 했어요. 그만큼 사전을 찾고 찬찬히 살피는 일이 참 좋았어요.
그런 과정을 오래 거치긴 했지만, 사실 한동안은 사전에 뭐가 들어가야 하는가에 대한 의식이 아주 뚜렷하진 않았어요. 왜냐면 저희가 기존 사전에 있는 단어를 보고 표제어를 선정한 게 아니라, 말뭉치에 있는 용례를 보고 고르다 보니 '아, 이렇게 많이 쓰는 단어는 다 한국어지' 하는 일상적인 감각으로 받아들였거든요. 그러다가 나중에 빈도는 굉장히 높은데 외국에서 들어온 말들, 그러니까 최근에 많이 쓰이는 신어나 유행어들을 맞닥뜨리면서 이런 것들이 과연 사전에 들어갈 만한 단어인가 하는 고민이 시작되었지요.

정 이 말들이 언제까지 살아남을까.

도 그렇죠. 그런 고민을 계속해서 얘를 올릴지 말지 결정했습니다. 빈도가 높으면 당연히 후보가 되지만 그 단어가 한정된 영역에서만 쓰이는 전문용어이거나 너무 어려운 말이면 빼기도 했고, 전문용어라도 일상 영역에서도 쓰이면, 또 몇 십 년 전부터 써왔던 말이고 이후에도 지속적으로 살아남을 것 같으면 넣었지요. 현재 그 단어의 힘이 얼마나 센가보다는 이전부터 써왔는지, 앞으로도 살아남을지를 기준으로 표제어를 선정했어요. '브런치'를 예로 들 수 있겠네요. 2000년대 초반에 '브런치'를 사전에 등재할지 말지를 놓고 연구원들끼리 핏대를 세울 정도로 토론했어요. 당시에는 아직 외국어라고 해서 탈락했지요. 우리한테는 '아점'이 있고 '브런치'를 쓰는 사람은 일부였으니까요. 또 얘가 살아남을지 아닐지 확신이 서지 않았거든요. 그러다 2008년에 등재했어요.

정 하긴 그땐 아점이란 말을 많이 썼네요, 진짜.

도 네, 아점을 많이 썼고 브런치라고 하는 사람에 대한 반감이 있었지요.

정 짜증나죠, 하하.

도 연구원 안에서도 그런 어휘를 일상적으로 쓰는 사람들은 브런치를 넣자, 브런치 자체도 아주 즐겁고 재밌는 말 아니냐, 우리나라에서도 다양한 사람들이 쓰고 있으니까 넣자, 이런 의견이었지요. 그다음 논란이 되었던 게 2002년 월드컵 이후에 사용 빈도가 급증한 '코리아'였어요. 코리아가 한국의 영어식 이름이라는 걸 넣자는 말이었지요. 진보적인 성향의 연구원이나 보수적인 성향의 연구원이나 등재해도 좋다는 의견이 우세했어요. 그때 반대하느라 무척 힘들었어요. 소수 의견이었거든요. 간사의 재량으로 넣지 않겠다고 했어요. 그건 영어니까. 하지만 당시 한국인의 의식 속에 '코리아'라는 새로운 개념이 있다, 그러니까 대한민국과 코리아는 각자가 품고 있는 '시니피에'가 다르기 때문에 넣을 필요가 있다는 주장도 사실 솔깃했고 설득력도 있었어요. 이해는 되지만 이 표제어를 한국어사전에 넣는다면, 그다음에 더 큰 문제를 야기할 수 있다는 것이 저를 포함한 소수 연구원들의 의견이었습니다.

현대 언어학의 개척자인 소쉬르Ferdinand de Saussure는 대상이 표현되는 방식을 시니피앙(기표), 대상이 함축하는 대상을 시니피에(기의)라고 구분해서 불렀다. 원래 대한민국과 코리아는 하나의 시니피에를 지칭하는 두 개의 시니피앙이었지만, 언젠가부터 서로 다른 시니피에를 지칭하게 되었으니 다른 표제어로 올리는 게 맞는다는 견해에 대한 논쟁이 발생한 것이다.

정 앞으로는 뭘 못 넣겠는가 하는 상황으로 갈 수도 있는 거죠.

도 그래서 강하게 주장해서 안 넣었는데 지금까지도 잘했다는 생각이 들어요. 나중에 넣어야 할 필요가 생기면 다시 토론해서 넣을 수 있겠죠. 이런 식으로 사전에 들어갈 단어가 어떤 분야의 전문용어인지, 일상의 유행어인지, 정말 생명력을 갖고 우리 언중과 함께 살아갈 단어인지 등을 늘 고민했어요. 우리 사전의 정치적인 입장이 드러나는 문제에 대해서도 많이 고민했고요.

지금도 계속되는 문제죠. 신어만이 아니라 이미 등재되어 오래 쓰인 단어들의 개념이 계속 변하기 때문이에요. 이에 대한 문의나 요청이 많이 들어옵니다. 세상이 변하다 보니 표제어의 의미도 바뀌는 거죠. 예를 들어 '의사/한의사'나 '페미니스트' 등이 사회적 이슈가 되었을 때 사전에서 제시하는 의미가 변화된 시대와 맞지 않으니 문제가 되었죠. 사전을 만드는 사람은 당대 언중이 공유한 가장 중립적이고 보편적인 의미를 기술하지요. 물질과 정신이 바뀌면서 법과 제도, 사회문화가 다 달라지니 사전을 집필했던 당시의 풀이가 논란의 중심이 되는 겁니다. 한번은 참여연대에서 문의를 해왔어요. 저희 사전에 '참여연대'가 등재되어 있는데, 그 뜻풀이가 해당 기관의 설립 취지 등 정관과 다르다고 수정해달라는 요청이었어요. 그러나 기관의 요청대로 고쳐줄 수는 없는 일이라 좀 더 정확하고 쉽게 풀어내는 방식으로 바꿔보겠다고 답변하고는 수정했지요. 특정 기업이나 정부 기관 등 여러 곳에서 요청이 들어와요. 웹으로 서비스하는 현실에서는 현재 쓰이는 뜻에 맞게 풀이해야 하니까 우리에게는 의미 있는 피드백이라고 생각해요. 과연 이 단어의 뜻이 지금 우리 모두가 합의하고 수용할 만한 것인가 다시 한 번 생각해보는 기회가 되는 거죠. '고고장'이나 '디스코텍'이라는 말 아시죠? 저는 대학 때 디스코텍에 가서 즐겁게 놀았던 기억이 있습니다. 언중의 상당수가 알고 누렸던 공간이자 문화였는데 지금은 어디에도 없죠. 이런 단어들을 그대로 둘지, 아니면 어떤 식으로 수정하고 보완할지 방안을 마련해야 할 때입니다.

대한의사협회는 소송을 통해 한의사와 치과의사가 의사라는 표현을 쓰지 못하게 했다. 법원의 판결이 나온 이후 대학, 학계, 포털 서비스의 사전 관련 부서에 협조 공문을 보냈고, 지금은 아래와 같이 바뀌었다.

한의사	「한의」 한의학을 전공하며 한의술과 한약으로 병을 치료하는 사람.
치과의사	「의학」 일정한 자격을 갖추고 이와 구강의 병을 전문적으로 치료하는 사람.

원래는 뜻풀이의 마지막 단어가 '사람'이 아니라 '의사'였다. 이것은 전형적인 이익단체 간의 분쟁이었으며 유사한 분쟁은 이 밖에도 여러 차례 있었다.

정 그렇죠. 재즈라는 말이 그랬다더라고요. 예전에는 팝이고 락이고 외국 음악은 다 재즈라고 불렀대요. 그런 의미로 20~30년 살아 있다가 제대로 된 재즈가 들어오면서 용례가 분화된 거죠. 그러니까 단어의 어떤 의미가 언제부터 언제까지 살아 있었는가, 결국 그걸 기록해야 할 것 같아요.

도 맞습니다. 새로 생겨나는 말이든 이미 있던 말이든 단어의 의미는 계속 변하는 거잖아요. 이 변화를 세밀하게 기록하는 일이 사전의 역할인 것 같아요. 이전에는 편찬자가 한정된 자료나 개인의 지식과 경험을 바탕으로 의미 변화를 기술했다면 지금은 활용할 수 있는 자원이 방대해졌다고 할 수 있지요. 말뭉치나 빅데이터 같은 자원을 살펴서 선명하지 않게 기술되어 있는 것들을 명확하게 정리할 수 있다고 봅니다.

사전 출판의 전성기를 맞아 출판사들은 표제어 수 경쟁을 시작했다. 경쟁사보다 표제어가 1만 개 더 많이 수록된 사전이라는 식의 홍보를 하기 위해서였다.

질적인 차이를 드러내기 어려우니 양적인 우위를 다툰 것이다. 그러는 통에 어학사전에는 '이순신' 같은 고유명사나 '쇠서나물(꽃상추과에 속하는 월년초)' 같은 특정 분야의 전문용어 등 백과사전에 들어가야 할 명사들이 다수 포함되었다. 그런 어휘는 지금처럼 검색이 자유로운 시대에는 거의 의미가 없어졌으며, 백과사전적 뜻풀이는 사전의 분량만 늘려서 처리를 번거롭게 한다는 비판을 받았다. 국립국어원이 최근에 작업한 '우리말샘'은 100만 어휘를 얘기하는데 이는 이명박 정부 시절의 양적 성장 정책이 아직까지 영향을 미치고 있는 것으로 볼 수 있다. 이후 사전학계에서는 어학사전의 본질에 충실하자는 자성이 있었다. 한국어의 기초 어휘를 선정해 그것들을 더욱 엄밀하게 기술하자, 옛 문학작품에서 건져내지 못한 고유의 입말을 살려내자 등등 새로운 방향이 제시되었다. 이런 비판과 자성의 목소리가 이미 충분히 쌓였으니, 이후 새로운 한국어사전의 방향을 결정하는 데 큰 도움이 될 것이다.

정 표제어 등재와 관련해서 좀 더 질문을 드릴게요. 학자의 입장에서는 등재 여부가 우리말이냐 아니냐를 판단하는 기준이 되잖아요. 예전에는 자리가 없어서 못 넣기도 했으니 사전에 없다고 꼭 한국어가 아니라고 할 수는 없었겠지만, 물리적인 제약이 사라진 지금은 사전에 들어가면 곧 한국어가 되는 거니까요. 그런데 포털에서는 검색되느냐 안 되느냐가 핵심 문제거든요. 그게 한국어인지 아닌지 하는 고민은 포털에게는 사치입니다. 한국어든 아니든 검색하면 나와줘야 해요. 나와야 한다는 게 절대적이죠. 이순신, 세종대왕 같은 단어도 사람들이 이렇게나 많이 쓰니까 고유명사지만 넣어야 한다고 해서 들어간 거잖아요. 백과사전적 정보의 상당수가 한국어사전에 들어가 있는 게 바로 그런 논리 때문이지요. 하지만 검색의 시대가 되었기 때문에 이런 단어는 이제 한국어사전에는 없어도 됩니다. 백과사전에서 다 검색이 되거든요. 그렇다면 이제 백과사전적 정보는 한국어사전 안에서 존재 의미가 약해지는 것 아닐까요?

도 백과사전적 정보를 한국어사전에서 볼 수 있게 해온 관행은 오래되었지요. 『큰사전』이 16만 어휘가 되면서 이후 국어대사전의 표제어 수가 꾸준하게 늘었어요. 종이사전은 백과사전적 정보를 넣어 양적, 질적으로 크게 성장하면서 전성기를 구가했습니다. 국어사전에 실린 고유명사나 전문용어가 웹 검색으로 충분히 제공되는 오늘날에는 과연 그것이 필요한 정보인가 의문이 들 법합니다. 아주 좋은 질문 같습니다. 이제는 어느 정도 달라져야 한다고는 생각해요. 백과사전적 표제어들이 주는 정보의 양이 이용자가 요구하는 것보다 과도하게 많아요. 다음이나 네이버사전에서 '이순신'을 치면 어마어마한 양의 정보가 쏟아지니까요. 내가 필요한 내용이 어디 있는지 찾는 게 더 어렵습니다.
그런 면에서 이렇게 생각해볼 수도 있어요. 한국어사전의 '이순신' 항목은 아주 간단명료합니다. 보통 우리가 알고자 하는 정보가 쉽고 간략하게, 또 순서에 맞게 기술되어 있어요. 바로 이 점이 한국어사전에 백과사전적 항목이 존재해야 할 이유가 아닐까요? 한국어사전과 백과사전은 기술 방식도 다르고 정보의 양도 다릅니다. 더 흥미로운 점은 이용자가 둘이 다르다는 걸 안다는 겁니다. 내가 궁금해하는 이순신을 찾으려면 한국어사전을 검색해야 하는지, 백과사전을 검색해야 하는지요. 그래서 굳이 없앨 필요가 없습니다. 기본적으로 목표가 다르다는 거죠. 표제어를 내용 설명이 아니라 언어라는 맥락에서 풀이하는 것은 한국어사전만이 할 수 있라도 그의 몸짓을 보노라면 그가 타고난 무용가임을 알 수 있다. (유의)춤꾼①.
무용건¹[+無+用件][--껀] 명 볼일이 없음.
무용건²[+無用+件][--껀] 명 쓸데가 없는 물건.
무용계[+舞踊-界][무:--] 명 춤을 잘 추거나 춤을 전문적으로 연구하는 사람들의 영역이나 사회. ¶정희의 첫 공연은 무용계의 큰 관심을 끌었다. / 그는 무용계에서는 잘 알려진 뛰어난 무용가이다.
무용곡[+舞踊+曲][무:--] 명「음악」 무용을 할 때에 연주하는 악곡. (유의)무곡²(舞曲), 무도곡(舞蹈曲), 춤곡(-曲).
무용과[+舞踊+科] 명 대학에서, 무용을 연구하는 학과. ¶승희는 이번 입시에서 무용과를 지원했다. / 어제 만난 그 사람은 우리 대학의 무용과 교수다. / 1963년에는 국내 최초로 무용과가 생기면서 신무용은 새로운 도약의 계기를 맞게 된다.
무용극[+舞踊+劇][무:--] 명「연극」 춤을 주로 하여 구성된 연극. ¶이번 달에 새로운 창작 무용극이 무대에 올려진다. (유의)무극²(舞劇), 춤극(-劇).
무용단[+舞踊-團][무:--] 명 무용을 공동으로 연구하거나 발표하기 위해 춤을 추는 사람들로 이루어진 단체. ¶시립 무용단의 공연이 다음주에 있다. / 이번 대회에서는 10개의 무용단이 경합을 벌였다. / 그녀는 국내에서 처음으로 재즈 무용단을 창단했다.
무용담[+武勇-談][무:--] 명 싸움에서 용감하게 활약하여 군사상의 공적을 세운 이야기. ¶그 도둑 잡
무용지물(無用之物) 명 쓸모가 없는 사람이나 물건. ¶컴퓨터는 소프트웨어가 없으면 무용지물이다. / 나는 사회에서 무용지물이 되는 것을 면하고자 열심히 노력하였다. (유의)부췌(附贅)②.
무용지용(無用之用) 명 언뜻 쓸모 없는 것으로 보이는 것이 오히려 큰 구실을 함을 이르는 말. 《장자(莊子)》의 <인간세편(人間世篇)>에 나오는 말이다.
무용총[舞踊塚][무:--] 명고유「역사」 **고구려 때의 고분(古墳) 가운데 하나. 만주 지린 성(吉林省) 지안 현(輯安縣) 퉁거우(通溝) 지방에 있는 것으로 1940년에 발견되었다. 광개토 대왕릉비(廣開土大王陵碑)의 북서쪽 1킬로미터 남짓한 곳에 위치하며 각저총(角抵塚)과 나란히 있다. 널방 벽에는 남녀 14인이 춤추고 있는 벽화가 있고, 그 밖의 무덤 안에는 생기 넘치는 고구려 사람들의 생활 풍속을 그린 벽화가 있다.**
무용하다¹[+舞踊-하_다][무:---] (어형)<무용하여/무용해, 무용하니> 동자 【(名)이】 (사람이) 음악이나 박자에 맞추어 역동적인 움직임으로 감정과 의지를 표현하는 행위 예술을 하다. ¶아영이는 무용하는 사람답게 몸이 무척 유연하다.
무용하다²[+無用-하_다] (어형)<무용하여/무용해, 무용하니> 형 ❶【(名)이 (名)에/(名)에게】 (어떤 사람이나 사물이 다른 사람이나 사물에) 쓸모가 없다. ¶그 파목을 공부하는 것은 이번 시험에 무용하다. / 우리의 논쟁은 지금의 극한 상황에 무용할 뿐 아니라 오
무우귀영[舞雩歸詠][무:---] 명 무우(武雩)에서 놀고 시를 읊으며 돌아온다는 뜻으로, 자연과 풍류를 즐김을 이르는 말.
무우리 명「민속」 조선 시대, 궁중 무용인 망선문(望仙門)을 출 때 신던 여자 신의 하나. 홍전(紅氈)으로 신울을 만들고 꽃무늬를 수놓았으며, 신코에는 구름무늬를 놓고 상모(象毛)를 달아 아름답게 장식하였다.
무우석[無隅石] 명 모난 데가 없이 둥글둥글하고 쥼지막한 돌. (유의)몽우리, 몽우리돌.
무우선 명<방언> '무말랭이'의 방언(평북).
무우수[無憂樹] 명「불교」 석가가 그 아래에서 도를 깨달았다는 나무. 석가의 어머니가 이 나무 아래서 석가를 안산(安産)하여 근심할 것이 없었다는 데서 유래한 말이다. (유의)무우화수(無憂華樹). (유의)각수⁴(覺樹), 보리수¹(@菩提樹)①, 불수²(佛樹), 사유수²(思惟樹), 용화수(龍華樹)③.
무우시래기 명 ☞무시래기.
무우제[舞雩祭][무:--] 명「역사」 예전에, 가뭄이 들었을 때 나라나 민간에서 비가 오기를 기원하여 지내는 제사를 이르던 말. (유의)기우제(祈雨祭), 한제²(旱祭).
무우주론[+無+宇宙-論] 명「철학」 실제로 존재하는 사물이나 세계의 실재성은 인정하지 않고 이들을 절대자의 가상(假像)에 지나지 않는다고 보는 이론. 신만이 실재하며 우주 및 세계는 실재하지 않는다는

1980년대 중반 이후 현실감있는 소재를 담은 무용극이 늘어나면서 신무용풍의 무용극은 퇴조하는 추세이다. 이는 극무용·소극장춤·민족춤·민중춤 등이 출현하여 춤 소재와 양식이 다변화되는 현상을 반영한 결과이다.→ 극무용, 신무용 (金采賢)

무용기록법 舞踊記錄法 dance notation 춤 동작을 문자나 기호로 표기한 것. 춤 동작을 기록하려는 시도 가운데 지금까지 남아 있는 가장 오래된 것은 스페인 세르베라 시(市) 공문서 보관소에서 발견된 15세기 후반의 것으로 문자 기호의 형태를 갖고 있었다. 또한 오스트리아의 마르가레테 도서관에서 발견된 15세기 후반의 2개의 문서 《무용의 기초 Livre des basses danses》(1460경)·《훌륭한 무용수의 기술과 가르침 L'Art et instruction de bien danser》(1488경)에서는 무용을 기록하는 데 단어 약자가 사용되고 있다. 무용을 기록하는 방법은 점차 정교해졌는데, 특히 《무용 표기법 Orchésographie》(투아노 아르보, 1588)·《안무법, 또는 무용 표기법 Chorégraphie, ou l'art de décrire la danse》(라울 푀이예, 1700)·《속기 무용 표기법 La Sténochorégraphie》(아르튀르 생 레옹, 1852)은 그중에서도 뛰어난 예이다. 1892년 러시아의 블라디미르 스테파노프가 특별한 보표를 이용하여 리듬을 표기함으로써 무용 기록법 분야에서 커다란 진전을 이룩했다. 그러나 당시에는 기본적인 리듬만을 표기할 수 있었고 무용 스텝은 기록되지 못했다.

헝가리의 루돌프 라반은 《무용 기록법 Choreographie》(1926)과 《동작 기록법 Kinetographie》(1928)을 출판하여, 지금도 널리 쓰이고 있는 라바노테이션*의 기초를 체계화했다. 마거릿 모리스도 역시 이무렵에 독자적인 이론을 개발하고 《동작 기록법 Notation of Movement》(1928)이라는 책을 출판했는데, 모리스와 라반의 이론이 나올 때까지는 모든 표기가 무용의 스텝에만 국한되어 있었다. 그런데 마침내 모든 유형의 동작을 표기할 수 있는 방법이 개발된 것이다. 이것은 특히 무용 치료법 분야에 큰 도움을 주었다. 이 분야에서 라반의 이론은 '노력-모형'(Effort-Shape) 체계의 토대가 되었다. 라바노테이션은 또한 동작과 리듬을 동시에 정확히 표기할 수 있는 최초의 수단이었다. 라반 표기법은 몸의 왼쪽과 오른쪽 및 중심부를 나타내는 3개의 수직선 속에 배열된 기호체계를 바탕으로 하며, 음악의 보표와 대응되었다.

모리스의 표기법은 무용 스텝뿐만 아니라 일반적인 동작을 표기하는 수단으로 라바노테이션에 못지 않게 유용했으나 리듬과 동작을 따로 표시하는 것이 커다란 결점이었다. 나름대로의 장점을 가진 또다른 표기법은 1950년대 중반 루돌프 베네시와 조앤 베네시가 창안한 베네시 표기법이다. 베네시 표기법의 근거지는 런던에 있는 무용표기법연구소(1962)이며, 주로 로열 발레단이 이 표기법을 사용한다. 베네시 표기법은 라바노테이션보다 사용하기가 간편하지만, 동작과 리듬을 표기하는 데 한계가 있다는 비판을 받는다.

라바노테이션은 점점 더 널리 쓰이고 있는데 이는 원래 라반의 방법을 더욱 발전시키기 위해 1940년 뉴욕 시에 설립된 무용 기록법 사무국의 활약에 기인한 것이다. 많은 무용들이 후대를 위해 무용 기록법을 통해 보존되어 왔지만, 춤 동작을 기록하는 과정은 여전히 느리고 번거롭다. 무용 기록법을 컴퓨터로 통제되는 영상 단말기와 결합시키는 체계를 만들어 효율성을 높이려는 노력이 오늘날 이루어지고 있는데, 특히 컬럼비아대학교에서 이런 연구가 활발히 진행되고 있다. 르네상스 시대부터 오늘에 이르는 표기 이론의 역사를 다룬 책으로 앤 허친슨 게스트의 《무용 표기법: 동작을 종이에 기록하는 과정 Dance Notation: The Process of Recording Movement on Paper》(1984)이 있다.

무용모음곡 舞踊——曲 dance suite 춤곡 악장으로 구성된 편곡.→ 모음곡

무용연습장 舞踊練習場 Le Foger de la Danse 프랑스의 화가 E. 드가(1834~1917)의 1873년 작품. 그는 풍경보다는 일상생활, 특히 무희들의 생활에 관심을 두고 그림을 그렸다. 인상파 화가들이 색채의 변화에 관심을 둔 반면, 드가는 묘사대상의 다양한 모습에 집중해서 연습장에서 여러 자세로 발레를 연습하는 광경을 묘사하고 있다. 무희들의 옷과 광선의 투사, 실내의 조명 등이 고전적인 분위기를 자아낸다. 워싱턴에 있는 코코런 갤러리에 소장되어 있다.

무용총 舞踊塚 **중국 지린 성(吉林省) 지안 현(輯安縣) 여산(如山) 남쪽 기슭에 있는 고구려 벽화고분의 하나. 무덤의 외형과 내부구조 등은 나란히 붙어 있는 각저총과 같다. 무덤의 봉토는 방대형이며 묘실의 방향은 서남향이다. 널길(羨道)·앞방(前室)·널방(玄室)으로 이루어진 두방무덤이며, 앞방 천장은 궁륭식**

무용총 수렵도. 사슴과 호랑이를 사냥하는 모습. 《조선유적유물도감》에서

이고 널방 천장은 평행8각굄식이다. 앞방의 너비는 3.3m, 길이 0.9m이며 널방의 너비와 길이는 3.2m로 정4각형이다. 널방 서편 바닥에는 4장의 판석으로 이루어진 널받침이 놓여 있다. 묘실의 벽과 천장에 백회를 바르고 그 위에 인물풍속을 주제로 한 그림을 그렸다. 벽화색채의 주조는 황색과 갈색 등 난색계통이다. 앞방과 널방의 각벽 구석과 벽 상단에는 기둥과 들보, 소슬을 그려 묘실이 목조가옥인 듯한 느낌이 들게 했다. 앞방 남동벽에는 각저총에서와 같은 도식적인 형태의 나무를 그렸고 북동벽에는 지붕 위에 연봉오리가 장식된 가옥을 묘사했다. 서북벽에는 머리에 절풍(折風)을 쓰고 고구려식의 점무늬 바지·저고리를 입은 두 남자를 그렸으며 서남벽에는 벽에 걸린 2개의 말안장을 묘사했다. 동북벽에는 탁자를 사이에 두고 마주앉은 두 인물을 나타냈는데, 이 가운데 오른쪽 인물은 머리에 방건(方巾)을 썼다.

널방의 서북벽에는 화면 오른쪽 2/3 지점에 있는 커다란 나무를 경계로 하여 그 왼편에는 수렵도를, 오른편에는 2대의 우차(牛車)와 차부를 그렸다. 그리고 도안화된 산악과 나무들 사이로 새깃털장식관(鳥羽飾冠)과 검은 두건을 쓴 기마 인물들이 사슴과 호랑이를 사냥하는 모습을 그린 수렵도는, 표현의 고졸성에도 불구하고 시원스런 공간배치와 생동감있는 필치로 인하여 고구려 고분벽화 초기의 대표작으로 알려진 그림이다. 널방 입구인 서남벽 좌우에는 각각 나무가 1그루씩 그려져 있다. 널방 동남벽에는 묘실주인으로 보이는 기마인물을 중심으로 그 오른편에는 주인의 출타를 노래와 춤으로 전송하는 가무대(歌舞隊)를 묘사했고, 왼편에는 널방 동북벽을 향하여 음식을 나르는 여인들을 그렸다. 널방 안벽에 해당하는 동북벽에는 묘주인이 승려복장을 한 2명의 인물과 대화를 나누는 장면이 묘사되었다. 동북벽 하단에는 묘주인의 호위무사인 듯한 인물 7명이 같은 간격으로 배치되었는데, 얼굴만 남고 나머지는 떨어져나갔다. 널방 천장부의 벽화는 보존상태가 양호하며 내용이 비교적 풍부하다.

널방벽과 잇닿는 평행굄 제1단에는 삼각화염무늬가 잇달아 그려졌으며 제2단에는 하늘로 떠오르는 연봉오리와 연꽃이 교대로 묘사되었다. 제3단에는 각종 상서동물과 선인(仙人)이 그려졌다. 동북측에는 역사(力士) 2명이 태견류의 무술을 겨루는 모습이 그려졌고 서북측에는 청룡과 나무, 평상에 각기 앉은 두 인물이 묘사되었다. 두 인물 가운데 오른쪽의 인물은 반가좌의 자세로 평상에 걸터앉아 무엇인가를 종이에 쓰고 있으며 왼편의 인물은 평상에 앉은 채로 비스듬히 몸을 뒤로 제끼고 있다. 동남측에는 혀를 길게 내밀고 오른쪽을 향하여 달려가는 백호와 거문고를 타는 두 인물이 그려져 있다. 두 인물의 소매와 바지끝은 좌우로 갈라졌고 그 끝이 뾰족하고 날카롭다. 서남측의 한가운데에는 닭을 연상시키는 주작 1쌍이 마주보며 서 있다. 5단에 이르는 8각굄부에는 일상(日像)·월상(月像)을 비롯한 각종 별자리와 비천(飛天)·주악천(奏樂天)·상서동물들이 자리잡고 있으며 이들 사이로 평행굄 제2단에 그려진 것과 같은 연꽃과 하늘을 상징하는 구름이 점점이 그려져 있다. 일상은 붉은 원 안의 검은 삼족오(三足烏)로, 월상은 노란 원 안의 두꺼비로 표현되었다. 별자리 사이의 연꽃은 평행굄 제2단의 연꽃과 같이 갈고리형 꽃받침과 받침줄기를 지니고 있으며 꽃잎끝이 뾰족하고 꽃술과 잎맥이 측면에서도 투시되고 있다.

무용총은 두방무덤이나 앞방이 퇴화되는 단계에 이르고 있으며 인물풍속 위주의 벽화 중에 4신(神)의 일부가 나타나는 점, 불교의 화생(化生) 관념을 반영하는 표현의 출현 등으로 보아 5세기 전반에 축조된 고분으로 추정된다.

무우주론 無宇宙論 acosmism 신(神)은 유일하고 궁극적인 실재이며 유한한 대상과 사건은 결코 독립적으로 존재하지 않는다는 철학적 견해. 무우주론은 만물이 신이라는 믿음인 범신론과 같은 것으로 여겨져왔다. 이 말은 G. W. F. 헤겔이 베네딕트 데 스피노자를 변호하기 위해 만들었는데, 스피노자는 신의 바깥에 존재하는 창조된 세계에 관한 전통 견해를 거부하기 위해 무신론을 주장한다고 비난받고 있었다. 이에 대해 헤겔은 범신론자는 모든 것이 신이라고 주장하는 반면 무신론자는 신을 완전히 배제하고 신 없는 세계를 유일한 실재로 보기 때문에 스피노자는 결코 무신론자가 아니라고 주장했다. 더욱이 스피노자의 우주는 신의 일부이기 때문에 이 우주는 우리 눈에 보이는 것

『고려대한국어대사전』(▲)과 『브리태니커』(▼)의 '무용총' 항목 비교.

으니까요. 이전에는 사전들끼리 항목 수, 표제어 수 늘리기 경쟁을 했고, 또 국어대사전 하나로 이용자의 여러 가지 요구를 다 만족시켜야 했기 때문에 백과사전적 항목들이 순기능을 했다고 봅니다. 전문용어사전의 상당수는 기본 의미 풀이를 한국어사전에서 인용하는 경우가 많아요. 쉽게 풀어쓰는 것은 상당한 훈련이 필요하니까요. 그건 어학사전이 해줘야 되는 일이죠. 백과사전과 어학사전은 독자를 어느 정도까지 이해시켜야 하는지 목표가 다른 거죠. 저희 사전도 개나 고양이, 감나무, 장미 같은 말에 대해 어떤 정보를 얼마나, 어떻게 주느냐를 놓고 참 많이 고민했어요. 초기 집필 지침에서는 먼저 뜻풀이를 해주고, 그다음에 전문적인 정보를 넣는 것으로 정했어요. 그런데 뜻풀이가 너무 어려웠던 거죠. 고빈도 어휘인 개나 고양이 등의 표제어를 받아들고 어떻게 풀이를 해야 하나 다들 끙끙 앓았어요. 기존의 대사전에 있는 것처럼 갯과에 속하는 포유류, 이런 식으로는 안 하려고 안간힘을 썼던 거지요. 초기에 제작한 시범 사전에는 일반적 의미와 전문적 의미가 나란히 제시되어 있어요. 그러나 10만 개, 20만 개로 표제어 목록이 늘어날수록 그 많은 전문용어를 일반적 의미로 풀이하는 게 보통 일이 아니었어요. 특히 전문용어의 의미와 용법을 충분히 이해하지 못한 상태에서 쉬운 말로 풀이하다 보면 표제어의 본질을 잘못 기술할 수도 있다는 문제를 인식하게 되었고요. 일상적 용법이 강한 것은 그대로 두자는 의견, 그에 대한 기준을 정하기 어려우므로 통일해야 한다는 의견 등이 오랫동안 대립하다가 눈물을 머금고 포기했지요.

정 갯과가 설명에 나오는 순간 의미가 사라지죠.

도 네, 맞아요. 『연세한국어사전』에서 개, 장미 등을 풀이해놓은 걸 보고 무릎을 쳤어요. 예를 들어 개는 '사람을 잘 따라서 귀염을 받고 냄새를 잘 맡고 귀가 매우 밝아 도둑을 쫓거나 사냥을 도우며, 멍멍 하고 짖는 집짐승', 그리고 장미는 '길게 벋는 줄기에 가시가 있고 5월이나 6월에 빨강, 하양, 분홍, 노랑 등 갖가지 빛깔의 향기로운 꽃이 피는 덤불나무, 또는 그 꽃'이라고 했더라고요. 저희가 두 가지 풀이에서 갈등하다가 포기하기 전에 『연세한국어사전』이 나와서 참고를 했다면, 아마 힘을 내서 끝까지 해내려고 하지 않았을까 싶어요. 당시 저희에게는 그만큼 집필할 역량이 없었던 거죠. 그때 정말 엄청 칭찬했어요. "와, 이 사람들 뜻풀이 정말 멋지다" 하고요. 얼마나 어려운 일인지 알기 때문에. 이후로 연세는 계속해서 발전해나갔던 것 같아요. 『연세초등국어사전』도 그렇고, 연세대 연구팀이 주축이 되어 만든 『외국인을 위한 한국어 학습사전』이나 '한국어기초사전http://krdict.korean.go.kr'을 봐도 점점 더 간결하면서도 정확하게, 또 세련되게 뜻풀이를 해냈어요.

사전의 뜻풀이에서 특히 주의해야 할 것 두 가지가 있다. 첫째는 어려운 단어로 풀이하지 않는다. 어려운 단어는 쉬운 단어로, 쉬운 단어는 더욱 쉬운 단어로 풀어주는 것이 기본이다. 쉬운 단어를 어려운 단어로 풀어주면 독자가 이해할 수 없기 때문에 사전이 의미를 잃는다. 문제는 쉬운 단어를 더 쉬운 단어로 설명하는 일이 매우 어렵다는 것이다. 『옥스퍼드 학습자 영어사전』(OALD)에서는 기초어휘 3000개를 정해 그것보다 어려운 단어를 사용할 경우 별도의 표시를 해놓았다. 이렇게 뜻풀이에 사용할 단어를 정해놓는 과정을 어휘 통제라고 부른다. 두 번째로 주의해야 할 점은 순환 풀이를 하지 않는다는 것. 스님을 '절에서 수행하는 사람'으로 풀이하고, 절을 '스님이 수행하는 공간'이라고 풀이하면 어떤 것도 알 수 없는 사전이 되고 만다. 이렇게 서로를 참조하면서 뱅글뱅글 돌게 하는 것이 순환 풀이다.

뜻풀이를 어디까지 쪼갤 것인가

정 제가 한국어사전을 보면서 느꼈던 불편함은 뜻풀이가 지나칠 정도로 세밀하게 나뉘어 있다는 거예요. 선생님은 논문에서 '단의單義'라는 표현을 쓰셨더라고요. 저는 과연 사람들이 이런 세밀한 구분에 동의할지 회의적입니다. 좀 과하지 않나요? 구체적으로 말하자면 이런 겁니다. 『고려대한국어대사전』의 '잡다' 항목을 보면 10번 의미는 '얻거나 벌거나 하여 가지다'(한몫 잡다/한밑천 잡았다), 13번 의미는 '이용할 수 있도록 알아차리다'(기회를 잡다/행운을 잡다)이거든요. 누군가가 '큰 거 하나 잡았지'라고 말했을 때 그게 10번 의미인지, 13번 의미인지 과연 명확하게 구분할 수 있을까요? 저는 그럴 수 없다고 생각해요. 그런 구분은 보편적이지 않다고 보는 것이지요.

도 사전에 나와 있는 다의多義가 개인의 눈으로 보면 불필요하게 세세하다고 느낄 수 있어요. 개인은 그 모든 의미를 실제로 다 사용하지 않을 수도 있고, 아예 모를 수도 있으니까요. 하지만 언중은 달라요. 모어 화자가 사용하는 의미는 그만큼 다양하고 복잡한 거지요. 저는 언중이 쓰는 다양한 의미를 그나마 잘 정리한 게 사전이라고 생각하거든요. 의미와 용례를 한데 모아놓고 보면 구분해야 할 이유가 충분하다 싶어요. 너무 박하게 처리되어 있어 보완해야겠다 싶은 부분을 자주 발견해요. 물론 과거에만 주로 쓰였다거나 이미 사라졌을 법한 의미가 실려 있기도 하지만, 그건 제 개인의 직관과 경험일 가능성이 높아요. 우리 시대의 누군가는 그 의미를 알고 있고 글 속에, 말 속에 살아 있을 가능성이 아주 높아요. 사전 편찬자는 스스로를 언중의 대표로 보고 다의를 구분했을 거라고 믿어요. 기존의 사전을 참고하고 현재의 자료도 살펴서 그대로 받아들이기도 하고, 더 쪼개기도 하고, 어떤 경우에는 합치기도 했을 거라 생각해요.

정 저는 사전 편찬자들이 그 합치는 행동을 좀 부담스러워 하지 않았나 하는 의심을 좀 하는 편입니다.

도 그건 장담하기 어려워요. 지금도 합쳐야 한다는 판단이 서면 하나로 정리하는 표제어가 종종 있거든요. 편찬자들도 자신의 위치에서 최선을 다해 다의어를 살피지 않았을까요? 자신의 직관과 동료를 통한 확인, 그리고 전거를 찾으면서 기존의 것을 그대로 수용하기도 하고, 추가하기도 하고, 합치기도 했겠지요. 요즘엔 활용할 자료가 더 많아져서 합치는 것을 두려워하지는 않을 것 같아요. 다의로 구분해놓은 단어의 역사적 변화 과정을 꼼꼼하게 들여다보면 합치는 것이 더 적절하다고 판단할 수도 있지요. '가다'의 뜻풀이가 어마어마하게 많잖아요. 너무 많아서 문제가 아니라, 그만큼 우리 언중이 '가다'를 다양하게 쓰고 있다는 뜻으로 받아들일 수도 있잖아요. 단어가 갖가지 색깔로 쓰인다는 것은 매력적이지 않나요?

정 이런 거죠. '약을 먹다'와 '음식을 먹다'를 얼마나 다르게 처리할 수 있느냐, 그리고 '돈을 먹다'처럼 비유적으로 쓰일 때도 있는데 그건 또 어떻게 구분해줄 것이냐. 어떤 사람에게는 이것들이 다 같은 범주일 수도 있고, 또 어떤 사람에게는 이건 비유고 저건 비유가 아닐 수도 있다는 겁니다. 저는 과도한 구분이 그 어휘에 대한 총체적인 접근을 방해한다는 느낌을 좀 받거든요.

도 동의합니다. 과도하게 구분된 단어 중에는 또 다른 범주로 묶어서 바라봐야 할 것들도 있는데 이전에 구분해놓은 걸 무비판적으로 그대로 수용하기도 해요. 다의 중에서 비슷한 의미는 묶어서 제시하는 것도 고려해야겠지요. 공통으로 갖는 기본 의미를 축으로 해서 변이 의미 간의 관계도를 그려주는 사전도 가능하겠고요. 다의를 일렬로 나열하는 방식 때문에 각 의미 간에 연관성이 없어 보이지만, 실제로는 엄청 고민해서 기본 의미에서 주변 의미로 나아가는 과정을 보여주려 노력한 거예요. 저희는 다의를 배열할 때 기본 의미를 제일 앞에 두지 않고, 빈도순으로 제시해서 더 기준이 없어 보일 수 있겠네요. 어쨌든 다의 구분이 총체적으로 잘못된 거라곤 생각하지 않아요. 다만 같은 부류의 표제어는 동일한 기준으로 다의를 배열해야 하는데, 그렇지 못한 부분이 저희 사전에도 많습니다. 숙제로 받아들일게요.

정 아무래도 얼마나 세세하게 잘 구분하느냐가 연구의 심화 정도를 나타내는 거니까, 연구자들은 항상 좀 더 구분하려는 경향이 있는 것 같아요. 서구 학문의 본질적인 방향이 그렇기도 하고요. 합쳤을 때 욕을 먹느니 일일이 구분해놓은 채 두자 하는 마음도 있겠고요. 저는 그런 면에서 사전이 참 보수적이라고 생각해요. 제가 웹사전을 하면서 느끼는 건 사람들이 점점 더 긴 글을 안 본다는 겁니다. DB는 제한이 없으니까 용량은 무한대가 됐지만, 한 화면에서 보여줄 수 있는 내용은 오히려 옛날보다 적어졌죠. 이제는 어떻게 하면 그 작은 화면 안에서 중요한 것 위주로 잘 보여줄 수 있느냐가 문제가 된 거예요. 앞단에서 보여줄 사전과 좀 더 뒷단에서 보여줄 사전의 구분이 점점 필요해지고 있어요. 사전학계에서 종종 언급되는 기본어휘사전 같은 건 제 생각에 사전 만드는 사람들을 위한 사전, 언어학에 관심 있는 사람들을 위한 사전입니다. 그런 사전이라면 사실 얼마든지 상세하게 의미를 쪼개놓아도 아무 문제가 없지요. 하지만 웹사전은 일종의 대중매체거든요. 누가 봐도 확연히 구분되는 의미 몇 가지로 굵직굵직하게 정리해서 보여주는 게 좋지요. 그런 지점에서 연구용 사전과 일반용 사전이 구분되지 않나 싶습니다. 학습사전과 대사전의 구분이라고 봐도 되겠고요. 사전은 좀 선명한 맛이 있어야, 그러니까 1번 의미, 2번 의미, 3번 의미를 차례로 읽어가는 동안 내용이 분명하게 달라지는 느낌이 있어야 할 텐데, 지금의 사전은 그런 산뜻한 맛을 주지 못하고 있는 게 아닌가 생각합니다.

도 사실 과도하다고까지 말할 수는 없지만, 어쨌든 구분을 하다 보니 굉장히 많은 다의 번호가 나오는 건 사실이에요. 일반인들은 이렇게 세세하게 알 필요가 있는 단어인가 하는 생각이 들 법도 해요. 그런데 그런 기초 어휘나 특수 어휘를 찾아 읽는 사람이라면 외국인이든 연구자든 혹은 일반인이든 우리말에 대해 수준 높은 관심을 가진 이들이니 더욱이나 그런 정보가 필요하지 않을까요?

또 저희 사전처럼 빈도 높은 의미를 앞에 배치한 사전이라면, 중요한 의미가 앞에 나오니까 학습자들은 사실 몇 개만 살펴봐도 웬만큼 다 해결되거든요.

'한국어기초사전'이나 저희가 만들고 있는 학습사전은 뜻풀이를 대폭 줄였어요. 여러 선택지가 있으니까 대사전은 대사전 나름의 존재 이유를 고민하지 않으면 안 될 것 같아요. 어학사전을 만드는 사람은 가장 정확한 기준을 가지고 다의 구분을 해야겠지요. 단어의 특성상 많을 수도 있고, 적을 수도 있고요. 그것을 과도하게 조정하는 것은 사전 편찬자의 책무가 아니지 않을까요? 풍부한 다의가 있다면 그건 우리말의 특징이니 기술해야 하는 것이죠. 종이사전 시대에는 종이책 안에 그 많은 걸 다 넣어야 하니 뜻풀이를 최대한 합쳐야 했지만, 지금은 그런 한계가 없어졌으니 고민의 여지가 없어요. 다른 의미와 변별이 된다면 그대로 기술하는 게 마땅한 일이지요. 언어가 경제성을 갖는다지만, 날로 새롭게 쓰입니다. 의미가 늘어나는 건 당연지사라고 생각해요. 다만, 사전을 담는 매체가 요렇게 조그맣게 변해서 그 안에 많은 내용을 담아야 하니까 고민이 되긴 합니다만, 그것은 웹사전 편집자의 고민인 거잖아요. 그래서 정철 선생님은 고민이 많으시겠죠. 소수의 웹사전 편집자가 그 고민을 다 할 수는 없으니까 가능하면 같이 고민할 수 있는 자리가 필요할 것 같아요. 앞으로 화면은 이것보다 더 작아질 수도 있고, 더 커질 수도 있고 알 수가 없으니 어떻게 보면 이건 굉장히 현재적인 고민이지 않나 싶어요.

정 맞아요. 사전 집필하는 사람들이 웹사전 형태까지 고민하기는 어렵죠.

도 네, 지금으로서는 난제인 것 같아요. 당장은 그 고민을 해결해야겠지만, 장기적으로는 그 고민이 얼마나 지속될지조차 알 수 없는 시대가 아닌가 싶어요. 옛날에는 매체가 책밖에 없었으니까 얼마나 편해요. 책만 생각하면 되니까 다른 고민을 할 필요가 없었죠. 지금은 한 치 앞이 어떻게 변할지 모르잖아요. 선생님이 말씀하셨던 것처럼 사실 다의 단위로 처리할 수밖에 없는 이유는 기계적인 처리를 위해서는 변별되는 언어적 특징을 쪼개야 하기 때문이에요. 하지만 최근 연구자들의 성과를 보면 다의 중에서도 묶어야 하는 것들이 있어서 판단이 쉽지 않습니다.

정 아마 컴퓨터를 활용한 형태 분석 프로그램은 지금 사람이 세밀하게 나누는 것보다 훨씬 거칠게 나눌 거예요. '형태 분석기'라는 이름부터가 형태 위주로 혹은 형태만을 고려한다는 뜻이거든요. 어근이 무엇일지 판단해 나누는 것이 첫 번째일 것이고, 이후 어떤 어휘와 연어連語를 이루는가, 혹은 공기共起 관계인가 정도를 살펴보니 더 세밀하게 조정하는 것은 어려워요. 컴퓨터는 단순한 기계이고 형태 위주로 접근할 수밖에 없기 때문에 한동안은 그 수준에 머물러 있을 거라 생각합니다. 저는 그간의 성과물 중에서 울산대에서 만든 형태 분석기인 유태거UTagger(http://nlplab.ulsan.ac.kr/doku.php?id=utagger)의 성능이 좋아서 놀랐어요. 야, 그래도 여기까지는 왔구나 하면서 감탄했지요.

도 한국어사전을 최대치로 활용한 좋은 사례죠. 사실은 한국어사전이 기대만큼의 사회적 역할을 못 하고 있는 것 아닌가 생각했는데, 알고 보니 여기저기에서 활용하고 있더라고요.

정 사전은 언어를 다루는 영역이다 보니 약간 특이한 모순에 빠지기도 하는 것 같아요. 저는 사전 만들고 언어학 공부하는 사람들이 용어를 통일하지 못하는 게 정말 부끄러워요. 자가당착이잖아요, 이건.

도 용어를 통일하는 문제는, 이게 마치 기술과학처럼 볼트 가져와 했는데 너트 가져가서 문제가 되는 그런 영역이 아니기 때문에 해결하기 어려운 것 같아요. 그리고 자기가 선택하는 표현이 자신의 이론과 개념에 가장 적합하다고 주장하는 면도 있고요. 상이한 용어라고 해서 이해나 소통이 안 되는 것도 아니니까요. 말뭉치 corpus만 해도 고려대에서는 말모둠, 연세대에서는 말뭉치라고 했거든요. 사실 따지고 보면 말뭉치의 특징이 '뭉치'는 아니거든요. 뭉치는 정돈이 안 된 것이고, 모둠은 정리가 된 것이에요. 그래서 우리는 말모둠이 더 적합하다고 생각했지만, 실제로는 말뭉치가 더 널리 쓰이게 되었지요. 어쩌면 그런 생산과 경쟁, 소통 자체가 학문하는 과정에서 하나의 즐거움이기도 합니다. 다양한 번역어를 생산해내는 것도 의미 있는 일이고요. 다만, 교육을 위해서는 용어를 통일할 필요가 있지요. 학문 분야마다 차이가 있는 것 같아요.

정 인문학에는 분명 그런 면이 있지만, 저는 A는 말뭉치라고 쓰고 B는 말모둠이라고 쓰니까 나는 그냥 영어로 코퍼스라고 하겠다, 이런 식의 답변이 정말 싫습니다. 그런 얘기 듣는 게 싫어요. 어느 쪽도 일관성 있게 사용하지 못하니 그런 말 하는 사람들에게 명분을 주는 것 같기도 하고요. 게다가 미국으로 유학 가는 사람이 계속 늘어나는 상황이라 점점 더 많은 용어가 미국 영어로 대체되고 있거든요. 저는 그런 상황을 보면 어딘가 침식당한다는 느낌이 굉장히 심하게 들어요. 특히 국립국어원에서 외래어 인명, 지명의 한글 표기를 정하면서 자꾸 언중과는 괴리된 이상한 선택을 하잖아요. 새너제이(산호세)나 리어나도 디캐프리오(레오나르도 디카프리오) 같은 것들이요. 저는 그런 결정이 표준이라는 이름으로 제 눈과 귀를 침투할 때 불쾌함을 느껴요. 저 표준이라는 것이 내 머릿속에 있는 개념을 솎아내고 새로운 개념을 주입하려 하는구나 하는 느낌이에요. 제가 잘못 알고 있는 걸 교정해주는 것이라면야 거부감이 들지 않지요. 그게 아니라 영어의 제국주의적인 힘이 저에게 폭력으로 닿는 것이라 전 그게 싫더라고요.

도 일면 동의합니다. 언제나 힘센 쪽의 논리가 법이 되고 규제가 되니까요. 그래서 보통은 약한 자를 보호하는 법이나 관용, 윤리가 있는 거지요. 말씀대로 언어에는 그게 부족한 것 같아요. 힘이 약한 쪽을 지원하는 정책이나 문화가 말이죠. 언어는 늘 달라집니다. 사회가 변하니까 언어도 달라져왔어요. 특히 신조어나 전문용어에 그런 면이 가장 두드러지지요. 최근에 학계에서 화학용어를 독일어에서 영어로 바꾸었다고 해요. 그래서 『표준국어대사전』도 바꾸었고, 저희도 일관되게 다 고쳤거든요. 사전 만드는 사람은 그 바뀌는 과정을 상세히 기술해야 한다고 생각합니다. 바뀐 연유, 시기, 근거 같은 것들을 정리하는 게 사전 하는 사람의 책무가 아닐까 싶어요. 선생님께서 말씀하신 국어 정책과 관련된 문제는 다양한 논리와 이견을 놓고 토론을 해야 한다고 생각해요.
다른 한편으로는 이런 생각도 해요. 변하는 건 언어의 한 측면이기도 하고, 모든 인간사의 일면이기도 하잖아요. 언제든 또 달라질 수 있는 거죠. 지금은 영어가 힘을 쓰지만, 예전엔 중국어와 한문밖에 없었잖아요. 마찬가지 아닌가요? 언제나 힘센 쪽의 논리를 따라가는 거죠. 늘 똑같은 거라 이젠 약간 초탈했다고나 할까요. 속상해하고 아쉬워하고 해봐야 어차피 또 달라질 거니까요. 언젠가 우리 힘이 더 세지면 우리말, 우리 것 위주로 바뀌겠지 하는 희망으로 이제 일희일비하지 않게 됐어요. 힘이 세다고 모든 게 또 그대로 다 되는 것은 아니니까 동요하지 않고 우리말의 다양한 면모를 빠짐없이 체계적으로 기록해야겠다, 그런 생각이 들어요.

용어의 표준화는 학계든 업계든 한 분야가 근대화하는 과정에서 필수적인 작업이다. 우리는 용어를 이용해 의사소통을 하는데 용어에 일관성이 없으면 그 의사소통은 시작하기도 전에 실패할 수밖에 없다. 일본식 용어를 없애려는 노력은 제법 성공했지만, 한자어를 고유어로 바꿔보려는 시도는 실패에 가깝다. 그런데 그 한자어의 상당수가 일본에서 만들어진 조어이니 일본어의 잔재는 끈질기게 전문용어의 세계에 남아 있다고 할 수 있다. 학술용어는 학계의 주류가 바뀌면서 종종 표기가 달라지곤 하는데, 그 자체를 막을 수는 없다 하더라도 해당 학계가 특정 시점에서 지향하는 표기는 있어야 한다고 생각한다. 그리고 그 표기와 다른 표기를 사용할 경우에는 타당한 이유가 있어야 한다. 그러나 대부분의 학회는 그런 표준화 과정을 거치지 않았고, 각 번역자가 자기 나름대로 전문용어를 번역해서 사용하는 경우가 다반사이다. 나는 용어의 표준화를 다루는 사전학계에서조차 자신들의 용어를 표준화하지 못했다는 것이 언제나 희비극처럼 느껴진다.

대사전은 무엇을 해야 하는가

『고려대한국어대사전』은 말뭉치에 기초해 만든 최초의 대사전이고, 『겨레말큰사전』은 남북한 통일 시대를 준비하는 대사전이며, '우리말샘'은 일반인이 참여해서 만드는 한국어대사전이라는 의미를 각기 가지고 있다. 앞으로의 한국어대사전은 무엇을 어떻게 담아내야 할까? '우리말샘'은 이명박 정부의 유산이다. 국가경쟁력위원회에서 300만 어휘 사전 구축이라는 무리한 요구를 해왔고, 국립국어원에서는 『표준국어대사전』을 한국어 사용자의 참여를 받아들이는 형태로 확대 개편해 2016년 10월 9일 '우리말샘'으로 공개했다. 우리말샘은 불특정 다수의 참여 유도와 국가 주도형 사전이라는 모순된 과제를 안고 있다. 불특정 다수는 오남용을 하기 마련인데 국가는 그것을 제어하기엔 너무 딱딱한 주체다.

정 그나저나 한국어대사전은 앞으로 뭘 더 해야 할까요?

도 참 어려운 숙제입니다. 우선 그동안 40만, 50만 개의 어휘를 기술해왔는데 여전히 오류가 있고, 부족한 게 많거든요. 저희가 DB를, 즉 말뭉치를 구축해서 사전을 편찬했지만, 그 당시에도 저희가 활용한 DB에 한계가 있어서 일부 표제어는 용례를 확인하지 못했어요. 지금은 모두 용례를 확인할 수 있게 되었죠. 더 많은 사전과 더 많은 자원에 접근할 수 있고, 또 웹을 통해서도 검색할 수 있지요. 그래서 지금까지 기술된 걸 다시 살펴서 무엇이 부족하고, 또 무엇이 누락됐는지 정리한 다음 더 정밀하고 정확하게 수정·보완하는 일을 해야죠. 신어를 대폭 추가하거나 하는 일은 하지 않으려고 해요. 국립국어원의 '우리말샘'을 표제어 수에서는 따라갈 수가 없거든요.

정 따라갈 필요도 없고요.

도 하하, 네. '우리말샘'은 국민과 함께 만드는 사전이라 목적과 목표가 다르지요. 우린 '우리말샘'이나 『표준국어대사전』이 하기 어려운 부류, 넣기 어려운 정보를 중심으로 나아가야 하지 않나 싶어요. 그중 하나가 지금은 쓰이지 않아 사어가 되어가는 말들, 어디서 왔는지 알기 어려운 유령어들을 정비하는 일이지요. 이게 함부로 뺄 수가 없는 게 지금은 안 쓰여도 이전엔 쓰였던 것들이 있으니까요. 또 누군가에 의해 언제 다시 살아나서 쓰일지도 알 수 없고요. 그렇다면 저희 일은 이런 어휘가 언제, 어떻게 사전에 들어와서 어떤 식으로 쓰이다가 현재 어떠한 처지에 이르게 되었는지, 어떤 지점에서 왜곡 혹은 굴절되었는지를 추적해서 기록하는 것이죠. 버리지 않고 그대로 두는 게 현재의 상황이에요. 지금은 웹을 통해서 서비스하니까 이들 어휘의 로그 정보(사람들이 검색창에 입력하는 검색어의 형태와 시간 정보)나 빈도 등을 지속적으로 확인해서 근거 자료로 삼을 수도 있고요.

그런 것들을 사전의 특성에 맞게 정밀하게 보완해야 하니까 사실 할 일은 무척 많아요. 사전을 업그레이드할 때 반영하려고 그간 정리해온 오류나 수정 요청 항목을 대대적으로 처리하고 있어요. 처음부터 계속 미진한 상태로 있던 표제어들도 있고, 중간에 수정하면서 원칙에서 살짝 어긋난 부분도 있고, 전에는 문제가 되지 않았는데 지금은 이슈가 되는 항목들도 눈에 보여요. 우리가 종이책으로 전면 개정판을 낼 순 없지만 고빈도의 주요 표제어부터 하나하나 보완하고 계속 갈고 닦아야 한다는 건 분명해요. 제가 『표준국어대사전』 심의회에 가서 표준의 문제 항목을 검토하는데요, 동일한 문제가 저희 사전에도 똑같이 있어요. 항상 하나하나 살펴보면서 확인하죠.

정 사전을 개정하려면 어떤 오류나 문제가 있는지 찾아내야 하잖아요. 그런데 그것을 체계적으로 수행할 방법론이 현재로서는 마땅히 없지 않나요?

도 맞아요. 그렇기 때문에 우연히 눈에 띈 것들을 분석해서 단순한 문제인지, 그와 관련된 유사한 문제가 여러 표제어에 걸쳐 있는지를 판단하는 일이 중요합니다. 해당 표제어만의 문제라면 간단히 고치면 되는데요, 그게 아니라 해당 부류의 표제어 모두에 적용되는 문제일 수도 있고 동일한 미시 항목을 가진 표제어 모두에 관련된 문제일 수도 있어요. 그런 판단력을 가진 연구원을 키우는 일이 중요해요. 또한 세부 지침을 잘 정리해서 후임 연구원이 봐도 문제를 파악할 수 있도록 하는 것도 중요하고요. 지금은 한 가지 유형의 문제를 발견하면 해당 표제어만 고치는 게 아니라 동일 계열을 함께 검토하는 걸 원칙으로 하고 있어요. 그래서 하나를 고치는 데 시간이 오래 걸리는 거죠. 무엇보다 편집 이력을 남겨야 하니까요. 왜 이런 문제가 발생했고, 어떤 근거로 수정한다는 과정을 모두 기록하게 되어 있어요.

말씀하신 것처럼 사전을 개정해야 한다면 개정을 위한 방법론을 따로 개발해야 할 것 같아요. 표제어부터 미시 항목 모두에 걸쳐서요. 그동안 향후 개정 작업 때 반영해야 할 문제들을 상당수 정리해놓기도 했어요. 우리가 만들었으니 무엇이 문제인지 우리가 가장 잘 알고 있거든요. 예를 들어 발음 정보가 그렇지요. 대사전 참여 연구원 중에 음운론이나 음성학 전공자가 없었어요. 음성학 박사 수료 연구원이 수년 전에 들어왔지요. 저희 사전에 발음 정보가 특별한 게 없다고 평가하더라고요. 규범적인 정보 그 이상도 이하도 아닌, 한마디로 별 특징이 없다고요. 그분이 표준 발음 이외에 현실 발음 정보를 넣어야 한다는 의견을 꾸준히 제기해주었지요. 다 같이 협의한 결과 현실 발음을 추가하기로 해서 저희가 편찬 작업 중인 한국어 학습사전에는 현실 발음을 넣었어요. 스스로 알고 있는 부분에 정리해둔 내용까지 더해 개정 작업 때 부족한 부분을 채워가야겠지요.

정 『외국인을 위한 한국어 학습사전』에는 명사가 조사와 결합할 때 연음화가 어떻게 되는지까지도 적혀 있잖아요. 예를 들어 '시각時刻'이라는 표제어에 발음 정보인 [시각]뿐만 아니라 그 활용 형태인 '시각이[시가기], 시각도[시각또], 시각만[시강만]'까지 다 제시되어 있더라고요.

도 표준 발음법에 몇 개 조항으로 간단히 제시되어 있기는 한데, 부족하지요. 내국인은 설명하지 않아도 자연스럽게 발음하지만 외국인은 그렇지 못하거든요. 특히 명사가 조사와 결합할 때 그리고 용언이 어미와 결합할 때 소리가 바뀌지요. 용언은 형태도 바뀌고요. 규칙적인 것들도 있고 불규칙한 것들도 있어서 외국인을 위한 사전에서는 이를 친절하게 보여주려고 했어요. 저희 대사전은 내국인을 위한 사전이라 곡용 및 활용의 형태나 그 발음을 제시하는 데 그리 신경을 쓰지 못했어요. 현재 편찬 중인 중국인을 위한 한국어 학습사전에서는 이 부분을 보강했어요. 앞으로는 대사전에도 반영할 예정입니다. 지금은 '데리고' 같은 용언 활용형 표제어(현재 대부분의 사전에는 실제로는 거의 쓰이지 않는 '데리다'라는 기본형만 표제어로 올라가 있다)를 대사전에도 넣고 있고, 음성 녹음도 하려고요.

정 선생님 말씀은 표기를 그대로 읽는 걸로는 부족하다, 발음을 학습해야 한다는 거죠?

도 정확한 발음은 사실 한국인도 어려워하잖아요. 표기를 눈으로 보고 소리 영상으로 인식하는 게 어려운 일이라 표준 발음으로 녹음을 해야겠다 싶은 거죠. 일단 새로 만드는 학습사전은 종이책으로 찍으니까 한글로 표기해두긴 했는데 나중에는 표준 음성을 녹음해서 소리 정보도 주는 것으로 방향을 잡고 있어요. 이미 작업한 것도 상당량 있고요. 빨리 추가해서 다음사전 쪽에 드리고 싶어요. 드리면 얼른 반영해주세요. 학습자들에겐 발음 정보가 굉장히 중요하거든요. 특히 외국인 학습자들에게는 절대적으로 필요하지요.

정 아하하, 개선하겠습니다.

언어의 변화를 포착하는 것은 매우 중요하면서도 어려운 일이다. 이럴 때 IT의 도움을 받을 수 있다. 예를 들어 도서 본문의 디지털 데이터를 기초로 한 '구글 엔그램 뷰어https://books.google.com/ngrams'를 이용하면 어휘의 빈도수가 어떻게 달라지는지 시간에 따른 추이를 살펴볼 수 있다. 특정 어휘의 빈도수 변화가 일반적인 것들과 다르다면 그 원인을 찾아볼 수 있다. 구글은 영어 위주로 작업을 했기 때문에 한국어에서도 유사한 작업이 필요하다. 이는 일종의

역사 말뭉치 역할을 한다. 구글처럼 도서 DB를 구축하기가 어렵다면 책만큼 폭넓은 시기를 아우르지는 못하지만 우선 웹문서만으로 작업을 시작해볼 수도 있다. 비슷한 맥락에서 접근할 수 있는 정보로 검색엔진에 들어오는 검색어 목록을 들 수 있다. 사람들이 많이 검색하는 단어는 현재의 이슈를 담고 있는 것이므로 갑자기 전과 다른 빈도 추이를 보이는 검색어가 있다면, 그 단어에 뭔가 사연이 생긴 것이다. 그 사연을 추적해서 사전에 기술할 수 있다.

정 앞서 어휘의 역사에 대한 이야기가 잠깐 나왔는데, 그걸 기록하려면 역사 말뭉치가 필요하죠? 역사 말뭉치를 구축하는 일, 이거야말로 진짜 국가밖에 못 하는 거잖아요.

도 현재 연구원 원장으로 계신 이형대 선생님께서 말씀하셨어요. 민족문화연구원이 예전에 고전국역사업을 했던 역사와 전통이 중한사전으로 이어져 해외에 한국학을 알리는 계기를 마련했고, 이후 한국어대사전이 그 중요한 역사를 이어나갔다고요. 그래서 앞으로도 국학, 한국학을 지원하는 인프라로서의 역할을 할 수 있는 사전을 기획해야 한다고요. 그런 점에서 역사사전 편찬 사업을 준비해야 하지 않나 싶어요. 앞에서도 잠깐 언급했는데, 저희는 민족문화와 관련된 어려운 사업을 기획하고 추진하고 마무리해야 한다는 남다른 사명감이 있어요. 우리는 남들이 하기 어려운 대사업을 해야 한다, 작은 일은 다른 곳에서 해도 된다는 생각이요.

그렇게 봤을 때 아직 시도하지 못하고 있는 사전이 바로 우리말 통시사전이거든요. 통시사전을 하려면 일단 공시사전이 다 정리되어 있어야 하는데, 아직은 시대별 공시사전이 다 갖춰지지 않은 상태입니다. 규모가 크진 않지만 훈민정음이 창제된 무렵인 15세기와 16세기를 다룬 고어사전이 있어요. 17세기 국어사전도 나왔고요. 이제 18세기, 19세기 사전이 나와야 할 때입니다. 더 거슬러 올라가서 고려어사전도 필요하지요. 남아 있는 사료로 재구성해서 고려어의 정체를 밝혀 정리해야 하고, 그다음에는 삼국시대의 언어까지 재구성할 수 있다면 최대한 해봐야지요. 당시 우리말 어휘는 얼마나 되었을까, 당대 발음은 무엇이었을까 등등. 한자로 기록된 것들이 남아 있기 때문에 그것을 정리해서 사전 형식으로 기술해내는 겁니다.

국어사 자료에 남아 있는 어휘들을 분석하고 한문으로 기록된 우리말을 찾아내야겠지요. 그런 것들이 시대별로 쌓여야 훈민정음 이전과 이후의 어휘사가 기술될 수 있고, 이를 정리한 통시사전이 가능해져요. 그런 일을 국가가 해줘야 할 텐데요. 특히 그런 기초 자원을 체계적으로 활용할 수 있도록 시스템을 구축해주면 좋겠어요. 저희 연구원은 19세기 사전부터 해보면 좋겠다고 생각해요. 왜냐면 19세기 언어 자료들은 그래도 전자화해서 가지고 있는 게 많거든요. 저희 대사전이 21세기 초에 나오긴 했지만, 담고 있는 건 대부분 20세기 언어라고 볼 수 있어요. 20세기 사전을 만들었던 경험과 가능한 자원을 모두 모아 19세기부터 조금씩 올라가고 싶어요. 이제는 사전도 사전이지만, 가용 자원을 공유하는 일도 함께 이루어지면 좋겠다는 생각이 들어요. 이게 다 재원의 문제고, 또 큰 사업인 만큼 많은 인력이 필요한데 저희 학교에 국어사 연구자가 몇 분 안 계세요. 그러니까 연구자들이 연대를 해야 해요. 쉬운 일이 아닙니다.

한국어대사전이 어떤 방향으로 나아가야 할지는 말하기 어렵지만, 적어도 역사

사전이 가장 시급한 부분 중 하나인 것은 분명하다. 한국어사전에 어원 정보가 부족하다는 얘기를 종종 듣는데, 이 문제도 역사사전 작업을 하지 않으면 근본적으로 해결할 수 없다.

정 한국어사전이야 고려대나 국립국어원 쪽에서 해결해주지만, 영어는 요즘 포털 내부에서 처리하는 경우도 많거든요. 신어는 어느 수준까지 표제어로 올릴 것인가 같은 고민이 이제 포털의 일이 된 거죠. 어지간한 것은 다 넣자고 정해도 여전히 문제는 남아요. '어지간하지 않은' 후보들이 있어서 어지간한 것의 경계를 설정하는 게 어렵거든요. 네이버 영어사전은 표제어 늘리기에 맛을 들였는지 535만 표제어 돌파 이벤트 같은 것도 했는데, 솔직히 좀 어이없는 일이지요. 세계 최대의 영어사전이라는 『옥스퍼드 영어사전』이 고작 60만 표제어이니까요. 네이버 영어사전은 중복 허용뿐만 아니라 숙어라 할 수 없는 숙어 등이 마구잡이로 표제어에 들어간 상태입니다. 그건 좀 문제가 있다 싶어서 다음 영어사전은 신어를 차근차근 추가하고 있는데, 어쨌거나 이런 게 들어가도 되나 싶은 표제어 후보들이 꽤 많습니다. 또 하나는 속담처럼 변종이 많은 것들이에요. 지칭하는 것은 분명히 하나지만 지역마다 다르게 쓰거나 조사가 달라지거나 하는 변종이 한가득 있어서 어떤 것을 표제형으로 정할지가 고민되는 경우입니다. 확실히 예전에 비해 물리적 한계가 사라져서 이제는 넣으려고 마음만 먹으면 넣을 수 있지만, 그렇게 넣다 보니 과연 어떤 기준으로 어떻게 넣을지 그 방식이 고민되네요. 이 문제에 대해 의견 부탁드립니다.

도 지금 말씀하신 것 중의 상당수는 전문 분야에서 쓰이는 외래어일 텐데요, 해당 분야에서 잠깐 쓰일 유행어가 아니라면 대부분 새로운 구체적 사물이나 이론, 현상을 나타내는 용어일 터입니다. 이런 건 전문용어로 들어갈 수 있을 것 같아요. 일반어로 넣는 것이라면 좀 더 보수적인 입장이 되지요. 네이버 영어사전이 표제어를 무한정 추가하는 건 검색에 성공할 수 있도록 중복을 허용하는 게 아닌가 싶어요. 영어를 전공한 사전학자들도 표제어 수를 세는 방식에 문제가 있다고 하시더라고요.

속담과 관용구는 말씀대로 변이형이 굉장히 많아요. 사전에서는 한정된 형태로 고정하여 표제어로 삼고, 교체되거나 생략되는 것을 간략하게 보여주는 방식을 선호해왔지요. 하지만 속담은 오랜 문화를 반영하는 것이라 주된 단어가 교체되기도 하고, 어순이 바뀐 경우도 많고, 지역색이 들어가 방언형이 개입하기도 합니다. 예를 들자면 이런 거죠. '호랑이 없는 골에 토끼가 왕 노릇 한다', '범 없는 골에 토끼가 스승이라', '사자 없는 산에 토끼가 왕(대장) 노릇 한다', '호랑이 없는 동산에 토끼가 선생 노릇 한다', '혼자 사는 동네 면장이 구장' 등등. 대대로 이어져 내려온 우리 선조의 표현력을 보여주는 것이기도 하고, 현시점에서는 그것을 받아들인 언중의 표현 욕구가 반영된 것입니다. 대표형을 살려서 표제어로 넣더라도 다양한 변이형까지도 참조할 수 있는 방향으로 가야 한다고 봐요. 관용구도 마찬가지이고요. 특히 새로 생겨나서 생명력을 확장해가는 관용적인 표현도 사전에 넣어야 합니다. '황금알을 낳는 거위'라는 표현 있잖아요. 실제 용례를 보면 오리, 닭, 새 등 많아요. 서양 동화에서 넘어온 표현인데, 우리 언중이 다양하게 변주한 것이지요. '황금알을 낳다'로도 줄여 쓰고 그냥 '황금알'이라는 명사만으로 그 의미를 표현하기도 하지요. '잠수를 타다'라는 표현

아시죠? 한동안 쓰이다 말 유행어인 줄 알았는데, 지금도 널리 쓰이고 있잖아요. 그래서 저희 사전에 실었어요. 특히 관용구는 구어성이 강하다 보니 속된 어감이 있어요. 하지만 언중의 생생한 언어 표현을 충실히 담아야 한다는 게 저희 사전실의 분위기라 그런 표현을 실을 수 있었지요. 『표준국어대사전』은 보수적이고 규범적이다 보니 하기 어려운 부분이지요.

정 하하, 『표준국어대사전』이 못하는 걸 하자 이거군요. 저도 회사에서 자주 하는 얘기거든요. 네이버가 안 하는 걸 하자. 그들과 다른 것을 해야 승산이 있지, 같은 것을 하면서 물량을 적게 쓰면 당연히 승산이 없다. 이게 평소 제 입장입니다. 다음으로 향후 대사전이 어떤 방향으로 나아가야 하는가에 대해 좀 더 여쭤볼게요. 이제 한국에서 새로운 대사전이라면 『겨레말큰사전』이 유일할 텐데, 그 밖에 새로운 동력이 있을까요? 나온다 하더라도 그게 의미가 있을까요? 저는 좀 감이 안 잡히네요.

도 일단 『겨레말큰사전』은 북한말을 우리말과 거의 대등하게 수용하고 있기 때문에 그 자체로 의미가 있는 것 같아요. 통일 시대에 실제로 쓸 수 있을지 없을지를 떠나서 현시점에서 상호 확인하여 합의한 내용만 기술하기 때문에 그것만으로도 가치 있는 사전입니다. 그리고 연세대가 준비하고 있는 표제어 20만 개 규모의 『연세현대한국어대사전』(가칭)도 기대되고요. 사실 책으로 언제 나올지는 모르는 일입니다만, 그 사전의 지향과 목표는 아주 뚜렷하죠. 현재 일부만 홈페이지에서 서비스하고 있는데, 『연세한국어사전』과도 다른 점이 있어서 기대하고 있어요. 앞에서 선생님께서 다의 구분이 이해되지 않는다고 하셨잖아요. 『연세현대한국어대사전』은 말뭉치에서 의미가 확인되는 경우만 구분해서 제시했기 때문에 훨씬 직관에 가깝고 정확하면서도 풍부하게 채워지지 않을까 해요. 아마 그 사전이 완성되면 한국어사전의 의미 기술이 훨씬 더 세밀하고 깊어질 거라 예상합니다. 완전히 새로운 사전을 기대할 순 없겠지만 앞에 나온 사전보다는 더 좋은 사전이 나올 거라 전망하고요. 연세대 사전은 새로 나올 때마다 조금씩 내용에 깊이가 생겼거든요. 이제 표제어 숫자로 경쟁할 때는 아니고, 표제어 대 표제어로 얼마나 체계적으로 정확하고 풍부하게 기술하는가를 겨루는 거잖아요.

그런 점에서 사전의 모든 부분을 다 완벽하게 만드는 건 불가능한 것 같아요. 다른 사전보다 한 걸음 더 나아간 사전이라면, 저는 칭찬하고 지지해야 한다고 생각해요. 이젠 어느 팀도 완벽한 사전은 못 내요. 그런 사전을 만들 수 있다고 장담하는 사람은 정말 사전을 모르고 하는 말이 아닌가 해요. 다들 앞선 사전보다 조금씩 나은 사전을 내놓자는 생각으로 하는 거죠. 한발 한발 앞으로 나아가는 징검다리에서 돌 하나를 더 놓는 일을 하고 있다고 생각해요. 앞선 분들이 놓은 돌다리에 더 튼튼한 돌 하나를 놓았다 싶은, 그런 일을 계속했으면 하지요.

저희 고려대가 복합어의 형태소 분석을 했고, 겨레말도 지금 형태소 분석을 하고 있어요. 처음에는 무척 어려운 일이었는데, 겨레말은 저희 사전을 자료로 삼아 조금 더 수월하게 작업을 하지 않을까 싶어요. 저희는 이제 제대로 된 형태소 사전을 만들자는 계획을 세웠어요. 형태소별로 아이디를 부여하고 빈도도 세고 복합어 형성 여부를 낱낱이 밝혀, 형태소와 관련된 모든 단어를 정리해서 묶어놓은 사전인 거죠. 기존 사전에서 못했던 부분을 새로 해보자는 얘기는 아이디어 차원에서는 한도 끝도 없습니다. 다만 현재 우리가 어디까지 할 수 있느냐가 문제인데요, 당연히 어려움이 있지요. 한정된 인원으로 앞날을 계획하는 것이요. 그래도 지금 저희 사전실 연구원이나 조교들이 엄청 똑똑하고 일을 잘해요. 이런 친구들을 열심히 지원해서 이전에 하기 어려웠던 작업들을 좀 더 진행하고 싶어요.

정 저도 많이 살펴본 것은 아니지만 일본의 사전들은 개성이 뚜렷한 것 같아요. 특히 산세이도의 『신메이카이국어사전新明解国語辞典』은 뜻풀이가 참신하더라고요. 일본 국어사전의 대명사라 불리는 『고지엔広辞苑』과는 꽤 차이가 있습니다. '연애'라는 항목을 비교해볼까요. 『신메이카이국어사전』 5판에는 이렇게 나옵니다. "어떤 이성에게 특별한 애정을 품어, 기분이 좋아져서 둘만 함께 있고 싶고 정신적으로 일체감을 느낄 뿐 아니라 가능하면 육체적인 일체감을 느끼고 싶어하지만, 그것이 언제나 이루어지는 것은 아니라 안타까워하다가 어쩌다 잘 풀렸을 때는 좋아하곤 하는 상태." 『고지엔』 6판에서는 이렇게 정의하고 있고요. "(love의 번역어) 남녀가 서로 상대를 사모하는 일 또는 그런 감정." 이러한 차별화가 반드시 필요하다고는 할 수 없겠지만, 사람들이 직접 체감하는 부분은 문법적인 내용보다는 뜻풀이니까요. 이런 종류의 개성을 미래의 한국어사전이 지향해볼 수 있을까요?

도 네, 맞아요. 『고지엔』의 풀이는 일반적인 언어사전과 크게 다르지 않은 것 같아요. 반면에 『신메이카이국어사전』의 풀이는 연애라는 감정 상태의 추이를 상세하게 풀어주고 있지요. 충분히 수긍이 가고 매력적인 풀이예요. 하지만 이런 풀이가 절대 다수의 사람이 공통적으로 생각하는 핵심 의미라고 하기는 어려울 것 같아요. 주변 의미가 섞여 있다고 생각합니다. 역으로 이런 풀이를 주고 어떤 단어의 뜻인 것 같은지 물었을 때, '연애'를 떠올리기 어려울 수도 있어요. 그러니 장단이 있는 것 같습니다.

무엇이 사전을 만드는가

> 사전은 돈이 만든다. 워낙 인원도 많이 필요하고, 시간도 오래 걸리기 때문에 그것을 버티게 하는 힘은 결국 돈이다. 그래서 사전을 얘기할 때는 항상 돈 얘기를 해야 하며, 어떻게 지속적인 재원을 유지할 것인가를 고민해야 한다. 다시 말해서 사전 편찬은 결코 순수한 학문적 작업이 아니다. 사전을 학문적으로만 접근하다가 출간 자체가 어려워진 예를 우리는 역사에서 쉽게 찾을 수 있다.
>
> 하지만 돈만으로 만들 수 없는 것이 또한 사전이다. 여러 사람이 한 방향을 바라보고 있을 때 가능한 일이며, 다른 이들이 지쳐 나가떨어질 때도 누군가는 지속적으로 그들을 붙잡으려 노력해야 한다. 설령 붙잡지 못한다 할지라도 일의 연속성을 유지하기 위해 대체 인력을 지속적으로 확보해야 한다. 그런 집단적 저술이기 때문에 사전에는 저자나 편자의 이름이 들어가지 않는 경우도 많다. 종종 저자나 편자가 사전을 만들다가 죽는 일도 있어 참여자 명단에 '고 아무개 선생'이라고 쓰여 있는 경우도 볼 수 있다. 사람은 가도 남아야 하는 게 사전이다.

정 『고려대한국어대사전』이 나오기까지 20년 가까이 걸렸다고 알고 있는데, 그렇다면 지금까지 들어간 인력과 비용을 대략이

나마 추산해본다면 어느 정도일까요?

도 앞에서 언급했듯이 1992년에 선생님들께서 말뭉치 언어학 세미나를 하시면서 데이터베이스 기반의 어학사전을 만들자고 중지를 모으셨고요, 1993년 11월에 언어정보연구소를 세우고 국어사전편찬실과 전자텍스트실을 열면서 정식으로 시작되었다고 할 수 있어요. 종이사전 출판이 2009년 10월이니까 만 17년이 걸렸네요. 참여한 인원도 어마어마하지요. 제가 사전실에 첫발을 들였을 때는 간사를 맡고 계셨던 강영 선생님과 경기대 교수로 가 있는 제 동기 차재은, 그리고 저 이렇게 셋뿐이었어요. 점점 인원이 늘어나서 막바지 작업을 할 때는 연구원과 조교를 통틀어 40~50명이 함께했던 것 같아요. 전 기간에 동원된 인력을 다 합쳐보면 편찬 위원, 집필 위원, 감수 위원 등 150여 명의 교수님들이 참여하셨고, 연구원은 약 90명, 전일 근무를 했던 편수원이 12명이었지요. 연구 보조원 116명이 집필, 교열, 교정을 담당했고요. 프로그래머 2명, 종이사전 편집에 2명의 전문가가 참여했어요. 사업비는 초기부터 책 출판까지 약 75억이 들었다고 합니다.

정 20년 가까이 한 우물을 파게 해준 것을 보면 학교에서도 꽤나 의지를 갖고 있었다는 거네요. 돈이라는 게 사실 언제 끊길지 알 수 없는 거잖아요. 누군가가 낙하산으로 위에 떨어지면 그동안의 맥락을 모른 채 지원을 끊어버릴 수도 있는 거니까요.

도 네, 당시 원장님께서는 돈 되는 일을 하는 건 중요하지 않다고 늘 말씀하셨어요. 남들이 안 하고 못 하고 돈이 드는 일을 우리가 해야 한다고 하셨지요. 사전 작업을 거의 운명처럼 받아들이셨던 것 같아요. 민족문화연구소를 연구원으로 키운 홍일식 선생님은 중국이 세계 역사에서 엄청난 힘을 발휘할 나라라는 걸 꿰뚫어 보셨던 것 같아요. 우리가 중국과 학문적 교류뿐만 아니라 경제적, 정치적 교류를 하지 않으면 향후에 우리 힘을 충분히 발휘할 수 없다, 그러니 중국과 관련된 무엇인가가 필요하다고 늘 강조하셨어요. 고려대에 중어중문학과가 있었기 때문에 중국학 연구를 지속적으로 해나가면서, 동시에 교류의 물꼬를 트기 위해 좋은 사전을 만들어야 한다는 판단으로 사전 편찬을 시작하셨다고 해요. 당시 박물관에 중한사전실을 마련하고 고려대뿐만 아니라 주요 대학의 중국어 전공 선생님을 모아서 팀을 꾸리셨어요. 교열과 감수는 중국의 북경대, 연변대, 인민대, 사회과학원, 중앙민족번역국 등 그간 인연을 맺었던 중국의 전문가들이 담당하도록 하셨답니다. 당시는 중국 본토와 수교하기 전이어서 중국에 한 번 가려면 갖은 애를 다 쓰셨대요. 한번은 태권도 국가대표 자문 자격으로 가셨다는 일화도 있고요.

한국어사전 편찬 사업을 주도한 김흥규 선생님은 한국어사전을 만드는 것이 우리 민족문화의 유지와 발전을 위해 반드시 해야만 하는 일이라고 강조하셨습니다. 특히 우리말 자료의 전산화에 관심을 두고 언어정보연구소에 국어사전편찬실과 함께 전자텍스트실을 두셨지요. 하지만 일개 연구소가 장대한 편찬 사업을 독자적으로 이끌어 가는 건 쉬운 일이 아니었습니다. 재원을 마련하기가 어려워서 여러 선생님이 프로젝트를 따오셨지요. 우리는 그 프로젝트를 수행하면서 사전 만들기를 병행했어요. 홍종선 선생님과 한문학과의 윤재민 선생님, 최호철 선생님 모두 사전실 일에 늘 앞장서주셨어요. 돌이켜보면 당신들의 연구과 강의, 학과 일로 무척 바쁘셨을 텐데 아침부터 저녁까지 열리는 회의에 참석해서 저희를 가르치고 독려하셨던 걸 보면 대단한 열정이라 생각해요. 매일 출근하다시피 하면서 저희 작업을 체크하고 문제를 해결할 수 있도록 도와주셨죠. 선생님들은 이 큰 사업이 우리의 민족정신이 담긴 언어의 정수를 모으고 기록하고 발전시키는 일이라 생각하고 사명처럼 여기셨던 게 아닌가 싶어요.

정　아, 사명이라고 하시니 저도 어영부영 한 13년 정도 사전 작업을 하고 있는 것 같아요. 선생님은 더 많이 하셨겠지만, 그 사명이라고 하는 게 얼마만큼의 무게인지 어떤 감각인지 저는 잘 모르겠어요. 그러니까 돌이켜보면, 저는 그저 오랫동안 사전에 가장 우선순위를 두고 일을 해왔으니 사명 같기는 한데, 이게 내 사명이다 하고 일한 건 아니거든요. 그보다는 이 중요한 걸 왜 아무도 안 하지 하는 의문이 있었고, 사전 작업을 하고 있을 때가 제일 마음 편하고 보람도 있었기 때문이에요. 그냥 이런 여러 가지 생각과 감정이 뒤섞여서 다른 데로 눈이 안 돌아가고 계속 사전 일을 했던 것 같아요. 그다지 비장한 느낌은 아니었습니다. 그런 면에서 선생님께 사명이란 건 어떤 의미인지 여쭤보고 싶은데요.

도　오랜 세월을 버텨온 마음과 태도를 표현하다 보니 비장한 감이 있지만요, 대부분은 즐거웠어요. 간혹 지루하기도 했고 걱정이 앞서기도 했고, 그래서 또 치열하게 임하기도 했어요. 그런 시간을 여러 연구원과 함께 지나왔지요. 선후배와 동료들이 박사학위를 받으면서 하나둘씩 대학에 임용이 되어 사전실을 떠나게 되었어요. 저도 박사논문을 쓰고 나서 열심히 교원 자리에 지원해야 할 시기가 되었는데 마음이 영 내키지 않더라고요. 사전을 내야 하는데, 끝을 내야 하는데 여기서 멈춰도 될까? 이런 생각이 들 때마다 마음이 무척 불편했지요. 이 일을 갈무리하지 않은 채 손을 털고 나간다는 것 자체가 심정적으로 싫었던 것 같아요. 그래서 일단 내 손으로 책을 내야겠다고 마음을 확실하게 굳힌 다음에는 별로 고민하지 않았어요. 사전을 출간하는 것이 내가 맡은 소임이라는 생각이 들었던 거죠.

정 역시 저의 평소 지론인 '사전 편찬자는 만들어지는 것이 아니라 태어나는 것이다'라는 생각을 확인시켜주시네요.

도 저희 고모가 저희 과 선배였는데, 부산에서 국어 교사를 하셨어요. 고모가 결혼을 늦게 하셔서 같이 생활하는 기간이 길었는데, 그때 영향을 많이 받은 것 같아요. 집에 책도 많았고, 사전도 많았어요. 기억나는 게 이희승 선생님의 『국어대사전』이랑 민중에서 나온 국어사전이요. 어렸을 때 그걸 보면서 '아, 국문과를 나오면 이런 사전 정도는 만들어야 하는 건가, 혹은 이런 사전을 만들기 위해서는 국문과를 나와야 하는 건가' 하고 막연하게 생각하곤 했어요. 돌이켜보면 신통방통하더라고요. 정말로 어렸을 때 사전을 보며 관심을 가진 것 때문에 내가 이 길에 들어섰나 하는, 말도 안 되는 연관을 지어보기도 했지요. 여러 선생님이 사전을 만들 수밖에 없는 성품의 사람들이 있다는 말씀을 하셨어요. 저도 어느 정도는 그런가 봐요. 사전실에 처음 들어왔을 때도 그랬고, 지금도 사전을 찾아 뜻풀이를 되짚어 보고 더 나은 풀이를 고민하는 순간이 가장 즐겁고 긴장되고 집중도 저절로 된답니다. 그건 어쩔 수 없는 것 같아요.

할 일이 참 많아요. 수업도 해야 하고, 사이사이에 논문과 발표문도 써야 하고, 참여하고 있는 프로젝트도 제대로 해내야 하고, 중한사전실을 비롯해 원내 여러 일에도 관여해야 하고요. 그러느라 한동안 사전을 충분히 깊게 들여다보지 못했어요. 최근에 업무를 정리하고 사전의 업데이트를 위해 수정 결과를 확인하면서 편집 화면을 꼼꼼하게 체크했는데, 그 시간이 너무너무 좋았답니다.

정 아유, 멀미났겠네요. 공력이 정말 많이 들어가는 일입니다. 저는 IT 쪽에 있으니까 항상 그런 힘든 작업을 어떻게 하면 형태 정보만 가지고 손쉽게 할 수 있을까, 오류가 좀 있더라도 쉽고 빠르게 할 방법이 없을까 이런 생각을 합니다. 하지만 그런 작업을 위해 개발자 서너 명을 반년 정도 확보하는 것도 쉽지 않아요. 이런 작업은 해도 티가 나지 않으니까요. 티 나지 않는 일을 하기 위해서 의사 결정자들을 설득하는 일은 정말 어렵습니다. 우리끼리는 사실 설명할 필요도 없잖아요. 그냥 하면 되는 거지. 하지만 저희 회사 같은 포털에 있는 사람들은 저와 세계관이 다른 경우가 많죠. 물론 저도 회사에서 가시적인 성과가 중요하다는 것에는 동의합니다. 그래야 제 월급이 나오니까요.

도 사실 학교에서도 상황은 크게 다르지 않아요. 모두가 같은 마음일 순 없으니까요. 입장과 위치에 따라 견해가 다양하죠. 그런 분들을 설득해서 함께해야 하니까 힘들 때가 많지요. 저도 하다하다 잘 안 되면 마지막에는 "나를 봐서 이것 좀 해주라, 넌 내가 불쌍

하지도 않니?" 이렇게 호소할 때도 있답니다. 학교도 팀마다 서로 다른 연구를 하고 그 사이에서 협력하고 조정할 일들이 있는데, 살아온 이력과 성향이 다르다 보니 사소한 일로도 골이 깊게 파이는 경우가 있어요. 제가 좀 순한 편이니 조정자 역할을 맡기도 하는데요, 이리 뛰고 저리 뛰고 하다가 결국은 사정을 합니다. 그러면 또 취지를 이해하고 긍정적으로 받아주시는 분이 많아요.

정 하하, 역시 설득력이 대단하시네요. 도원영 선생님이 부탁하시면 거절하기 어려울 것 같아요.

도 저의 설득력이 뛰어난 게 아니라, 애를 쓰는 저를 봐주시는 거죠. 오늘도 일이 많아 좀 전에 청심환을 먹었거든요. 이런 제 얘기를 하면 고생이 많다고 하면서 마음을 열어주시죠. 그렇게 마음을 연 다음에는 서로 양보할 지점을 찾아내서 사실은 손해가 그리 크지 않다고, 더 좋은 점이 있다고 간곡하게 요청하는 게 중요하더라고요.

정 정말 최고이십니다.

도 사람과 사람의 관계가 제일 어려워요. 일은 아무것도 아니에요. 그건 내가 하면 되거든요. 사람이 제일 중요해요. 사람의 마음과 심성, 주관이 부딪치는 게 제일 어렵더라고요. 또 다들 진정성이 있어요. 나도 그렇고 나와 대척점에 있는 상대도 진정성이 있어요. 세계관이 달라서 그 진정성의 초점이 잘 안 맞고, 살아온 경험과 거기서 터득한 태도가 다른 거죠. 게다가 다른 사람의 마음을 이해해주는 속도도 다르죠. 그래서 가지가지 문제가 생기는 것 같아요.

정 진정성이 문제를 만드는 일도 참 많더라고요. 양쪽 다 진정성을 조금만 버리면 해결되는 일들이요. 진정성이 너무 넘치면 배타적이 되기도 쉽죠.

도 맞아요. 세상을 왜 이렇게 진지하게 살지 하는 생각도 들어요. 지금 내 앞에 있는 이 일에만 최선을 다하면 되는데 그 앞의 일, 먼 미래의 일 또는 과거의 일까지 참 많이 생각하는 것 같아요. 저는 제 앞에 있는 일조차 벅차서 다른 일에 신경을 쓸 겨를이 없어요. 아주 중요한 다른 일이 있어도 나중의 일이면 일단 접어놓고 한시가 급한 눈앞의 일에 최선을 다해요. 그리고 이 건을 넘기면 다음에 오는 일에 대해서 또 최선을 다하지요. 그래서 줏대가 없는 것 같아요. (웃음) 제가 뵙는 분들 대부분이 어쩜 그렇게 자기 주관과 의견이 분명한지 부러울 때가 많아요. 나는 왜 이렇게 되었나 생각해봤는데, 제가 상대해야 하는 단어들이 수시로 바뀌잖아요. 오늘은 '가다'를 해결해야 하니까 '가다'에 최선을 다하고, 그걸 마무리하면 '먹다'가 눈앞에 있죠. 그러면 저는 또 '먹다'에 최선을 다해요. 그러고 지나가면 또 다 잊어요, 하하.

정 어떻게 줏대 없는 분이 20년 가까이 사전을 하세요. 너무 겸손하신 거 아니에요? (웃음) 그나저나 사전 작업을 하면서 이런저런 사람을 많이 겪으셨을 텐데 특별히 기억나는 사람이 있다면요?

도 저랑 같이 일했던 사람이 200~300명은 되는 것 같은데 여럿이 다 기억나지요. 하나하나 매력 넘치고, 고마운 사람들이니까요. 가장 먼저 떠오르는 인물이 있네요. 대사전 출간 날짜를 확정하고는 마무리할 인원이 계속 늘어났어요. 그러다 보니 작은 방에서 큰 방으로, 더 큰 방으로 이사를 다녔지요. 제가 있는 층의 연구실 4개를 썼고, 지하에 있는 연구실까지 함께 사용한 적도 있어요. 제 옆방에 근무하던 연구원이었는데, 작업 결과가 영 시원찮은 친구였어요. 아무리 가르치고 단속을 해도 분량도 질도 크게 향상이 안 되더라고요. 본디 성품이 싹싹하고 사교적이어서 선배 연구원들에게 인사도 잘하고 방방이 돌아다니며 즐겁게 분위기를 띄우는 친구였는데요, 일을 못하는 게 아니라 안 해서 그럴 거라고 다른 팀 선생님께서 귀띔을 해주시더라고요. 작업 결과물 목록을 뽑아봤더니 정말 일을 거의 안 하고 있었던 거지요. 만회할 기회를 주었는데도 더 나아지지 않아서 휴직을 시켰어요.

연구원들이 개인 사정으로 그만두는 일은 늘 있었지요. 하지만 일을 못해서 내보내는 일은 드물었던 터라 오랫동안 마음이 불편했어요. 돌이켜 생각해보니 제 잘못이 컸더라고요. 그 연구원이 뭘 잘하는지를 제가 파악하지 못했어요. 그 아이가 잘하는 게 있었거든요. 언젠가 조교들의 작업을 관리하고 편찬 지침을 전달하는 교육을 시킨 적이 있는데 굉장히 잘해냈어요. 사교성과 카리스마가 있는 친구여서 그런 쪽의 업무를 분담했으면 방방이 돌아다니며 놀지 않고 일에 재미를 붙였을 텐데 말이죠. 사람은 다 나름의 장점과 쓸모가 있고 잘하는 영역이 있는데 제가 그 장점을 제대로 못 봤던 거죠. 그 연구원을 떠올리면 싱그럽게 웃는 모습과 함께 저의 부족한 리더십을 환기하게 돼요. 아, 이래서 도를 닦는 거구나 했어요. 사전을 만들며 여러 사람과 함께하는 일, 아랫사람을 관리하며 목표를 달성하는 과정 모두가 성장하는 계기가 됐던 것 같아요. 그 과정에서 제가 부족하다는 걸 인정하게 되었죠.

잊을 수 없는 분들은 초창기 사전실 식구들이죠. 최고 빈도 표제어 목록을 받아들고 각자 집필을 한 다음 일주일에 한 번씩 모여 하루 종일 토론하며 보내곤 했어요. 각자 집필한 걸 인쇄해 와서 돌아가며 선생님들과 연구원들의 평가를 받고 질의응답을 했지요. 이런 회의를 몇 년 동안 했어요. 아침 10시에 시작하면 저녁 6~7시까지. 도시락 먹어가면서요. 매번 비판적인 평가를 받았어요. "왜 이렇게 했니, 표현이 부적절해, 비문이야, 근거가 말도 안 돼" 하는 질문과 비판에 대응하면서 제가 부족하다는 걸 받아들여야 했고, 다른 사람이 잘하는 걸 보고 수용해야 했지요. 제가 간사인 터라 지침을 수정 보완해서 제시해야 했는데, 연구원들의 반대 논리와 근거가 막강해서 늘 힘겨웠어요. 다음에는 공격을 덜 받기 위해 열심히 자료를 찾아서 이론적 토대를 쌓으려고 했어요. 말 그대로 수련의 과정이었지요.

사전 출간 작업이 막바지에 이르렀을 때는 가족보다 더 오랜 시간을 함께했어요. 날밤을 새면서 지난하고 힘든 과정을 서로에게 의지하며 버텼지요. 그러다 사전을 완성하고 나니 팀을 정리하는 시점이 되었어요. 일부는 내보내기도 했고, 일부는 미룬 일을 하겠다고 스스로 나가기도 했고요. 제 옆에서 좌청룡 우백호로 사전 일을 함께했던 두 후배 연구원이 있었어요. 둘 다 박사논문을 준비해야 하니 나가고 싶다고 하더라고요. 그 말을 들었을 때 저는 숨을 쉴 수가 없었어요. 그들은 제게 공기와 같은 존재였거든요. '내가 너희 없이 앞으로 어떻게 살아갈까' 싶었어요. 결국 좌청룡을 보내고 나서 우백호에게는 "넌 좀 천천히 나가"라고 부탁했어요. 적응을 해야 하니 여유를 달라고요.

정 저도 말씀하신 정도까지는 아니지만 같이 작업을 하면서 친밀해진 친구들이 있었는데, 그들이 빠져나갈 때 선생님과 비슷한 상실감을 느꼈습니다. 되게 섭섭하고 '아, 이제 무슨 재미로 일할까' 이런 느낌도 좀 있었지요. 제가 선배 사전 편찬자 분들과 얘기하면서 가장 부러웠던 지점이 바로 토론 문화입니다. 몇 년 동안이나 계속 토론하고 서로 비판하면서 같이 지낼 수 있었다는 것. 정말 멋진 시간이잖아요. 저도 사람들한테 꽤나 신랄하고 삐딱하게 말하는 사람인데도 회사 생활을 하면서 점차 말수가 줄어요. 비판을 해봐야 저 사람이 받아들일 것 같지 않다, 나만 욕먹을 것 같다 싶으니 안 하게 되는 겁니다. 하나의 문제에 집중해서 토론할 수 있는 사람들을 만난다는 게 요즘은 쉬운 일이 아닌 것 같아요.

도 보통의 직장은 활발한 토론 문화가 없는 것 같더라고요. 저희 남편도 정치적인 문제건 사회적인 문제건 또는 회사 내부의 문제건 제대로 된 토론이 안 이루어진다고 하더라고요. 그런데 사전 편찬실은 대체로 저희 같은 분위기예요. 연세대도 아마 그랬을 것 같은데요. 사전실 가운데 회의 탁자가 있잖아요. 각자 편집기를 들여다보면서 집필을 하다가 누군가 질문을 하거나 문제를 제기하면, 다들 옳다구나 하면서 돌아앉아 토론을 하는 거죠. 처음엔 둘이 하다가 나중엔 모두 모여 논쟁을 하게 돼요. 한번은 저희 사전 편찬실이 너무 시끄럽다며 아예 전 연구실의 문짝을 떼어내 조용히 근무하도록 한 적이 있어요. 하지만 저희는 토론이 필요했기 때문에 좀처럼 조용해지지 않았지요. 여전히 시끌벅적했어요. 물론 가끔 간식 먹으며 떠들기도 했고요. 결국 다시 문을 달아주시더라고요.

토론이 되려면 쟁점 사항에 대해 토론 분위기를 끌어올리는 인물들이 있어야 하잖아요. 원래는 내 생각이 맞지 않나 동의를 구하려고 문제 제기를 했는데, 항상 거기에 반대 의견을 내는 사람이 있게 마련이죠. 날카로운 언어 직관을 가진 선배, 반증이 될 만한 자료를 꿰고 있는 후배. 정말 이길 수가 없어요. 최선을 다해 재반론을 펼치지만 계속 밀립니다. 퇴근 시간 후에도 자료 찾고 논문 찾고 계속 논리를 강화해나가죠. 저만 아니라 다들 그랬으리라 싶어요. 그런 토론 문화가 대사전이 출간되기 전까지 십수 년 동안 계속되었어요.

정 요즘 인터넷에서 유행하는 단어 중에 '프로 불편러(혹은 프로 불평러)'라는 말이 있어요. 이게 나쁜 뉘앙스거든요. 어떤 사안에 대해 반대하거나 의문을 제기하는 사람들을 그렇게 부르며 불편해하는 거죠. 진지충이라는 말도 있고요. 왜 분위기 깨지게 혼자 진지한 척하느냐는 겁니다. 그런 얘기를 당당하게 해요. 그러니까 더 토론을 안 하게 되는 거죠. 저도 벌써 회사를 10년 이상 다니고 있으니까 제가 문제를 제기하고 불만을 이야기하면 어떤 분위기가 될지 뻔히 예상이 되죠. 그러니까 이젠 그냥 조용히 살자 하는 마음을 자주 먹게 됩니다. 건설적인 토론 같은 걸 언제 해봤나 기억이 잘 안 나요. 그립기도 하고요.

도 저희 사전실 공간이 지금은 독서실처럼 칸막이가 되어 있어서 이전만큼 자유롭게 토론 대형으로 모이기는 어려워졌어요. 그럼에도 불구하고 이건 왜 이럴까요, 이거 이상하지 않나요 하고 앉아서 질문을 던지면 저쪽의 누군가가 답을 해주기도 하고, 또 제가 고개를 빼고 물어보면 누군가가 고개를 빼고 답을 하지요. 가장 연장자인 제가 그런 문화에 익숙하기 때문에 연구원들도 자연스럽게 소통하는 것 같아요. 토의할 사항이 있으면 회의실에 모여서 본격적으로 소통하고요. 독서실 형태의 공간은 진지하고 깊이 있게 토론하기에는 어려운 점이 있어요. 물론 팀마다 특성이 있기는 해요. 연구실 중앙에 회의 탁자가 있어도 소통이 안 되는 팀도 있거든요. 늘 조용한 팀이 있어요. 팀장이나 간사가 분위기를 어떻게 허용하고 만들어가는지에 따라 다른 것 같긴 해요.

지금처럼 사전 만드는 일에 돈이 들어오지 않는 상황에서 여러 사람이 사전편찬실에 모여 종일 토론하며 집필해나가는 과정을 생각하는 것은 너무 낭만적이고 퇴행적인 상상일지도 모른다. 인터넷과 컴퓨터가 있는데 원격 작업을 하지 못할 이유가 없지 않은가. 그래서 언젠가부터 재택 집필자가 많아지고 각자 고독하게 사전을 집필해나가는 문화가 정착했다. 더 이상 교정지를 들고 함께 토론하며 검토하지 않는 것이다. 하지만 만나서 토론하고 논쟁하는 과정 없이 만들어지는 어학사전은 이전만큼의 밀도나 완성도를 갖추기 어렵지 않을까 생각한다. 조금 다른 사례일 수도 있지만, 위키백과wikipedia와 달리 위키사전wiktionary이 별로 성공적이지 못한 이유도 어학적 전문성을 대면 토론 없이 협업만으로 구현해내는 것이 쉽지 않기 때문이 아닐까? 나는 웹 쪽에서 일하고 있긴 하지만 어학사전은 인터넷을 통한 간접적인 연결보다는 가르치고 배우는 교학상장의 공간에서, 직접적인 대면 토론과 협업에서 더 밀도 높은 결과물이 나올 수 있다고 생각한다. 최소한 기본 어휘 5000개나 1만 개 정도라도 반드시

그런 과정을 거쳐야 한다.

정 회사에서 불특정 다수와 토론할 기회가 적었던 또 다른 이유는 저희는 내용을 새로 쓰는 것보다는 있는 내용을 잘 보여주는 게 목표였으니까요. 일을 나눠서 각자 하는 식이었죠. 즉 고민의 종류가 달랐기 때문에 동료애가 쌓이기 어려운 환경이었습니다. 그래서 옛날 분들이 부러울 때가 많아요. 동료애 같은 게 생길 수 있었던 시대, 영화 〈행복한 사전〉에서 묘사하고 있는 '사전의 낭만주의 시대' 말이에요. 물론 부럽기만 한 건 아니죠. 제가 웹사전 콘텐츠를 확보하기 위해 사전 출판사들을 만나고 다닐 때, 이 상태로 놔두면 다 망하고 접을 수밖에 없으니 지금부터라도 빨리 뭔가를 준비하셔야 한다, 다른 형태의 사전을 생각하지 않으면 몇 군데 살아남지 못한다고 말씀을 엄청 많이 드렸는데 어디서도 제 얘기를 귀담아 듣지 않았어요. 그러니까 선배 사전 편찬자들을 보면 저는 양가적인 마음이 있어요. 부럽기도 하지만 어쩜 이렇게 변화의 흐름이 명백한데도 전혀 얘기를 듣지 않으실까 하는……. 좀 짠하기도 하고 안타깝기도 하고, 다른 한편 부럽기도 하고요. 이런 종류의 복합적인 감정이 있습니다.

도 출판사와 학교는 많이 다르죠. 학교는 약간이나마 자구책이 있는데, 출판사는 기업이라 훨씬 더 빨리 사회의 영향을 받았던 것 같아요. 저희가 대학 연구소에서 사전을 만들 수 있었던 건 참 행운이었다고 생각해요. 민족문화연구원 자체가 워낙 훌륭한 선생님들이 탄탄하게 다져놓은 곳이라 수혜도 많이 받았죠. 충분하지는 않았지만 연구비도 꼬박꼬박 받았고, 필요한 시설과 참조 자원도 많았어요. '볕이 잘 드는 기와집'에서 일할 수 있었고요.

정 출판사 돌아다니며 콘텐츠 계약을 할 때 본 출판사의 편찬실 모습이 아직도 기억납니다. 여전히 A3 용지에 출력해서 빨간 펜으로 교정을 보고 있었거든요. 그 장면을 보면서 '아, IT 업체의 실무자인 내가 여기서 데이터를 달라고 해야 하는데 무슨 얘길 어떻게 꺼내야 하나' 하는 생각이 들더라고요. 변화하기가 어려운 곳들이었던 거죠. 진짜 그 장면은 잊을 수가 없네요.

사전 편찬자의 사생활

마지막 질문입니다. 이 인터뷰의 목표 중 하나가 사전 편찬자의 개인성을 드러내는 것이거든요. 사전 말고 평소에 좋아하시는 것은 무엇이 있을까요?

사전은 좋아해서 한 건 아닌 것 같아요. 매일매일 출근해서 해왔던 일이라 좋아한다는 것과는 조금 다른 느낌이에요. 하다 보니까 좋아졌다가 맞겠지요. 선생님은 음악으로 스트레스를 풀고 기쁨을 느끼고, 때로는 문제를 이겨내는 힘을 얻으시잖아요. 저도 그간 힘든 고비가 좀 있었는데, 그 고비를 넘기려고 운동을 했어요. 30대 초반에는 수영을 했지요. 1시간 내내 왔다 갔다 해도 하나도 힘들지 않을 만큼 수영을 많이 했어요. 괴로운 마음을 수영으로 다스린 거예요. 수영을 열심히 하다 보니 물이 좋아졌고 어깨도 엄청 넓어졌어요.
여기 녹지캠퍼스로 이사를 와서는 박사논문을 써야 했지요. 논문을 마무리하기까지 다들 힘들잖아요. 거기다 저는 휴직을 못 해서 사전실 일과 논문 쓰는 걸 병행해야 했어요. 일도 일이지만 논문이 진척이 안 되니 뭐든 해야겠더라고요. 그래서 그때는 연구소 옆에 있는 운동장을 달렸어요. 처음엔 달랑 한 바퀴 뛰었는데도 너무 숨이 찼어요. 체력이 최하 수준이었던 거죠. 일주일 단위로 뛰는 양을 계속해서 늘려갔어요. 나중에는 운동장을 아무리 달려도 힘이 들지 않더라고요. 그렇게 몇 년을 달렸습니다. 지금 제가 주근깨가 많잖아요. 그때 선크림도 안 바르고 무작정 달려서 이리 되었지요. 지금은 인조 잔디도 깔려 있고 조명 시설도 잘 갖춰져 있지만, 당시에는 울타

리도 없고 전등도 없는 그저 맨땅인 운동장이었어요. 매일매일 뛰지 않으면 좀이 쑤셔서 비가 오나 눈이 오나 항상 뛰었지요. 어느 해 여름 장마 때였어요. 비가 엄청나게 온 뒤에 밤 10시인지, 11시인지 뛰러 나갔어요. 아주 옅은 분홍색 바지랑 하얀 티셔츠를 입고 긴 머리를 푼 채로 뛰었죠. 저는 매일 뛰었기 때문에 그 어둡고 음산한 운동장이 전혀 무섭지 않았어요. 그런데 한참을 달리다 보니 이런 스산한 날 이런 시각에 누가 지나가다가 날 보면 귀신이라 여기겠다 싶어서 얼른 돌아왔어요. 그렇게 매일 뛰다 보니 하프 마라톤 정도는 가볍게 뛰겠다 할 정도였죠.

대사전 출간을 앞둔 시기에는 등산을 했어요. 저희 집 뒤쪽이 북한산 칼바위 능선 입구와 가깝거든요. 등산도 뭐 거의 죽을 듯이 했지요. 폭우가 내려서 입구를 통제한 날 빼고는 비가 오면 우비를 입고, 눈이 오면 아이젠과 스틱을 가지고 산에 올랐어요. 그렇게 매일 갔어요. 산에 올라가서 우리 사전 잘 나오게 해달라고 북한산 신령님한테 매일 빌었어요. (웃음) 엄청 빌었어요. 산에 있는 나무한테도 빌고요. 그렇게 산을 오르면서 얼마나 재미난 분들을 많이 만났는지요. 보통 우리는 등산화를 신고 가잖아요. 40대 초반에 스틱을 들고 다니니까 할아버지들께서 야단을 치시더라고요. 어디 그 나이에 지팡이를 쓰느냐고. 그때부터는 스틱을 두고 다녔어요. 그분들은 60도, 70도로 날이 선 칼바위 능선을 척척 걸어서 내려오세요. 저는 덜덜 떨며 기어서 올라갔는데. 산에 자주 다니면서 인사를 하게 되었는데요, 여전히 기어 올라가는 저를 보시고 "나는 예전에 슬리퍼를 신고도 날아다녔어" 하시더라고요. 그런 분들을 보면서 세상엔 고수가 너무 많구나 했지요. 고수가 이렇게 많은데 스스로 잘났다고 여기는 게 얼마나 우스운 일인지를 깨달았던 것 같아요. 산을 오르며 체력도 키웠지만, 자만하지 않는 마음을 배웠지요.

말씀하신 것들이 전부 지구력과 관계있으니 어떻게 보면 다 사전적이라고 할 수 있네요. 사전은 굉장히 오랫동안 해야 하는 일이

잖아요. 그러면 체력도 체력이지만 심리적으로도 지치지 않아야 할 것 같아요. 그래서 그런지 선생님은 체구도 작고 온화한 느낌인데, 의외로 상당히 오랫동안 운동을 하는 스타일이시네요.

한참 산에 다닐 때는 누가 나를 앞질러 가는 걸 견디질 못했어요. 그래서 산에서도 뛰어다녔지요. 왜 산에서 달리기 하는 거 있잖아요. 그건 신발이 다르거든요. 이 정도로 뛸 거면 그 신발로 바꿔야겠다는 생각이 들었어요. 뛰어 올라가고 뛰어 내려오니까.

몰입력이 대단하시네요. 어떤 일이 딱 맞는다 싶으면 쭉 빠져드는 기질이 있으신가 봐요. 그 정도면 그건 기질인 거죠.

그때는 뭔가에 홀려서 그랬나 봐요. 어떻게 그 새벽에 일어나서 산에 갔을까 싶어요. 그 전날 밤을 새우고 와도 아침에 산에 갔거든요. 당시에는 내가 미래에 쓸 에너지를 가져와서 쓰는 게 아닌가 싶었어요. 그런 정도의 에너지가 나한테 없는데 계속 달렸으니까요. 부모님 덕분에 타고난 체력이 있는 것 같긴 해요. 편찬실의 젊은 연구원들보다 건강한 편이었어요. 후배들이 강철 체력이라고 하더라고요. 몸이 잘 안 아프다고. 그런데 그게 사실 안 아픈 게 아니라 둔해서 아픈지 잘 모르는 거예요. 대충 참기도 하고요. 뭐, 이 정도로 병원엘 가나 하고요.

아, 저도 약간 비슷해요, 아파도 음, 이게 아픈 건가 하는 경우가 많아요. (웃음) 국문과라면 예전엔 문학청년들이 많이 들어갔잖아요. 국문과에 다니셨는데, 문학과는 좀 거리가 있으셨나 봐요.

네, 문학과는 전혀 관계가 없었어요. 친구들은 모두 문학적 소양이 뛰어났지요. 글도 잘 쓰고. 저는 소설 읽는 건 어렸을 때부터 좋아해서 많이 읽었지만 쓰는 건 또 다른 영역이더라고요. 학부 때는 현대문학 수업보다는 고전문학 수업이 흥미로웠고요. 국어학 관련 전공은 늘 재미있었고 배우는 것 자체가 즐거웠어요. 우리말에 대해 고민하는 게 좋았던 것 같아요. 거슬러 올라가면 고등학교 은사님 중에 대학원에서 국어학 전공 과정을 밟고 있는 분이 있었어요. 그분께 문법을 배우면서 관심을 키웠던 것 같아요. 나중에 이런 것 공부하면 참 재미있겠다 했는데, 대학에 와서 배우고 보니 정말로 더 재미있었어요. 그렇다고 성적이나 역량이 썩 뛰어난 건 아니었고요. 공부나 연구 쪽으로 뛰어난 역량이 없었고, 결국 사전이 저한테 가장 잘 맞아서 계속한 게 아닌가 싶기도 해요. 사실은 연구만 했더라면 이것보다 더 잘했을까 하는 생각도 들고요. 솔직한 고백이네요.

사전 하시는 분들은 다 똑같이 말씀하시는 것 같아요. 내가 잘해서 한 게 아니라 별로 뛰어나지 못해서 그 자리를 지키다 보니 계속하게 되었다고요. 브리태니커의 장경식 선생님은 '굽은 나무가 (베이지 않고) 선산을 지킨다'는 말 그대로라고 하시더군요.

사전 작업을 하며 쟁점이 되었던 주제로 박사논문을 썼고, 그와 관련된 논문을 계속 쓰고 있지만 후속 연구를 충분하게 하지 못해서 좀 아쉽기는 해요. 논문은 계속 쓰지만 사전학 논문이 많고, 국어학 연구자로서 제 전공이나 관심 분야에 대한 연구를 지속적으로 하지 못한 아쉬움이 있지요. 사전학과 관련해서도 더 쓰고 싶은 분야가 있는데 일이 밀려서 쉽지 않아요. 논문이 그냥 나오는 게 아니라 책도 보고 자료도 보면서 제대로 익혀야 하는데 집중할 시간이 모자라서요. 아니, 짬짬이 나는 시간을 모아서 집중하지 못하는 제 문제가 크지요. 거기다 나이가 드니까 뭐든 처리하는 시간이 훨씬 더 길어지는 거예요. 예전에는 하루면 하던 일을 요즘은 며칠을 해도 못 끝내는 거죠. 민첩성도 떨어지고 머리도 잘 안 돌아가요. 그래서 다시 운동을 해서 지구력도 키우고 근력도 키워야겠다고 다짐하고 노력하는 중이에요.

운동이야 이전에 깊이 내려갔다 오셨기 때문에 언제든지 다시 시작하실 수 있을 것 같아요. 저는 두 가지 트랙이 항상 필요하다고 생각하거든요. 둘 다 잘되면 좋겠지만, 하나가 잘 안 될 때 기댈 수 있는 다른 하나를 마련해둬야 한다고 생각해요. 그게 진짜 도움이 됩니다. 제가 지난번에 책을 낸 것도 일종의 자구책이었어요. 회사 일이 안 풀리니까 이것으로라도 풀어야겠다 싶어서요. 마찬가지로 사전 작업을 지속하기 위해서는 뭔가 다른 것 하나를 꾸준히 살려나갈 필요가 있다고 생각해요. 그래야 사전이 싫어질 때 잠시 도피했다가 그래도 사전이구나 싶을 때 돌아오죠. 오늘 말씀 감사합니다. 많이 배웠습니다.

4장

규범이 언어의 발목을 잡아서는 안 됩니다

안상순 금성출판사 사전팀장

일시 2016년 10월 11일 화요일 오후 3시
장소 카카오 외부 회의실(서울 용산구 한남동)

안상순

1955년 전북 정읍 출생

1985년 신원기획(사전 편집 대행회사) 입사

1995년 금성출판사 사전팀장

『뉴에이스 국어사전』『금성판 국어대사전』 등에 참여

2010년 국립국어원 '우리말샘' 편찬 참여

2016년 문화체육관광부 국어심의회 심의위원

안상순 선생님은 사전학회나 국어학 관련 모임 등에서
조곤조곤하지만 힘 있는 발언으로 강한 인상을 주셨던 분이다.
회의가 늘어진다 싶으면 진도를 끌고 나가시고,
논점이 흐려지지 않게 중심을 잡아주곤 하셨다.
이야기를 나누다 보니 확실히 출판사에서
'팔기 위한' 사전을 만들던 분이라 평소 일을 추진하던
감각이 그대로 살아 있구나 하는 생각이 들었다.
저녁식사 시간까지 5시간 넘게 이야기를 나눴는데도
화제가 끊이지 않았다.

사전은 과거를 참조해 미래를 만드는 작업

정철(이하 정) 지난번에 간단한 질문 목록을 드렸잖아요. 그때 주신 답변이 "발가벗으란 말씀인가요?"였습니다. (웃음) 사실 그 말씀이 맞습니다. 시기적으로 봤을 때 출판사에서 사전을 만들어 매출을 내던 시대는 끝났으니, 이제는 말할 수 있는 시기가 되었다고 생각합니다. 잘했던 일이든 과오든요. 제가 그동안 여기저기서 얻어 들었던 출판사 사전들에 대한 얘기도 직접 듣고 싶었고요. 항상 학계의 얘기만 나오는데, 학계와 업계는 입장이 많이 다르더라고요. 선생님은 출판사에서 한때 누구나 가방에 넣고 다니던 중사전을 만드는 작업을 해오셨는데요. 사전은 편찬編纂, 즉 여러 가지 자료를 모아 체계적으로 정리해 만드는 것이다, 기존의 것에 새로운 것을 보태서 만드는 것이다 등의 말씀을 많이 하셨잖아요. 어디까지가 참조이고, 어디서부터가 보탠 것이라고 할 수 있을지 궁금합니다.

안상순(이하 안) 제가 사전 편찬 작업을 시작한 때가 1985년인데요, 당시만 해도 지금처럼 편찬 시스템이 전산화되어 있지 않아서 대지에 기존 사전을 여러 장 붙여놓고 그걸 참고하면서 사전을 만들었어요. 그런데 기존 사전들이 너무나 닮은꼴을 하고 있어서 깜짝 놀랐어요. 내용을 비교하기 위해 사전 서너 종의 같은 항목을 나란히 붙여놓았는데 뜻풀이가 거의 똑같더라고요. 아니, 사전들이 이렇게나 똑같았단 말인가 하며 제 눈을 의심했죠. 비슷비슷한 사전들을 토대로 새로운 사전을 만들려니 아주 막막했습니다. 서로 다른 내용을 비판적으로 읽어서 새롭고 창의적인 원고를 만들어보자고 한 계획이 처음부터 벽에 부딪힌 셈이죠.

부끄럽게도 당시 우리 편찬팀에는 국어사전 경험자가 거의 없었습니다. 일부가 백과사전 작업에 참여해본 것이 사전 편찬 경험의 전부였죠. 백과사전과 어학사전은 성격이 근본적으로 달라서 팀원들 모두 사실상 무경험 상태에서 국어사전을 시작한 것이나 다름없었습니다. 막상 작업을 시작해보니 아마추어의 눈에도 문제점이 여기저기 눈에 띄었어요. 하지만 바탕이 없으니까 문제를 해결하기가 쉽지 않았어요. 그래서 그때부터 공부를 시작했죠. 국어학 전반에 대해 공부를 새로 했어요. 알량한 국어 지식 가지고는 도저히 사전과 싸울 수가 없겠더라고요. 마침 그즈음에 연세대학교에서 사전 편찬학 논문이 활발하게 나오기 시작했어요. 그 논문들을 부정기 간행물로 묶기도 했고요. 사전에 대한 이론적 기반이 없던 저에게는 단비와도 같았죠. 그 덕에 사전을 체계적으로 바라볼 수 있는 눈을 조금씩 키웠습니다.

연세대학교는 1997년 대학원에 국어정보학협동과정(2003년 언어정보학협동과정으로 개칭)을 개설하고, 1998년 언어정보개발연구원(2002년 언어정보연구원으로 개칭)을 설립했다. 『연세한국어사전』 편찬 과정에서 얻은 성과를 『사전편찬학 연구』(2003년 『언어 정보와 사전 편찬』으로 개칭)라는 학술지를 통해 발표하기도 했다. 연세대학교 언어정보개발연구원이 주축이 되어 2002년 한국사전학회가 결성되었고, 이 학회에서 2003년부터 『한국 사전학』이라는 학술지를 발행하고 있다. 『연세한국어사전』은 한국어사전의 역사에서 이전까지 온고지신의 방법으로 만들던 방식에서 벗어나 최초로 말뭉치를 활용해 언어학적 근거를 제시하며 편찬한 사전이라는 의미를 지닌다.

정 대지에 사전을 오려 붙여서 작업을 하셨다는 얘기요. 저는 그 말씀을 들을 때마다 좀 당황스러운데, 그 큰 대지를 몇 만 장이나 만드셨던 거예요?

안 몇 만 장까지는 아니지만 상당히 많았죠. 8절지 도화지에 사전을 오려 붙였는데 한 항목씩 한 건 아니고, 한 단씩 붙였으니까 4000~5000장은 족히 되었죠. 당시에는 사전마다 표제어 배열 순서가 조금씩 달라서 나란히 붙이는 데도 애를 좀 먹었습니다. 어쨌든 지금 생각해보면 아주 원시적인 작업이었지요.

정 원시적이지만 합리적이라고 생각하긴 했습니다. 그래도 양이 너무 어마어마하니까 당혹스럽더라고요. 대지 모아놓은 창고가 별도로 필요했을 것 같은데요.

안 그 정도는 아니었습니다만, 대지 보관용 파일 박스가 많이 필요했던 건 사실입니다. 파일 박스가 사무실 공간을 많이 차지하기도 했고요. 또 사전이 출간되고 나면 계속 보관해두기도 어려워 처분을 해야 하는데 버리는 것도 일이더라고요. 제가 알기론 『표준국어대사전』도 그런 대지 작업 과정을 거쳤다고 해요. 그러니까 1990년대까지는 사전 편찬이 대지 작업을 통해서 이루어졌다고 봐야겠지요.

정 제가 대학원 다닐 때 연세대 언어정보연구원에 사전 원고 모아놓은 책장이 있었거든요. 『연세한국어사전』은 크기가 작은데도 원고량이 상당히 많더라고요. 대사전이면 정말 어마어마한 양이겠구나 싶었습니다. 고려대 쪽 얘기 들어보면 처음에는 좀 짊어지고 이사 다니다가 결국 버렸다고 들었습니다. 처음에는 국어사전 작업만 하셨고, 이후 다른 언어 사전도 작업하신 건가요?

안 주로 국어사전을 했죠. 나중에 전체 사전을 관리하는 총괄 책임자가 되었지만 그때도 여전히 국어사전 실무에 깊이 관여했고, 다른 사전은 주로 행정적인 업무를 했어요. 물론 사전의 큰 흐름과 방향에 대해서는 각 사전 실무자들과 함께 논의하고 고민했습니다만.

『금성판 국어대사전』과 규범성

정 금성출판사 사전에 대해 들었던 이야기 중에서 가장 인상적이었던 건 『금성판 국어대사전』이 어문 규정이 바뀐 뒤에 그 내용을 바로 반영해 출간했기 때문에 사실상 규범사전 역할을 했다는 것이었는데요, 설명 좀 부탁드립니다.

안 『금성판 국어대사전』과 한글학회의 『우리말큰사전』이 비슷한 시기에 나왔습니다. 안타깝게도 『우리말큰사전』은 독자들에게 큰 호응을 받지 못했어요. 정부의 어문 규정을 따르지 않았기 때문입니다. 한글학회의 자체 규정에 따라 편찬한 것이지요. 물론 정부의 규정과 한글학회의 규정이 결국 한 뿌리에서 나왔기 때문에 근본적으로 다른 것은 아닙니다. 그렇지만 세세한 부분에서 적지 않은 차이가 있었고, 그것이 독자의 외면을 불러왔다고 할 수 있습니다. 그에 반해 『금성판 국어대사전』은 어문 규정 개정 후 그에 따른 최초의 대사전이었기 때문에 큰 호응을 얻었습니다. 꽤 많이 팔렸어요. 타이밍이 참 기가 막혔지요. 물론 어문 규정이 바뀌기를 기다렸던 건 아니에요. 대사전을 개발하는 동안에 어문 규정이 바뀐 겁니다. 그래서 규정을 따르는 것이 최우선 과제가 되었죠. 규범을 따르지 않는 사전을 만드는 건 아무 의미가 없다고 생각했거든요. 문제는 새 규정을 사전에 어떻게 적용할 것인가였어요.

'한글 맞춤법'과 '표준어 규정'이 그 자체로는 매우 소략해서 사전에 어떻게 반영할 것인가는 매우 세심하게 판단해야 했어요. 그래서 국립국어원(당시는 국어연구소) 담당자들을 괴롭히는 일이 시작되었죠. (웃음) 전화를 엄청 많이 걸었어요. 가령 사이시옷을 어떻게 적용해야 하는지도 고민 사항 중 하나였어요. 사이시옷 규정에 따르면 '개과(포유강 식육목의 한 과)', '소과(포유강 소목의 한 과)'가 아니고 '갯과', '솟과'로 표기해야 하는데 이런 표기가 당시로서는 정말 낯설었거든요. 당시 어떤 사전이나 생물학 책에도 '갯과', '솟과'로 적은 사례는 없었어요. 그렇지만 새 어문 규정에 따르자면 사이시옷을 안 붙일 재간이 없는 거예요. 사전을 발간하고 나서 독자들의 항의도 많았지요. 세상에 갯과, 솟과, 등굣길, 하굣길이 뭐냐고요.

규정의 해석을 놓고도 국립국어원에 묻고 또 물었어요. 어문 규정은 원론적이고 포괄적이지만, 사전은 매우 실제적이고 구체적인 문제와 맞닥뜨려야 했기 때문에 유권 해석이 반드시 필요했죠. 그런 문제, 아니 난제를 해결하기 위해 사전이 나오는 순간까지 고심을 거듭했습니다. 국립국어원에서도 쉽게 답을 내놓지 못해 난처해하는 일이 많았어요. 하지만 그들 입장에서도 규정 전반을 아주 깊고 세밀한 부분까지 더 많이 고민하는 계기가 되었을 겁니다.

나는 갯과, 솟과는 여전히 이상하다고 생각한다. 이건 언어 감각에 따라 다르겠지만 대체로 언어 감각이라는 것은 얼마나 그 표현을 접했느냐의 문제다. 다들 일관성 있는 언어생활을 하고 있다고 생각할 테지만, 그것은 알고 보면 관습의 다발에 지나지 않는다. 내 관습에는, 그리고 아마 우리 대다수의 관습에는 개과와 소과가 익숙할 것이다.

어문 정책을 충실히 따르는 언론, 출판계에서는 갯과, 솟과라고 쓰고 있다. 출판사 편집자들과 이에 대해 이야기를 나눠보면, 이상하지만 어쩔 수 없으니 그냥 쓰고 있다고 한다. 반면에 일상의 언어감각을 존중하는 위키백과에서는 표제어로서는 개과, 소과라고 쓰고, 괄호 안에 갯과, 솟과가 표준어임을 밝히고 있다. 위키백과는 한국어 언중이 받아들인 어휘가 아니라면, 규범이라고 해서 모두 따르지는 않는다. 한국어 위키백과는 한국어 언중이 만들어 나가는 것이지 대한민국 영토 내의 사람들끼리만 만드는 것이 아니기 때문이다. 한국어 언중이 대한민국 영토 내에 많이 살고 있는 것은 어디까지나 우연이고, 영어 언중이 영국 영토 밖에 많이 살고 있는 것 또한 우연이라는 것이 위키백과의 관점이다.

어쨌든 당시 안상순 선생님은 한국에서 사전을 보급하고 판매하기 위해서는 어문 규정을 충실히 따르는 것이 필수라고 보셨고, 그 예상은 적중했다. 한글학회에서는 이미 사전 작업이 너무 많이 진행되어 새로운 맞춤법을 적용할 수 없는 상황이었다.

정 이희승, 신기철·신용철 사전이 지배하던 시대가 지나갔기 때문에 내부에서 개정 작업이 필요하다고 판단해서 만들기 시작한 건가요?

안 금성출판사에서는 사전 사업에 뒤늦게 뛰어들었어요. 이미 민중과 동아가 사전 시장을 장악하고 있었는데, 1980년대 중반에

후발 주자로 뛰어들었죠. 국어사전과 영어사전을 시작으로 일본어, 프랑스어, 중국어, 한자사전 등으로 영역을 넓혀갔습니다. 첫 국어사전으로 『뉴에이스 국어사전』을 내고, 그 사전을 만든 경험을 토대로 『금성판 국어대사전』까지 가게 된 것인데 이희승, 신기철 · 신용철 사전을 넘어서 보자는 의욕도 있었지요.

정 그때 만들었던 사전들은 다 손익분기점을 넘겼나요?

안 후발 사전이었기 때문에 좀 힘들었죠. 당시 동아나 민중이 사전으로 상당한 수익을 내고 있었기 때문에 사전 사업이 수익성이 있다고 판단해서 금성도 뛰어들었는데, 막상 뛰어들고 보니 기존 사전의 아성을 깨기가 쉽지 않았어요. 그러다가 『금성판 국어대사전』을 내면서 큰 호응을 얻어 그간의 어려움이 해소되었지요.

정 다른 곳을 압도할 만큼의 히트 상품이 된 거네요.

안 판매 면에서 다른 국어대사전을 다 눌렀죠. 국어대사전이라는 게 워낙 많이 팔리는 상품은 아니지만, 어문 규정을 따른 최초의 대사전이라는 점이 부각되어 주목을 받았고 팔리기도 많이 팔렸어요.

정 작업에는 몇 년 정도 걸렸나요?

안 한 4, 5년 걸린 것 같아요. 대사전치고 작업이 굉장히 빨리 이뤄진 거죠. 길게 갈수록 비용이 많이 발생하기 때문에 최단 시간에 작업을 끝내라는 압박을 많이 받았어요. 『뉴에이스 국어사전』은 제가 밑에서 실무자로 일을 했고, 『금성판 국어대사전』에서는 책임자가 되어 진두지휘를 했어요. 작은 사전에서 실무 경험을 쌓아 그것을 바탕으로 데스크가 된 거죠. 사실 『뉴에이스 국어사전』을 만들 때는 불만이 많았습니다. 닮은꼴의 기존 사전들의 한계를 뛰어넘고 싶었는데, 책임자가 기존의 틀에서 벗어나는 것을 굉장히 두려워했어요. 그래서 불만이 많았죠. 한발 더 나아갈 수 있는데 왜 못 가게 하지? 예컨대 이런 거예요. '양복'을 찾아보면 대개의 사전이 '서양식 옷'이라고 풀이해놓았어요. 그럼 점퍼도 서양식 옷이니까 양복인가 하는 의문이 들지 않나요? 물론 개화기 때라면 대부분이 한복을 입었고, 그 한복이 아닌 것은 다 양복일 수 있으니까 이런 풀이가 틀렸다고 할 수 없었겠죠. 하지만 이제는 '양복'을 '서양식 옷'으로 묶어두기에는 세상이 너무 달라졌잖아요. 그런데도 1930년대에 만들어진 사전의 풀이를 답습한다면 새 사전을 내는 의의가 도대체 무엇인가 하는 게 제 생각이었어요. 또 '수영'의 풀이를 보면 '=헤엄'이에요. '수영'과 '헤엄'을 동의어로 본 거죠. 물고기는 헤엄을 치지만 수영을 하지는 않는데 동의어라니요? 저로선 도저히 납득할 수가 없었습니다.

당시 사전 책임자와 논쟁을 벌였던 것 중에 '좌우하다'와 '좌지우지하다'를 어떻게 처리할 것인가 하는 문제가 있었어요. 기존 사전들은 '좌우하다'를 '좌지우지하다'의 준말로 보았어요. 준말은 본말과 의미상 동의어라는 것인데, 저는 그에 동의할 수 없었어요. 가령 "외척이 권력을 잡고 조정을 좌지우지했다"와 "표정이 첫인상을 좌우한다"에서 '좌지우지하다'와 '좌우하다'는 서로 바꿔 쓰기 어렵잖아요. 동의어가 아닌 거죠. 하지만 그 논쟁은 논리가 아

《편집 진용》

金 兌 鏞　　安 庠 淳

高瓔	權熙星	金吉善	金明淑	金鍾旭
朴謹子	朴暄	裵正洙	白秀京	白在成
邊銀淑	宋秉喜	柳承瑾	李元鎔	李鍾勳
張聖姬	張貞錫	鄭寅根	鄭昌壽	崔鈗典
黃美璟	黃裕景			(가나다 順

금성판 국어대사전
편집위원 : 김민수/고영근/이승재/임홍빈
책임편찬 : 김상형

1991년 11월 20일 초판발행
1992년 4월 20일 중판발행

발행처 : 금성출판사
회장 : 김낙준
발행인 : 김무상/서울·마포구 공덕동 242-63/㊐121-022
전화 : 713-9651~8/등록 : 1988. 5. 2. 제10-222호
조판 : 금성교과서(주) 전산부
인쇄 : 현대인쇄(주)
제본 : 천우제책(주)
제지 : 삼일공사(주)

· 본사는 출판윤리강령을 준수함

정가 : 150,000원

『금성판 국어대사전』 앞부분에 실린 편집진 이름(▲)과 맨 뒤의 판권(▼). 안상순 선생님은 이 사전의 총괄 책임자로 편집 진용 명단에는 들어가 있지만, 판권에는 이름이 실리지 않았다.

닌 힘으로 결론이 나고 말았습니다. 그러다가 제가 대사전의 책임을 맡게 되었는데, 첫 번째 결심이 기존 사전의 잘못이나 한계를 최대한 극복해보자는 것이었습니다. 지금 돌아보면 제가 참여한 사전도 여전히 문제점투성이라는 걸 고백할 수밖에 없습니다만, 한 발짝 나아가기 위해 열심히 노력했다고는 자부할 수 있습니다.

정 『금성판 국어대사전』은 국립국어원의 『표준국어대사전』이 나온 다음에 매출이 급감한 건가요?

안 그렇진 않아요. 『표준국어대사전』 발간 이전에 이미 하락세를 보이기 시작했죠. 『금성판 국어대사전』은 초판이 나오고 나서 곧바로 2판 작업에 들어갔어요. 초판을 서둘러 냈기 때문에 불만족스러운 부분이 많았고, 초판의 여세를 몰아 개정판에서도 호응을 얻고 싶었거든요. 개정 작업을 시작한 지 2, 3년 만에 2판이 나왔는데 별로 안 팔렸어요. 대사전 수요에 한계가 있다는 걸 절감했습니다.

정 대사전인데도 초판을 4, 5년 만에, 개정판을 2, 3년 만에 끊을 수 있었군요. 그때 출판사에서 중사전 하나를 만든다고 했을 때 몇 명을 몇 년 정도 투입해서 돈을 얼마나 벌면 손익분기를 넘길 수 있었는지 궁금합니다.

안 제 기억으로는 10명 정도의 인력으로 2년 동안 작업했던 것 같아요. 투입되는 비용으로는 인건비(원고 집필, 교열 · 교정), 조판비, 제작비 등이 있었겠지요. 구체적인 액수는 잘 모르겠습니다.

정 저 정도 인력이면 대충 인건비만 생각해도 1년에 10~20억(현재 금액)은 족히 들어갈 것 같은데요.

안 금성출판사 입장에서는 후발업체로서 그런 부분에서 상당히 고민이 있었을 거예요. 구체적으로 돈이 얼마나 들어갔는지 저는 잘 모릅니다만, 출판사 경영관리 부서나 영업 부서에서는 책이 얼마나 팔려야 수익이 나는지 산술적 계산이 나왔을 겁니다. 예상만큼 책이 안 나갔을 때 계속해서 책을 낼 것인가 말 것인가도 고민해야 했겠지요. 금성출판사 사전을 처음 출간할 때는 제가 금성출판사 소속이 아니고, 금성 사전을 대신 만들어주는 편집 대행회사 소속이었어요. 금성에서 돈을 받아다 책을 만들어서 주었는데 여러 가지 압박을 받았죠. 책을 빨리 내달라, 인력을 줄여달라. 책이 나오고 나서는 책이 안 팔린다, 책을 제대로 만든 건 맞느냐 등등 온갖 압박이 들어왔어요. 그러다가 『금성판 국어대사전』이 웬만큼 팔리면서 어려움이 다소 해소되었습니다.

지금 우리나라에서 사전 만드는 데 돈을 얼마나 쓰고 있는지 대략 따져보면, 20년 전에 비해 10퍼센트 정도 쓰는 것 같다. 물론 기술의 발달로 이전과 같은 작업에 절반 이하의 비용이 들어가는 건 사실이다. 그렇다 해도 종이사전 시대에는 어학사전 하나를 만드는 데 15~20억 정도를 투자했다. 출판사마다 영한, 한영, 중한, 한중 등 다양한 어학사전을 내고 있는데 대략 10개 정도라고 한정짓는다면, 한 출판사에서 쓰는 개발비가 150~200억 정도 된다. 콘텐츠 개발비로만 이 정도 규모의 비용을 쓴 것이다(이 금액은 현재의 인건비, 개발비, 제작비 등을 바탕으로 대략적으로 추산한 것이다)**. 이런 규모로 사전을 펴내던 출판사가 대여섯 곳이었다. 그렇다면 지금 네이버나 다음 같은 포털 서비스에서는 사전 콘텐츠 개발비로 얼마를 쓰고 있을까? 거의 제로다. 포털에서 쓰는 돈은 출판사에서 이미 만들어놓은 콘텐츠를 이용하는 비용이지 신규 개발비가 아니다. 지금 포털은 어학사전의 내용을 갱신하는 데는 거의 투자를 하지 않는다. 2016년 10월 네이버가 어학사전 개정/구축에 5년간 100억을 쓰겠다고 발표했다. 단순 비교를 해봐도 종이사전 시대에 비하면 형편없는 금액이지만, 이것도 상당히 고무적인 소식이다. 네**

이버가 콘텐츠 갱신 작업을 어떻게 해나갈지는 두고 볼 일이지만, 이런 생각조차 없는 카카오는 그저 안타까울 뿐이다.

전 세계적으로 사전이 위기를 맞고 있기는 하지만, 그래도 영미권이나 일본에서는 기존의 사전 출판사들이 개정 작업을 진행하면서 해마다 '올해의 어휘'도 발표하고, 신어 수집도 하고 있다. 그곳들도 이전보다야 분명 예산이 많이 줄었겠지만, 마땅히 해야 할 일을 하고 있다는 점에서 긍정적으로 평가하지 않을 수 없다.

퇴보하는 사전 편찬 기술

정 사전만 전문으로 편집하는 회사였나요? 그런 회사가 여럿 있었나요? 사전 전문 편집회사라니 참신하네요.

안 신원기획이라는 이름의 편집 대행사였는데, 동아출판사에서 『동아대백과』를 만든 뒤 해체된 팀이 주축이 된 회사입니다. 백과사전 편집 책임자가 대행사를 차리고 팀원들을 모아서 사전을 만들었어요. 작업물의 대부분은 금성출판사의 어학사전이었지요. 그렇게 10여 년 편집 대행을 하다가 1995년 그 인력의 일부가 금성출판사 사전팀으로 흡수되었습니다. 저도 그때 금성출판사 직원이 되었지요. 출판 편집을 대행해주는 회사는 지금도 있다고 알고 있는데, 사전만 전문으로 하는 편집 대행회사로는 신원기획이 전무후무하지 않았나 싶네요.

정 지금 고려대에서도 '사전 편찬학 교실'을 계속 꾸려가고 있습니다만, 사전 편찬이라는 작업이 배워서 획득되는 기술도 아니고 해볼 기회도 거의 없죠. 어쩌다 기회가 닿아 사전을 하나 편찬해도 그 구성원들이 뿔뿔이 흩어지면 다시 모으기 힘드니까 지속적으로 인력을 배출해보자고 교육하는 것이지만, 말씀하신 신원기획에 비하면 전문성에서 후퇴한 느낌도 있네요.

안 신원기획도 초반에는 여러 가지 한계가 있었어요. 백과를 만들던 팀이었기 때문에 어학사전을 전문적으로 편찬하기에는 역량에 문제가 좀 있었습니다. 물론 일부는 신원기획에 들어오기 전에 영어사전이나 다른 어학사전을 경험해본 분도 있었지만, 대부분은 백과사전만 하던 분들이었습니다. 처음엔 좀 힘들었지만, 10년 넘게 어학사전만 만들면서 스스로 전문성을 키워나갔지요.

정 제가 봐도 백과사전보다 어학사전 집필하는 게 난이도가 훨씬 높거든요. 백과사전은 글쓰기 능력이 중요하지만 어학사전은 언어학 지식이 필요하니까요. 위키 어학사전이 위키백과에 비해서 잘 안 되는 데는 그만한 이유가 있는 거죠. 위키백과는 조금씩 지식을 보태볼 여지가 있으니까요. 물론 백과사전은 워낙에 거질의 책이므로 또 다른 측면에서 어렵긴 합니다만.

안 백과사전은 백과사전대로, 어학사전은 어학사전대로 어렵죠. 어느 쪽이 더 어렵다고 같은 층위에서 말하긴 힘들어요. 다만, 어학사전은 언어로 언어를 정의해야 하는 난제를 풀어야 해요. 문제는 어떤 단어의 개념을 한두 줄의 문장으로 포착하기가 참 어렵다는 것이죠. 'A는 A다.' 이보다 완벽한 정의는 없을지도 몰라요. A

를 A가 아닌 다른 무엇으로 설명하려 하기 때문에 늘 뭔가 미진하고 석연치 않은 구석이 남는 게 아닐까요? 그러나 'A는 A다'는 동어 반복에 불과하기 때문에 결국 아무런 정보도 주지 못하지요. 그래서 사전 풀이에서는 동어 반복이나 순환 풀이를 금기로 여깁니다. 국립국어원에서 최근 언중이 직접 참여하는 위키 방식의 '우리말샘'을 개통했는데, 과연 어떤 결과물이 나올지 궁금해요.

왜 어학사전이 백과사전보다 어려운가. 백과사전은 폭이, 어학사전은 깊이가 필요하기 때문이다. 폭은 여러 사람이 나누어 단시간에 대응하는 것이 가능하지만, 깊이는 연마에 절대적인 시간이 들어간다. 그래서 특정 분야에 약간의 지식이 있다면 백과사전에 몇 줄 보태는 일 정도는 시도해볼 수 있지만, 어학사전은 단어 하나라도 넣을라치면 혹시 오류를 범하지 않을까 걱정이 앞선다. 인쇄매체 시대에는 어학사전 집필이 정말 조심스러웠을 것이다. 한 번 책으로 나오면 다음 판이 나오기 전까진 고칠 수 없으니까.

지금도 이론적으로는 어학사전 집필이 더 어렵다. 하지만 예전처럼 어마어마한 에너지를 쓸 수 없는 상황이라면 조금은 가볍게 접근하는 자세도 필요하다. 그래서 요즘 나는 이런 관점을 갖게 되었다. 어차피 기존 사전에도 오류는 많으니까 새로운 내용이 있다면 과감하게 더하고 빼서 고쳐버리자. 고치는 과정에서 최대한 좋은 참고처를 활용해 내용을 깁고 더해나간다면 10년, 20년 전의 내용에 비해 좋아지는 쪽이 대부분일 것이다. 만약 내가 고친 부분에 뭔가 문제가 있다면, 누군가 항의를 해올 테니 그때 진지하게 토론하면 된다. 고치지 않는 게 문제이지 오류가 문제는 아니다.

이런 생각을 하게 된 이유가 있다. 사전 편찬이 힘든 건 10만이 넘는 표제어에 일관된 틀을 적용하려 하기 때문이다. 포기하면 편하다. 나라면 일관성을 유지하는 일에서 힘을 빼는 대신 오류를 고치는 쪽을 택하겠다. 일관성이 좀 깨지더

라도 끊임없이 수정되고 개선되는 사전을 만드는 일이 더 중요하다. 사전을 만들면서 토론하지 않는다면, 그 사전은 이미 죽은 사전이다. 옛날 사전들은 걸핏하면 대가 끊겨서 금방 죽어나갔다. 이젠 오래 살아남는 사전을 만들어야 한다. 이를 위해선 끝없는 수정이 필요하다. 수년 전 IT 분야에서 '영원한 베타 서비스'라는 말이 유행했다. 서비스에 '완성'이란 없고, 계속되는 '수정 배포'만 있다는 뜻이다. 요즘은 스마트폰 앱이 그렇다. 살아 있음을 알리기 위해서라도 끊임없이 업데이트를 해서 아이콘 오른쪽 상단에 빨간 동그라미로 존재를 드러낸다. 사전을 계속 갱신하려면 완벽한 일관성 추구는 포기할 수밖에 없다.

정 저는 '우리말샘'도 규범에서 크게 벗어난 방식으로 운영되진 않을 것 같거든요. 제가 한두 개 올려봤는데 잘렸어요. (웃음) 앞으로도 많이 자르겠구나 싶더라고요. 시스템을 만드는 입장에서 생각해보면 일이 2배가 되는 건데 그거 엄청 피곤한 일이에요. 거기에 규범성 문제까지 개입하면 결국 국립국어원은 일을 2배 혹은 그 이상 하게 될 것 같습니다. 게다가 학습사전도 내놨잖아요.

안 사용자들이 어떤 내용을 올리면 검증하는 작업을 하지요. 직접 바로 올리는 게 아니라.

정 그것도 여러 번 하던데요? 누가 표제어를 하나 올리면 편집은 2~3명이 하더라고요. 언중은 씨앗만 뿌리고 내용을 늘려가는 건 다 내부 인력이 아닌가 싶더라고요.

안 내부의 작업자들이 과연 그걸 어떻게 감당해나갈지 지켜볼 일이에요.

한국의 어문 정책을 책임지고 있는 국립국어원의 가장 강력한 기능이라면 국민의 언어생활을 통제하는 것이다. 억지로 강제하는 것은 아니지만, 한글 맞춤법을 관장하는 곳이니 결국엔 언어생활을 통제하고 있다 해도 과언이 아니다. 한글 맞춤법 이외에 강력한 통제 수단이 하나 더 있는데, 바로 『표준국어대사전』이다. 규범의 사례를 집대성한 책으로, 국민에게 이 사전만 잘 따르면 당신은 올바른 우리말을 쓰고 있는 거라고 홍보한다. 최근 국립국어원은 사회의 변화와 요구에 따라 추가로 몇 가지 사전을 더 만들었다.

먼저 '우리말샘https://opendict.korean.go.kr'. 지난 2009년 국가경쟁력강화위원회는 2012년까지 100만 어휘를 담은 사용자 참여형 사전을 만들겠다고 발표했다. 국어학/사전학계는 말이 안 된다며 반발했지만 국립국어원은 그 결정을 어떻게든 이어받아 2016년에 국민이 참여할 수 있는 100만 어휘 대사전인 '우리말샘'을 공개했다. 이 사전은 원래 『표준국어대사전』의 확장판으로 고려되었지만, 국민이 추가 · 수정하는 사전을 국가의 규범을 반영한 사전이라고 말하기는 어렵기 때문에 결국 별개의 사전으로 운영되고 있다.

다음은 '한국어기초사전https://krdict.korean.go.kr'. '한국어기초사전' 이전에 한국어세계화재단에서 만든 『외국인을 위한 한국어 학습사전Learner's Dictionary of Korean』(2006)이 있었다. 소사전이었지만 외국인을 대상으로 했고, 설명이 상당히 친절해서 사전학계에서는 어느 정도 인정받는 사전이었다. 이후 2009년 국가경쟁력강화위원회에서 외국인 및 재외동포를 위한 다국어 웹사전을 언급했고, 그 일환으로 한국어 학습사전이 전면 재검토되어 '한국어기초사전'이라는 형태로 공개되었다. 한국어를 외국어로서 공부하려는 사람들을 위한 사전이다.

정 저만 해도 포털의 사전 서비스를 담당하면서 급할 땐 이것저것 고치기도 하지만, 어떻게 보면 무면허 운전을 하는 느낌도 있어요. 저는 웹사전 기획자이지만, 사전 편찬자로서의 실무 경험은 거의 없다시피 하거든요.

안 사전 편찬은 영원히 끝나지 않는 미완성의 작업인지도 몰라요. 사전을 주의 깊게 살펴보면 고치고 다듬어야 할 곳이 정말 많습니다. 일점일획도 첨삭을 용납하지 않는 완벽한 정의가 어디 있겠어요? 그래서인지 시중에는 사전을 비판하는 책이 여러 권 나와 있더군요. 아주 신랄한 비판을 담은 책도 있죠. 저는 사전에 대한 비판은 누구든 얼마든지 할 수 있다고 봐요. 다만, 비판은 하되 애정을 담아서 비판했으면 해요. 사전이 미쳤다느니 오염되었다느니 하는 거친 공격보다는 사전의 발전에 도움이 될 수 있도록 부드럽고 따뜻한 비판이 필요하다고 생각합니다.

사전에 대한 비판을 담은 책으로 『미친 국어사전』, 『영한사전 비판』, 『오염된 국어사전』 등이 출간되었다.

정 지금 사전을 새로 만들면 이것만큼은 고쳐 보고 싶다, 그때 했어야 했는데 못 해서 아쉽다 하는 것 있으세요?

안 사전 작업에 대한 아쉬움이 있다면 어휘 채집을 더 충실히 잘했어야 했는데 하는 아쉬움, 그리고 뜻풀이에 미흡한 구석이 너무 많았다는 점을 들 수 있겠네요. 사전의 큰 기둥 두 가지는 표제어와 뜻풀이예요. 일상에서 쓰이는 어휘를 폭넓게 채집해 표제어를 충실히 갖춰야 한다고 생각해요. 도서관이라면 일단 책이 많아야 좋은 거잖아요? 좋은 사전이 되려면 우선 표제어가 많아야 한다고 봐요. 궁금한 단어가 있는데 사전에서 그 말을 찾을 수 없다면 그 사전은 별 쓸모가 없죠. 물론 사용되지도 않는 정체불명의 유령어를 잔뜩 실어놓고 부피만 키운 사전도 쓸모없긴 마찬가지지만요.

생활에서 쓰이는 단어라 하더라도 어디까지 사전에 올릴 것인가는 전문가마다 의견이 다르긴 해요. 어쨌든 저는 언어 공동체의 어휘를 망라하면 할수록 좋다는 입장입니다. 종합 국어대사전이라면 욕설이든 속어든 유행어든 방언이든 두루 수용해야 한다고 생각해요. 가령 '문자를 날리다'의 '날리다', '장난이 아니다(대단하다, 심하다, 상상 밖이다)' 같은 말은 여전히 사전에 올라 있지 않은데 그런 말들도 마땅히 사전에 등재되어야 한다고 생각해요. 그 모든 말은 소중한 우리말 자원이자, 한 시대의 문화와 사유가 응축된 결과물이라고 봅니다. 사전 작업을 하다 보면 이 말이 왜 여태 빠져 있었나 싶은 것들이 많아요. 최근에 생긴 말도 아닌데 오랫동안 사전에서 누락되어 있던 말들이요. 이는 어휘 수집이 그만큼 어렵다는 뜻입니다. 누락된 말이 "나 여기 있소" 하고 자진 신고할 일은 없으니까 끝없이 찾고 또 찾아야 하거든요. 문헌을 통해서든 귀를 열어서든 끊임없이 찾아서 열심히 채워 넣어야 합니다. 그게 사전 편찬자들이 해야 할 일이에요.

'왠지'라는 단어 있죠? 이건 『금성판 국어대사전』에 와서야 처음 표제어로 오른 말이에요. 이 말은 그 사전이 나오기 훨씬 전부터 사용되었는데 그동안 방치되었던 거죠. 왜 올리지 않았을까요? 구句라고 판단해서 혹은 아직 어휘화되지 않았다고 판단해서 안 올렸을 수도 있고, 미처 주의 깊게 보지 못해서 놓친 것일 수도 있겠죠. 어쨌든 그 말이 사전에 없다 보니까 표기가 항상 혼란스러웠어요. '왠지'와 '웬지'가 양립하는 상황이 벌어졌죠. 두 표기를 놓고 서로 자기가 옳다고 우기는 일이 적지 않았어요. 심지어 국어 교과서에 '웬지'가 버젓이 등장하기도 했습니다. '왠지'가 사전에 수록되면서 어느 것이 옳으냐는 논쟁은 종결되었지요. 이렇듯 사전의 표제어는 어휘의 목록을 늘리는 것에 그치지 않고 표기법을 정착시키기도 해요. 사전 편찬자는 자나 깨나 앉으나 서나 누락된 말과 새 말을 끊임없이 채집해야 해요. 이건 맨발로 뛰는 일이에요.

정 어휘 채집의 어려움을 말씀하셨는데, 사실 웹이 다 말뭉치잖아요. 웹에 축적된 어휘와 사전의 표제어를 비교해서 겹치는 것은 지우고 남는 것만 정리해도 자동으로 표제어에 없는 말을 꽤 잡아낼 수 있다고 봅니다. 그게 아주 어려운 일은 아닌데 포털은 잘하려고 하지 않습니다. 그걸 한다고 회사에 큰 도움이 되는 것은 아니니까 그만큼의 인력을 쓰지 않아요. 예전처럼 사전 하나 만드는 데 10명을 2년 동안 투입하는 식으로 투자를 한다면, 지금은 어마어마한 일들을 할 수 있어요. 그때는 이런 식의 사전을 대여섯 곳에서 냈던 거잖아요. 그걸 사회적 투자라고 생각한다면 옛날이 훨씬 풍요로웠던 거죠. 그때에 비하면 지금은 투자라고 할 수도 없습니다.

안 그렇게 하고도 수익이 났다는 거죠. 동아와 민중은 특히.

정 지금은 사전이 풍요로운데 위기거든요. 사전도 많고 사용할 수 있는 자원도 많지만, 이후의 방향성에 대해서는 누구도 언급하지 않는 거예요. 그러니까 현재는 풍족하지만 미래를 생각하지 않는 거죠. 정말 척박합니다. 그나마 있는 것 가지고 뭐라도 하는 곳이 포털이고, 나머지는 다 없어진 거니까요. 규모를 어느 정도 갖추고 진행하는 사전은 『겨레말큰사전』이 유일한 것 같아요. 어떻게 표제어를 선정해야 할까 고민하고 토론하는 곳은 거기뿐이라고 봐야 해요.

안 사전이 더 이상 수익을 낼 수 없기 때문에 이젠 국가기관 같은 곳에서 나서지 않는 한 개발이 어렵게 되어버렸죠. 예전엔 종이사전이 꽤 짭짤한 수익 모델이 되었지만, 시대가 변해서 사실상 종이사전이 시장에서 퇴출되었잖아요. 이제 사전 사업은 기대할 수 없게 되었습니다. 사전의 미래가 암울한 거죠.

정 그때는 컴퓨터로 작업하셨나요?

안 조판은 컴퓨터로 했어요. 이른바 컴퓨터 조판은 금성 사전이 처음으로 도입했죠. 그렇지만 원고 작업이나 교열 · 교정은 기존 방식과 별반 다르지 않았어요. 원고지에 집필하고 교정지 받아서 빨간 펜으로 교정 봐서 넘기는 건 이전과 같았습니다. 옛날 활판 인쇄 시절에는 조판을 한 뒤 지형을 뜨고 연판을 만들어 인쇄했기 때문에 내용을 수정하려면 이른바 '소강'이라고 하는 아주 번거로운 작업을 해야 했어요. 지금이야 컴퓨터로 수정해서 필름만 뽑으면 되니까 내용 수정이 아주 쉬워졌죠.

소강象嵌(ぞうがん)은 일본식 인쇄 용어로 사전에 표제어로도 올라 있다.

『고려대한국어대사전』	[출판] 연판이나 동판의 오자誤字를 도려내고 그 자리에 옳은 활자를 끼워 넣는 일.
『고지엔 일한사전』	(인쇄용어) 연판鉛版·동판銅版 등에서 수정할 곳을 도려내고, 나중에 수정한 활자 등을 삽입하는 것.

사전의 마케팅

정　아까 말씀하셨다시피 앞서 나온 사전들을 벽에 붙여놓고 보면 다 똑같잖아요. 비슷비슷한 중사전이 대여섯 곳에서 나왔는데, 어떤 식의 마케팅 전략을 세웠나 궁금합니다. 『금성판 국어대사전』은 그래도 선명한 지점이 있었지만, 영한사전이나 일한사전은 어떻게 홍보하셨어요?

안　표제어를 늘렸다, 기존 사전에 없는 단어를 많이 실었다, 풀이가 새로워졌다 하는 식으로 홍보를 하지만 결국 다들 하는 얘기예요. 새 사전을 만들거나 개정판을 낼 때마다 특장점으로 내세우는 내용 중에 그다지 새로운 건 없어요. 사전의 진가는 표지에 현란하게 내세우는 특장점보다는 항목 하나하나에 편찬자의 고민과 숨결이 얼마나 담겨 있느냐에서 확인할 수 있죠.

정　지금 다음에서는 금성 사전을 많이 쓰고 있는데, 금성출판사의 『뉴에이스 한한사전』이 특히 재미있었어요. 고전과 고사가 아주 많이 들어가 있더라고요. 다른 사전엔 그런 게 별로 없거든요. 그런가 하면 원문 인용은 있는데 뜻풀이는 없더라고요. 좀 어렵지 않나 싶었지만, 어쨌든 금성 사전만의 특징이 있었습니다. 또 『뉴에이스 일한사전』은 제가 중학교 때 일본어를 공부해야겠다고 생각해서 사전 몇 개를 비교해본 일이 있는데, 그때 고른 게 바로 그 사전이었어요. 뜻풀이가 좀 더 자연스러운 우리말이었던 것으로 기억합니다. 이렇게 사전마다 조금씩이라도 개성을 갖는 일이 참 중요한데 말이죠. 그런데 요즘은 개성은커녕 갱신도 거의 이루어지지 않고 있으니……. 사전 본판을 바꾸는 작업을 아무도 안 하고 있어요. 네이버는 능력은 되지만 안 하고 있고, 카카오는 못 하고 있죠. 네이버는 콘텐츠에 직접 손대는 것을 꺼리거든요. 제가 맡고 있는 카카오는 앞으로 직접 고치긴 하겠지만 아마 명시적인 오류 위주로 고칠 겁니다. 가장 흔한 예로 역사 문제가 있습니다. 예전에는 정신대라는 말을 많이 썼지만 지금은 일본군 성노예, 위안부라는 말을 많이 쓰잖아요. 이런 종류의 오류를 발견하면 일단 신속하게 적절한 수준에서 수정하고, 이후 전문가의 검토를 받아 보강합니다. 하지만 이렇게 분명하게 문제 삼을 만한 것이 아닌 이상 내용상의 업데이트는 웬만해서는 하기 힘들어요. 더 나은 내용으로 채우는 것도 어려울 뿐 아니라 작업의 범위도 너무 넓거든요. 제가 할 수 있는 최선은 신어들을 바로바로 넣는 정도입니다. 최소한의 보강만 하는 거죠.

안 어떻게든 수정을 한다는 것은 좋은 일이지요. 내버려둔다는 것은 사전의 퇴화를 뜻하니까요. 다음사전을 보면 예문은 풍부한데, 그 예문이 각각의 뜻 갈래까지 제대로 찾아주지는 못하는 것 같아요.

정 영어사전은 몇 개의 대역어(대응하는 번역어)를 중심으로 묶여 있습니다. 예를 들어 'apple'은 '애플(회사 이름), 사과, 사과나무, 뉴욕'이란 단어들과, 'wear'는 '입다, 착용하다, 옷, 쓰다, 닳다'라는 단어들과 묶여 있습니다. 그런데 이게 형태 분석기를 돌려서 자동으로 나온 결과라 오류가 꽤 있어요. 종종 사용자들이 오류라며 신고하기도 하는데 대부분 맞는 지적이에요. 그러니 대역어는 참고만 해야지요. 예를 들면 '금지, 규제, 비난하다' 등을 뜻하는 동사 'ban'을 반기문 전 유엔사무총장을 뜻하는 'Ban'으로 잘못 분석할 수도 있습니다. 물론 이것도 대소문자로 구분할 수 있겠지만 컴퓨터에게 아주 많은 일을 시키는 건 간단하지 않거든요. 그래서 항상 오류의 위험이 있지요. 자동으로 예문을 묶을 수 있는 것은 한외/외한 사전만 가능해요. 한국어사전은 단일어 사전이라 그게 해결이 안 됩니다. 결국 제일 까다로운 게 한국어사전이에요. 다시 말해서 아무리 고도의 기술로 사전 편찬을 자동화하고, 사용자 참여를 늘린다 해도 그것이 얼마나 제대로 만들어졌는지 꾸준히 검토하지 않으면 오류는 계속 발생할 수밖에 없어요. 그 과정에는 비용이 들지요. 제가 인력과 비용, 마케팅 얘기를 자꾸 하는 것은 그게 정말 중요해서 그래요. 그런데 사전학회에서 발표하는 사람들은 비용 얘기를 하지 않아요. 사전의 내용만 지적하지 누가 돈을 낼 것인가는 왜 얘기 안 할까요. 그건 핵심을 얘기하지 않는 것이거든요. 저는 그 점이 불편해요.

안 사전은 막대한 비용이 드는 일이라 새로운 수익 모델을 찾지 못하면 미래가 어둡죠.

한때는 이렇게 다양한 사전이 여러 출판사에서 출간되었다. 그러나 종이사전은 이제 헌책방에나 가야 볼 수 있는 과거의 유물이 되었다.

정 전 세계적으로 수익 모델은 없어지고 있으니까요. 일본도 상황이 심각하다더군요. 제가 일본에 갔다가 산세이도출판사 편집장을 만난 적이 있습니다. 일본 사전의 현황이 궁금해서 어쭙잖은 일본어로 물어보니 바로 매출 그래프를 보여주시더라고요. 쭉 떨어지는……. 산세이도가 구축해놓은 사전 라인이 아주 많은데, 어차피 모두 개정할 수는 없으니 중요한 사전만 개정할 것 같다고 하더라고요. 웹 콘텐츠 수익도 좀 줄었을 거예요. 2013년 12월에 야후 재팬이 그 전까지 직접 운영하던 사전 서비스를 아사히신문사의 무료 웹 백과사전 코토방크コトバンク(https://kotobank.jp)로 외주를 줬거든요. 이제 야후 재팬은 검색해주는 기능만 하죠. 그 과정에서 산세이도는 야후와 재계약을 못 하게 되었습니다. 다른 출판사들도 그렇고요. 야후 재팬이 코토방크로 사전 서비스를 일원화

하면서 아마 일본 사전 출판사들이 타격을 좀 입었을 겁니다. 우리나라는 네이버와 다음사전이 양강 구도로 경쟁을 해서 사전의 가짓수도 많고 서비스의 질도 좋은 편인데, 일본은 야후 재팬이 원톱이다 보니 서비스가 개선되지는 않는 것 같습니다. 사전 콘텐츠는 좋은데 검색 품질이 형편없어요. 그리고 전자사전 매출도 이제 흔들리고 있대요. 카시오 같은 회사들이 한국에서는 철수했어도 일본에서는 계속 팔고 있었거든요. 이제는 스마트폰 때문에 일본에서도 하락세인 거죠. 일본 사전업계는 우리만큼 급격하게 몰락하진 않겠지만 서서히 망해가고 있는 것 같습니다. 저작권 보호 잘하고, 콘텐츠 강국인 일본마저도 그런 상황인 거죠. 학교는 재원을 확보하는 방법이 좀 다르니까 학교에서 만드는 사전은 유지가 되겠지만, 수익을 내야 하는 일반 기업에서는 이제 사전을 만들기 어려울 겁니다. 맥밀런 같은 회사는 일찌감치 더 이상 종이사전을 안 찍겠다고 선언했잖아요. 개정도 안 하겠죠. 저는 언어별로 2개 이상만 살아남는다면 이후에 어떻게든 굴러간다고 생각해요. 그런데 한국어는 어떻게든 되겠지만 영어, 일본어사전은 누가 할지 모르겠습니다. 아무도 없어요. 영한사전이 몇 개씩 번역되던 시절도 있었지만, 지금 그것들이 거의 안 팔리니까 어느 것 하나 개정되지 않고 있어요.

외국어사전을 만든다는 것

정 저는 어디까지가 일본 사전의 유산인가에 대한 궁금함이 있었어요. 지금의 한국어사전은 일본 사전의 유산이 아주 많다는 느낌은 안 듭니다. 걷어내려다가 못 걷어낸 어휘들이 남아 있고, 예전에는 쓰였지만 지금은 안 쓰는 한자 어휘들이 많긴 하지만 뜻풀이에 일본 사전의 흔적이 많이 남아 있는 것 같지는 않아요. 하지만 한영, 한일사전을 볼 때는 도대체 어디까지 일본 사전을 베낀 것일까 하는 생각이 들곤 합니다. 솔직히 제가 당시에 사전 편찬을 했어도 당연히 일본 사전이나 영미 쪽 사전을 놓고 봤을 것 같긴 해요. 그 자체가 문제라는 게 아니라, 예전 분들이 어느 정도의 윤리적 감각을 가지고 사전을 만들었는지가 궁금한 겁니다. 언젠가 『파스칼세계대백과사전』을 만들었던 동서문화사에 간 적이 있어요. 사무실에 들어가면 양옆으로 책장이 죽 있었는데, 그 책장의 모든 책이 일본 책이었거든요. 시각적으로 충격을 받았습니다. 그게 예전 분들의 감각인가 싶었죠.

안 잘 보셨어요. 동서문화사 책장 앞에서의 그 직관이 어쩌면 정확할 겁니다. 그것이 우리나라 번역 출판의 한계였죠. 지금은 많이 극복되었지만 30~40년 전만 해도 세계 문학 번역서의 상당수가 일본어판의 중역이었으니까요. 사전도 마찬가지였지요. 영한, 일한, 한영, 한일사전 다 일본에서 개발한 사전을 놓고 작업했어요. 지난날 사전의 부끄러운 모습이죠. 영어사전을 만들 때 영미 쪽 사전을 토대로 만드는 것보다 일본에서 만든 영일사전을 놓고 번역하는 게 훨씬 손쉬운 작업이었으니까요. 그래서 일본어 특유의 잔재가 외국어사전에 아직도 많이 남아 있는 겁니다.

정 예전에 『성문종합영어』에서 보던 식의 문형, 즉 '동사 + that 절', '전명(전치사+명사)' 등 달달 암기하던 것들이 사전의 문형 정보에도 많이 남아 있는데, 그것들을 보면 영미 쪽에서 통용되는 체계와는 한참 거리가 있습니다. 일본에서 가져온 것 같다는 느낌이거든요. 최근에 영국 사전들이 번역되어 나오면서 그런 요소들과는 결별할 수 있게 된 것 같습니다. 『옥스퍼드 영한사전』을 보면 뜻풀이가 간결하거든요. 일본 사전의 잔재가 영한사전이 계속 개정되는 가운데서도 남아 있다가, 웹사전이 등장하고 영국 사전들이 번역되면서 차차 사라진 거죠. 일본 사전을 베끼던 흑역사가 타의에 의해 끝나버렸다는 느낌이 들어요.

안 영어사전이나 기타 외국어사전이 학자들의 연구 결과물로서 나오지 못하고, 사실상 사전 편찬자가 일본 사전을 번역하는 수준에서 만들어졌던 것이 우리 사전의 한계였죠.

정 제가 불어를 몰라서 제대로 확인해보지는 못했지만, 불어불문학회에서 불한/한불사전을 꽤 체계적으로 만들었다고 들었습니다. 영어사전은 우리가 바닥부터 쌓아올려서 만든 사례가 있는지 잘 모르겠습니다.

안 사실 외국어사전은 자국어사전보다 만들기가 몇 배는 더 어려워요. 용례만 해도 그래요. 용례는 작성례와 인용례가 있는데, 작성례 만드는 일이 여간 어려운 게 아니거든요. 자세히 들여다보면 한국인이 만든 한국어사전에도 부자연스러운 용례가 적지 않아요. 하물며 영어사전 작성례를 만든다는 게 한국인 사전 편찬자에게 얼마나 큰 부담이겠어요. 그래서 손쉬운 방법으로 일본 사전을 이용하지 않았나 싶어요. 뜻풀이도 어렵긴 마찬가지예요. 외국어사전은 뜻풀이를 한국어사전처럼 문장으로 제시하지 않고 대역어, 즉 단어로 제시하는데 외국어와 우리말이 일대일 대응이 되기 어렵기 때문에 한계가 있을 수밖에 없어요. 그런 문제를 극복하기 위해 여러 개의 단어를 제시하지만, 그 역시 완벽한 방법은 아니죠. 적절한 대역어를 찾는 일 자체도 만만치 않고요. 그럴 때 영일사전을 놓고 일본어 뜻풀이를 번역하면 일이 얼마나 간단해요. 그렇다 보니 영한사전에 일본식 한자어가 많이 섞여 들어갈 수밖에 없었죠.

한국인이 영한사전을 만든다는 것은 어떤 감각일까. 표제어를 선정하고 뜻 갈래를 나누는 작업을 한국인이 하기는 어렵다고 생각한다. 모국어에 대한 감각이 절대적으로 필요한 영역이니까. 하지만 한국인이 더 잘 이해할 수 있는 내용으로 뜻풀이를 하거나 한국인이 유독 많이 틀리는 부분을 강조해 기술하는 일은 충분히 가능하다. 또 목적에 따라 사전을 달리 만들어볼 수도 있다. 예를 들어 학습자와 번역자가 사전을 찾는 목적은 꽤나 다르다. 학습자라면 뜻 갈래가 조금 거칠게 나뉘더라도 어휘의 전체적인 의미를 짚어나가는 사전이 필요할 것이고, 번역자라면 어휘의 미묘한 감각 차이를 포착할 수 있게 다양한 대역어를 제시하는 사전이 유익할 것이다. 한국인이 영한사전을 만든다면 이렇게 사전 이용자의 필요와 감각에 맞춰 기술 방식을 바꾸는 일이 충분히 가능하다고 본다. 번역 작업을 많이 한 번역가는 영한사전에는 없는, 자기만의 대역어 리스트를 가지고 있을 것이다. 그런 것들만 모아도 충분히 좋은 사전이 될 수 있다. 원래 사전은 각주의 집합이니까. 나는 메모만 모아도 사전이 된다고 생각한다.

현재 다음 영한사전과 한영사전 상단에서 제시하는 대역어는 좌측 하단의 뜻/문법 부분(금성출판사 『그랜드 영한사전』에서 가져온 콘텐츠)에서 보여주는 대역어와 상당히 다르다. 종이사전이 아니라 웹에서 수집한 예문을 기반으로 했기 때문이

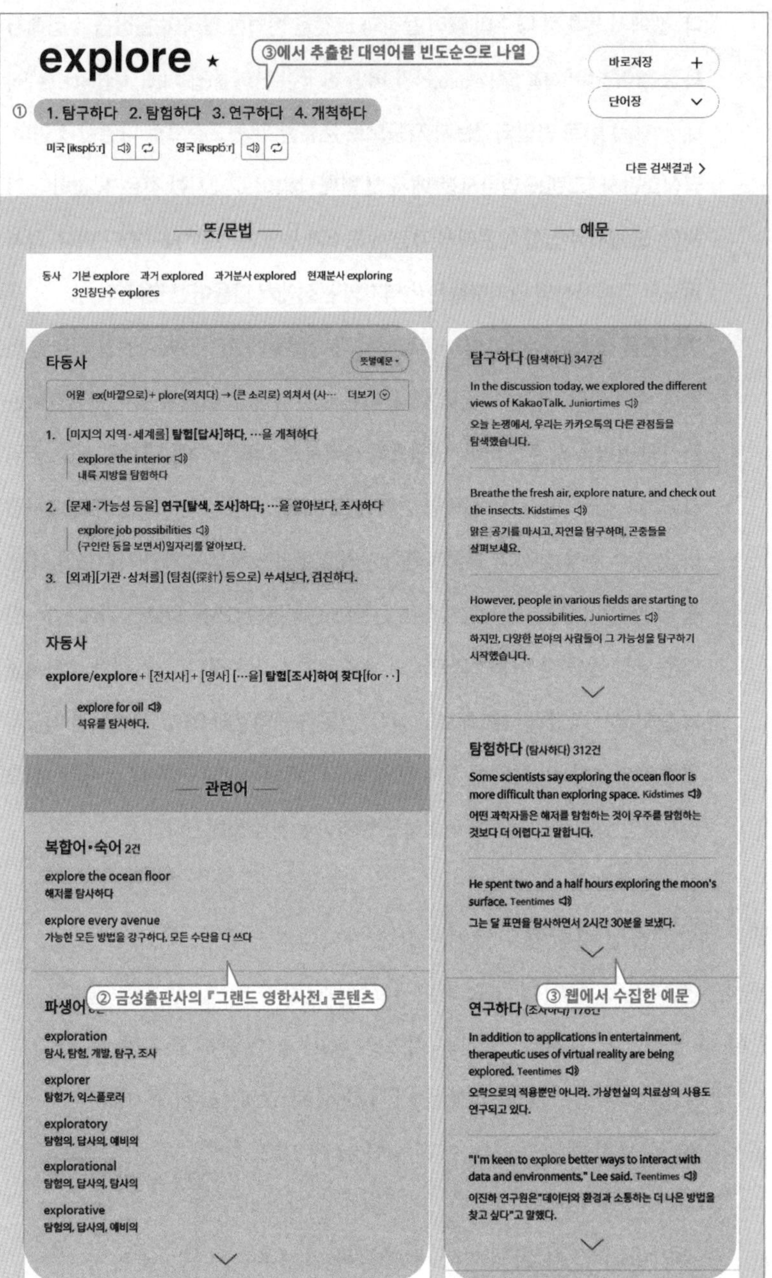

다음 영한사전에서 'explore'를 검색한 결과.

다. 웹에서 불특정 다수의 영어 문장과 그것을 번역한 한국어 문장을 수집해서 특정 영어 단어(예를 들어 explore)가 어떤 한국어 단어들(탐구하다, 탐험하다, 연구하다, 개척하다 등)로 번역되었는지 자동으로 분류한 뒤 빈도순으로 나열한 것이다. 금성출판사 『그랜드 영한사전』에서 첫 번째 대역어로 제시한 것은 '탐험하다'이지만, 웹에서 수집한 예문에서 가장 빈도수가 높았던 것은 '탐구하다'이다. 다시 말해서 다음사전의 대역어들은 번역자의 관점에서 만들어진 것이다.

번역가들 중에는 자신이 번역 과정에서 적어놓은 메모를 모아 사전을 만들면 어떨까 하고 이야기하는 이들이 있다. 나는 대찬성이다. 실제로 번역가 안정효는 자신의 번역 노하우를 모아 『안정효의 오역사전』이라는 책을 내기도 했다. 번역자들이 자신의 감각으로 선택한 번역어를 모으면 매우 참신하고 깊이 있는 사전이 나올 수 있을 것이다. 이렇게 개개인의 경험과 노하우에 기댄 사전도 좋지만, 좀 더 현실적이고 효율적인 방식은 원문과 번역문의 DB를 확보한 뒤에 원문-번역문 문장 쌍을 분석해서 대역어의 목록을 추출하는 것이다. 언젠가 출판사들과 협의해서 이런 작업을 해보고 싶다. 원문과 번역문의 DB만 확보되면 어렵지 않은 작업이다. 이 작업을 통해 번역 도우미 프로그램도 개발할 수 있다. 주요 명사들만 일관성 있게 치환해놓아도 번역이 훨씬 수월해진다.

정 말씀하신 것처럼 한국어사전은 어디선가 인용을 해오든 새롭게 작성하든 모국어니까 나름의 감각이 있잖아요. 이 정도면 괜찮다는 편안함이 있지만, 영어는 아무리 많이 공부를 해도 그게 온전히 내 감각, 자연스러운 감각이 되기가 쉽지 않죠. 그런 못 미더운 감각으로 사전을 만들려니 어려움이 있는 거죠.

안 우리나라 영어 교과서의 문장들에 오류가 많다는 얘기가 있어요. 영어권 화자들이 보면 억지스럽다고 지적하는 경우가 꽤 있다더군요. 외국어 문장을 자연스럽게 만드는 것은 결코 쉬운 일이 아니죠.

읽는 재미, 지적 만족을 주는 사전

정 저는 빈도주의자예요. 대부분의 언어 현상은 빈도와 분포가 설명해준다고 생각하거든요. 뜻풀이도 중요하지만 더 중요한 것은 예문이라고 생각합니다. 뜻풀이만 보면 이해 안 되는 것도 많지만 예문은 모든 것을 설명해주거든요. 사람은 어떤 문장을 마주했을 때 단어 하나하나를 각각 분석해서 받아들이는 게 아니라 문장을 통째로, 각 단어들이 어우러진 관계 전체를 입체적으로 받아들이잖아요. 그러니 다양한 예문을 많이 접하게 해주면 그 안에서 각 단어의 의미도 파악할 수 있다고 봅니다. 각 단어가 사용된 빈도라고 하는 확실한 숫자를 체계적으로 보여주는 것만으로도 많은 내용이 전달되죠. 아, 이것은 사용된 적이 있는 말이구나. 이것은 아주 중요한 단어구나. 이런 식으로 생각하며 넘어가게 되는 거죠. 구구절절 풀어서 설명하기보다는 그 단어가 실제 사용된 예문과 사용된 횟수, 즉 빈도가 많은 것을 설명할 수 있다고 봅니다.

안 그러기 위해서는 말뭉치가 충분히 많아야 해요. 하지만 지금까지 구축된 말뭉치로는 턱없이 부족하죠. 균형성도 없고요. 국립국어원만 하더라도 수치로는 2억 어절 가까이 구축했다고는 하나 중복된 것이 많고, 그나마도 외부에 공개한 것은 3600만 어절 정도밖에 안 돼요. 영국의 『콜린스 코빌드 영어사전』이 5억 어절 이상의 말뭉치를 구축해놓은 것과 비교하면 많이 부족하죠. 말뭉치가 충분히 크면 설명하고자 하는 문법 내용을 제시하고, 그 실제 사례를 말뭉치에서 추출해 보여줄 수 있습니다.

정 한국어사전을 보면 한 단어에 20~30개 정도의 뜻 갈래가 있는 것도 많잖아요. 저는 그게 좀 과하다고 생각합니다. 편찬자 A와 B가 특정 단어의 뜻 갈래 20개를 학습한 뒤에 문장에서 그 단어를 보고 서로 상의 없이 '그건 5번 뜻이다'라고 규정할 수 있느냐는 겁니다. 수많은 사례에서 A와 B가 혼동하지 않고 일관성 있게 뜻 갈래를 분류할 수 있을까요? 이에 대해 어떻게 생각하시는지요.

안 기초 어휘의 뜻 갈래가 많아지는 건 불가피하다고 생각해요. '하다, 되다, 가다' 같은 기초어는 사용 빈도가 높은 만큼 의미 분화도 많아질 수밖에 없죠. 이건 다른 나라 사전도 마찬가지예요. 뜻 갈래가 많아지다 보면 3번 풀이와 4번 풀이의 구분이 모호해질 수 있지요. 뜻 갈래의 경계가 항상 명쾌한 것은 아니에요. 무지개 색깔의 경계가 또렷하게 구분되는 게 아닌 것처럼. 그런데 정작 뜻풀이의 문제는 다른 데 있어요. 예전 사전들의 뜻풀이는 실제 언어 자료에서 의미를 추출했다기보다는 사전 편찬자의 직관에 의존한 경우가 많았습니다. 실제 자료들을 가져다 놓고 귀납적으로 뜻풀이를 해야 하는데 편찬자의 머릿속 직관으로 단어의 뜻을 연역해 버렸어요.

어떤 점에서는 이해할 만해요. 예전에는 말뭉치라는 자료가 없었으니까. 그래서 선행 사전의 풀이를 상당 부분 따라갈 수밖에 없었지요. 그렇게 귀납적이지 않은, 즉 연역적인 작업 때문에 실제의 언어 현실과 괴리되거나 상충되거나 언어 현상을 제대로 설명하지 못하는 풀이가 생겨난 거죠. 하지만 이제는 상황이 달라졌어요. 자체적으로 말뭉치를 구축하지 않아도 참고할 수 있는 언어 자료가 웹에 널려 있어요. 웹 자체가 말뭉치잖아요? 물론 웹 자료는 정제되지 않은 상태긴 하지만요. 지금부터라도 말뭉치를 토대로 언어 현실을 정확하게 반영하는 사전을 만들어야 해요.

『연세한국어사전』이 그런 노력을 많이 했어요. 이 사전은 말뭉치를 구축해놓고 현대 한국어를 모아 담은 공시사전이거든요. 표제어가 5만 어휘에 불과하지만 제가 볼 때는 우리나라 최초의 공시사전이에요. 다른 국어사전은 통시사전인지 공시사전인지 구별이 잘 안 돼요. 통시사전이라고 보기엔 역사성이 결여되어 있고 공시사전이라기엔 현재 쓰이지 않는 단어가 너무 많아요. 『연세한국어사전』은 뜻풀이가 너무 간결하고 표제어 규모도 작은 편이지만, 현대 한국어의 모습을 담으려고 애쓴 최초의 공시사전이라는 점을 높이 평가하고 싶습니다.

통시사전은 역사적으로 접근하여 만드는 사전으로 한 어휘가 여러 시대에 걸쳐 어떻게 사용되었는지를 다룬다. 예를 들어 『옥스퍼드 영어사전』(OED)에는 어휘의 시대적 용례가 연대기적으로 적혀 있어 어떤 식으로 의미가 변해왔는지 알 수 있다. 공시사전은 특정 시대에 사용된 어휘로 한정하여 만드는 사전이다. 1995년에 태학사에서 『17세기 국어사전』이 출간되었고, 20세기 한국어사전 가운데 대표적인 공시사전으로는 『연세한국어사전』을 꼽을 수 있다. 한국어사전 중에서는 본격적인 통시사전이라고 할 만한 것이 아직 없다. 기존의 대사전은 대부분 20세기 후반부의 어휘를 다루는 공시사전이면서 어원 등의 통시적 요소를 일부 담고 있을 뿐이다.

안상순, 조재수 선생님과 학계 연구자들의 가장 큰 차이를 여기서 읽을 수 있다. 즉 사전을 직접 편찬해본 사람은 사전이라는 '상품'을 만들어낸다는 것이 얼마나 힘들고 시간에 쫓기는 일인지 잘 알고 있다. 그렇기 때문에 당연하게도 웹 자체를 그냥 말뭉치로 간주하고 사용하면 된다는 식으로 접근한다. 하지만 학계 연구자들은 좀 다르다. 웹은 말뭉치일 수 있지만 균형 잡힌 것도 아니고 언어 파괴의 현장이기 때문에 사전을 만들기에 적절한 말뭉치로 보지 않는다. 학계에서는 도서, 신문, 방송, 구어 채집 등 여러 분야를 망라해 비율을 조정한 순도 높은 말뭉치만을 인정하려고 한다.

나는 둘 중 하나라면 학계보다는 사전업계 쪽에 가깝다. 사전 작업을 할 때마다 일모도원日暮途遠이라는 고사가 생각나곤 했다. '날은 저물고 갈 길은 멀다'라는 뜻인데 오자서의 이야기와 함께 읽어보면 더 맛이 깊다. 날이 저물고 있으니 방망이 깎는 노인처럼 99.9퍼센트까지 순도를 높일 시간이 없다. 95퍼센트 혹은 90퍼센트 정도의 완성도라면 일단 사용자에게 보여주고 이후 피드백을 받아서 고치면 된다. 이게 내 관점이다. 해야 할 일은 너무 많고, 일할 사람은 적으니까.

나는 업계와 학계가 서로 도움을 주고받으며 함께 발전해갔으면 좋겠다. 학계의 성과물은 그 자체로도 가치 있고 사전을 만드는 데도 큰 자극이 된다. 하지만 학계에는 사전에 대해 논평하는 사람은 많지만 사전을 직접 만드는 사람은 거의 없다. 그리고 학계는 학교 안에서 어떻게든 살아남지만 업계는 거의 초토화되었다. 이런 기이한 상황을 보고 있으면 가끔은 어지럽다는 생각이 든다.

정 처음 질문으로 돌아가면 '밥을 먹다/약을 먹다'에서 '먹다'는 의미 차이가 크지 않지만 '밥을 먹다/돈을 먹다'에서 '먹다'는 선명하게 구별이 된다고 생각하거든요. 저는 '밥을 먹다'와 '약을 먹다'까지 구분해줘야 하는가에 대해서는 회의적인 입장입니다. 20~30개의 뜻 갈래로 나뉜 것을 5, 6개로 줄일 수 있는 경우도 많을 거라고 봐요. 저도 기본적으로는 의미를 섬세하게 기술하는 게 중요하다고 생각하지만, 수용자 입장에서는 정보가 너무 많으면 받아들이기 힘들거든요. 어느 정도는 직관적으로 구분되는 형태로 갈라 넣는 것이 맞고, 그것을 바탕으로 더 큰 사전을 만든다면 세분화할 수도 있겠죠. 저는 그 세분화에도 근거가 좀 더 필요하다고 생각하지만요. 문형이 다르다거나 뭔가 좀 더 선명하게 구분할 근거가 필요하다고 봅니다. 머릿속 사전이 아니라 무엇을 근거로 만들었느냐는 질문에 답할 수 있는 사전이 있으면 좋겠습니다.

안 동감하고요. 국어사전을 면밀히 들여다보면 뜻 갈래가 왜 이렇게 되었는지 이해하기 어려운 사례가 많아요. 1번의 뜻 갈래에 5번의 용례가 들어가도 별 문제가 없는 것들이 적지 않습니다. 사전의 뜻풀이를 기술할 때 좀 더 섬세한 기준이랄까, 이런 것들이 필요할 것 같습니다. 뜻풀이가 많은가 적은가의 문제보다는 뜻 갈래가 합리적인가 아닌가가 문제겠죠.

필요하다면 뜻 갈래가 30개 아니라 50개도 될 수 있다고 봐요. 사전은 때때로 보통의 독자보다는 고급 독자를 위한 책일 수 있다고 생각합니다. '가다, 되다, 하다' 같은 표제어는 한국인 일반 독자가 볼 일은 거의 없다고 생각해요. 이미 다 아는 단어니까요. 그런 단어는 언어를 보다 섬세하게 관찰하고 싶어 하는 고급 독자가 보는 것이죠.

다만 한국어를 외국어로 공부하는 이들에게 정보를 주는 경우라면 얘기가 달라지겠죠. 모국어 화자를 위한 사전이냐, 외국어 학습자를 위한 사전이냐에 따라서 사전의 내용이 달라져야 한다고 생각합니다. 외국어 학습자에게 '가다, 되다, 하다'를 설명하면서 너무 섬세하게 뜻 갈래를 제시하면 오히려 역효과가 날 것 같아요. 외국어 학습자를 위해서는 정 선생 말씀대로 뜻 갈래를 좀 더 단순화할 필요가 있겠죠. 우리도 중고등학교 시절에 영어사전에서 'take, have' 같은 동사를 찾아보면 숨이 턱 막히고 그랬잖아요. 몇 페이지에 걸쳐 깨알같이 박힌 뜻풀이를 보면 막막하기도 하고 기가 죽기도 하고. 외국어 학습자를 위한 뜻풀이와 모국어 화자를 위한 뜻풀이가 같아선 안 되겠죠.

다만, 외국인용이든 한국인용이든 동사, 형용사의 문형 정보는 섬세하게 기술했으면 해요. 어떤 동사나 형용사가 한 자리 서술어인지, 두 자리 서술어인지, 세 자리 서술어인지를 명확하게 밝혀주는 것이 필요하다고 봅니다. 또 주어나 목적어가 사람인지, 동물인지, 무정물無情物인지 등도 자세히 제시하는 게 좋고요. 이런 정보는 외국인 학습자뿐 아니라 한국인에게도 꼭 필요해요. 무엇보다 정확한 글쓰기를 하려면요. '무엇이 어찌하다'인지, '무엇이 무엇을 어찌하다'인지, '무엇이 무엇과 어찌하다'인지, 또 '무엇'이 사람인지 신인지 물건인지 장소인지 등을 사전은 가능한 한 섬세하게 기술해줘야 합니다.

『현대 한국어 동사구문사전』(홍재성 외)은 이런 정보를 어떻게 제시할 수 있는지 구체적이고 실천적으로 보여준 의미 있는 사전이에요. 표제어 개수가 너무 적어서 좀 아쉽긴 하지만요. 『연세한국어사전』이나 『표준국어대사전』에 이르러 문형 정보가 본격적으로 도입된 건 다행스러운 일이죠. 이 부분은 앞으로 더욱 심화 발전시켜야 한다고 생각해요.

지금까지 국어사전이 모국어 화자에게서 그다지 호응을 얻지 못했던 건 독자보다는 사전 자체에 원인이 있는지도 모릅니다. 사전이 독자가 애써 찾아볼 만한 가치 있는 정보를 충분히 주지 못했기 때문일 수도 있다는 거죠. 기껏해야 어떤 단어를 한자로 어떻게 쓰나, 맞춤법에 맞나 틀리나, 띄어쓰기를 어떻게 하나를 알기 위해 사전을 들출 뿐이었죠. 그건 사전이 그 이상의 역할을 하지 못했기 때문입니다. 우리말을 좀 더 깊이 들여다보고 싶은 욕구를 충족시킬 만한 콘텐츠가 부족했던 건 아닌지 냉철하게 반성해볼 필요가 있어요.

정 읽을 사람은 별로 없겠지만 지적 호기심이 넘치는 소수의 사람들이나 연구자들을 위해서 안 가본 길을 가볼 필요도 있는 거잖아요. 방금 말씀하신 것처럼 맞춤법이나 띄어쓰기는 이미 여러 사전들이 해결해줬고, 또 요즘엔 검색해서 찾아볼 수도 있으니까요. 서울대 불문과에 계셨던 홍재성 선생님이 '이다'만으로도 책 한 권을 쓸 수 있다고 하셨던 것처럼, 우리가 중요 어휘들에 대해 바닥까지 가본 적이 있는지 스스로 물어야 한다고 생각해요. 히말라야 14좌 완등을 목표로 인간의 한계를 시험하는 것처럼, 한국어에 대해 갈 수 있는 데까지 가보는 거죠. 그 시도 자체만으로도 의미 있다고 생각해요.

안 보통 사람들은 사실 사전을 찾을 일이 별로 없죠. 언어를 세밀하게 들여다보려는 욕구가 그리 크지 않으니까요. 그렇지만 언어에 대해 조금이라도 관심이 있는 사람이라면 뭔가 더 알고 싶어서 찾아본단 말이에요. 가령 '두렵다'와 '무섭다', '즐겁다'와 '기쁘다'가 어떤 차이가 있는지 사전을 통해 알아보고 싶은 사람들이 있단 말이죠. 현재의 사전들은 그런 욕구를 해결해주기에 미흡한 점이 많아요. 비슷하긴 하지만 분명히 다른 말인데도 그 차이를 꼬집어 드러내지 못하고 있거든요. 이런 말일수록 순환 풀이에 빠져 있는 경우가 많아요. 그래서 사람들이 '사전은 재미도 없고 별 도움이 안 되는군' 하고 실망해서 덮어버리게 만들죠. 앞으로 국어사전이 나아가야 할 방향은 고급 수요에 부응하는 일이라고 봐요. 그러기 위해서는 뜻풀이가 더 섬세해져야 하고, 문법 정보가 더 심화되어야 한다고 생각합니다. 그래야 사전을 찾는 사람이 '아, 그렇구나! 이런 게 있었구나!' 하고 지적 만족을 얻죠. 우리말의 감춰진 속살을 새롭게 알게 되는 기쁨을 사전을 통해서 얻을 수 있다면 얼마나 좋을까요?

사전이 지금까지 읽는 재미를 주지 못했다는 언급은 이 인터뷰를 관통하는 통렬한 비판이다. 사전을 읽는 사람은 지적 호기심이 있는 사람인데, 그들의 욕구만큼 사전의 서술이 정밀하지 못했다는 자성이다. 지금 한국어사전의 뜻풀이는 분명 길게 서술되어 있지만 무의미하게 길기만 한 것은 아닌지, 과거의 내용을 답습하고 있는 것은 아닌지 고민할 필요가 있다. 『콜린스 코빌드 영어사전』은 뜻풀이를 반드시 문장으로 하는 것으로 유명하다. 나는 그런 문장 형식의 뜻풀이가 종종 어색하다고 느끼지만, 적어도 다른 영어사전과 명백하게 다른 방식의 접근이라는 점만큼은 높이 평가하고 싶다. 이런 개성 덕분에 영어사전에 관한 이야기에서 다른 사전들은 언급되기도 하고 빠지기도 하지만, 『콜린스 코빌드 영어사전』만큼은 거의 빠짐없이 등장한다. 일본어사전 중에서는 『신메이카이국어사전』이 대표적이다. 이 사전은 기존 사전의 뜻풀이에서 최대한 벗어나려고 노력한 흔적이 엿보인다. 아래의 예를 보면 어떤 의미인지 대번에 감이 올 것이다.

동물원 사람들에게 생태를 보여주는 한편 보호하기 위해 잡아온 날짐승, 들짐승, 물고기, 벌레 등을 좁은 공간에서 생활하게 하고 죽을 때까지 가둬두는 인간 중심의 시설. -『신메이카이국어사전』(4판)

여기서 안상순 선생님이 언급한 '재미'는 개성이라기보다는 정밀한 서술과 의미 간의 선명한 구분인 것 같다. 그것이 높은 지향점 혹은 이상이라고 한다면 기존 사전과 달라지려는 노력 또한 재미를 줄 수 있는 방법의 하나일 것이다. 지금처럼 사전의 상업적 가치가 떨어진 상황에서는 더욱이 기존 사전과 뭔가 달라야 존재의 의미를 찾을 수 있다.

정 섬세한 구분, 세밀한 서술은 자국민에게도 좋다고 생각해요. 머리로 알고는 있지만, 인지하지 못했던 사실이 눈에 들어오면 '어라? 재미있네' 하는 생각이 들잖아요.

안 언어 지식이라는 것이 대부분 무의식 속에 내면화되어 있는 것이잖아요. 가령 '두렵다'와 '무섭다'를 직관적으로 알고 구분해서 사용하지만, 그 차이가 무엇인지 콕 집어서 말하기는 어려워요. 그 직관은 무의식에서 오는 거니까요. 사전의 뜻풀이는 무의식으로 내면화되어 있는 지식을 의식으로 끌어올려서 보여줘야 한다고 생각합니다. 그래야 사전을 찾는 사람이 무의식으로는 알고 있지만 명확하게 의식할 수 없었던 사실을 새삼스럽게 깨달을 수 있죠. 지금까지 사전이 그런 기쁨과 만족감을 독자에게 충분히 주지 못했다면, 앞으로는 더 고민하고 노력해서 부족한 부분을 채워나가야 합니다.

정 선생님 말씀을 종합해보면 규범사전보다는 뜻풀이를 귀납적으로 구성한 기술사전이 중요하고, 말뭉치를 기초로 사전을 만들어야 하지만 사전 편찬자가 충분히 개입해야 한다고 생각하시는 거네요.

안 사전 편찬은 학문은 아니지만 또 다른 차원의 언어 탐구라고 봅니다. 사전 편찬자가 언어에 깊이 천착하지 않으면 언어의 실상을 입체적으로 구명하기 어려워요. 그렇게 하려면 학자들의 연구도 많이 섭렵해야 하겠죠. 그간의 학문적 업적을 널리 참고하면서 사전의 지평을 점차 넓혀가야 합니다.

무엇이 좋은 예문인가

정 작성례를 만드는 게 보통 어려운 일이 아니라고 하셨잖아요. 그 단어가 들어간 예문도 많을 텐데, 굳이 작성례를 넣을 때는 아마 좀 더 전형적인 문장을 제공하겠다든가 하는 의도가 있는 것이겠죠? 말씀하신 것처럼 어색한 예들이 있잖아요. 작성례와 인용례는 어느 정도 비율로 들어가면 좋을까요? 사실 적절한 예문 찾기가 귀찮을 때 작성례를 만든 것 아닌가 하는 의심도 해봤거든요. 어떤 때 작성례를 만드셨어요?

안 작성례와 인용례는 역할이 서로 다르다고 봅니다. 작성례를 통해서는 표제어의 가장 전형적이고 표준적인 예를 보여주고, 인용례로는 그 말이 작품 속에서 얼마나 맛깔스럽게 쓰였는지를 기유 명 ⇨구유(방언).
기유〔己有〕명 자기 소유의 물건.
기유〔己酉〕명 60갑자의 마흔여섯째.
기ː유〔耆儒〕명 늙은 유자(儒者).
기ː유〔覬覦〕명 분수에 넘치는 일을 바라는 것. 또는, 아랫사람으로서 바라서는 아니 될 일을 바라는 것. 기ː유-하다 동(자) 여불
기유-각서〔己酉覺書〕[—써] 명〔역〕1909년 일본이 한국의 사법권 및 감옥 사무(監獄事務) 처리권을 빼앗기 위하여 강제로 체결한 외교 문서. 이완용(李完用)과 소네 아라스케(曾禰荒助) 통감 사이에 맺어짐. 이로 인하여 법부(法部)와 재판소는 폐지되었고, 그 사무는 통감부의 사법청(司法廳)에 옮겨짐.
기유맹〔Roger Charles Louis Guillemin〕명 프랑스 태생의 미국 의학자(1924~). 각종 호르몬의 방출 인자(放出因子)의 존재 및 그 구조를 증명함. 1977년 노벨 생리학 의학상을 받음.
기유-조약〔己酉條約〕명〔역〕조선 광해군 1년(1609)에 일본과 맺은 송사(送使) 조약. 전문 13조로 되어 있으며 쓰시마(對馬) 섬의 세견선(歲遣船)을 20척으로 규정하고 사신(使臣)의 접대·대우·벌칙(罰則) 등을 정하였음.
기-윤〔紀昀〕명 중국 청나라의 학자(1724~1805). 자는 효람(曉嵐)·춘범(春帆), 호는 석운(石雲). '사고 전서(四庫全書)'의 편찬과 그 총목 해제(總目解題)인 '사고 전서 총목 제요(提要)' 편찬의 중심 인물임.
기율〔紀律〕명 도덕상으로 여러 사람에게 행위의

기익〔機翼〕명 항공기의 날개.
기인〔奇人〕명 성격이나 말·행동이 별난 사람. 기인(畸人).
기인〔其人〕명〔역〕고려 초기에 지방 호족의 자제로서 중앙에 볼모로 와서 그 출신 지방의 행정에 고문(顧問) 구실을 하던 사람. 기인 제도(其人制度).
기인〔起因〕명 일이 일어나게 된 까닭. 기인-하다 동(자) 여불 ¶그의 병은 전적으로 과로에서 기인한 것이다 / 마침내 S도 수많은 동포와 함께 귀국할 것을 결심했다. 그 동기는 단순한 생활난에만 기인한 것이 아니었다. 해방된 조국은 일꾼을 부른다고 흥분했기 때문이다《孫昌涉 神의 戱作》. 기인-되다 동(자)
기인〔飢人〕명 굶주린 사람. 기자(飢者).
기인〔基因〕명 ①근본이 되는 원인. ②(어떠한 것에) 원인을 두는 것. 기인-하다 동(자) 여불 (어떠한 것에) 원인을 두다. 기인-되다 동(자)
기인〔欺人〕명 사람을 속이는 것. 기인-하다 동(자) 여불
기인〔幾人〕명 몇 사람.
기인〔棄人〕명 ①정상적인 도리에 벗어난 짓을 하여 버림을 받은 사람. ②=폐인.
기인〔旗人〕명 중국 청나라 때 만주 사람을 일컫던 말.
기인〔畸人〕명 ①=기인(奇人). ②=불구자.
기인-계〔其人契〕[—계 / —게] 명〔역〕조선 시대에 땔나무와 숯을 공물(貢物)로 바치기 위하여 만든 계. ▷기인(其人).

『금성판 국어대사전』의 '기인起因' 항목이다. 첫 번째 예문 '그의 병은 전적으로 과로에서 기인한 것이다'는 작성례이고, 출처와 함께 제시된 두 번째 예문은 인용례이다.

보여준다고 생각합니다. 작성례는 구와 문장으로 구별되는데 구는 연어나 자주 어울려 쓰이는 언어 단위를, 문장은 가급적 통사적 완결성을 갖춘 예를 제시하는 것이 좋습니다. 또한 빈도가 높고 익숙한 표현을 우선적으로 택해야 합니다. 무엇보다 자연스러워야 하고요. 작성례는 편찬자가 만들기 때문에 뜻풀이에만 신경 쓴 나머지 억지스러워진 경우가 적지 않습니다. 말뭉치를 충분히 참고하여 최대한 자연스럽고 매끄럽게 만들어야 합니다. 인용례는 문학작품을 출전으로 삼는 일이 많은데, 일부만 잘라내다 보면 문맥을 파악하기 어려워지거나 문장이 통사적 완결성을 갖추지 못하는 경우도 많습니다. 가급적 그런 결점이 없는 문장을 가려내는 게 중요해요. 그렇지만 예를 찾기가 극히 어려울 때는 그런 결점이 있어도 선택할 수밖에 없지요.

인용례는 문체의 아름다움이나 문학적 향취, 한국어의 말맛을 보

여줄 수 있다는 특징이 있습니다. 어떤 말이 주로 특정 작가에게서 만 쓰인다면 작성례보다는 인용례로 제시하는 편이 더 적절하겠지요. 가령 홍명희의 『임꺽정』에는 다른 작가의 작품에서는 보기 어려운 어휘가 꽤 있습니다. 그런 작가의 어휘라면 인용을 통해 생생한 용례를 보여줄 수 있지요. 또한 인용례는 사용 연대를 간접적으로 보여주는 기능도 있습니다. 가령 '고공살이(=머슴살이)'라는 말이 이기영의 『신개지』에서 인용되었다면 1930년대에 쓰이던 말이구나 하고 짐작할 수 있죠. 지금은 거의 쓰지 않는 이 말을 작성례로 제시한다면 용례의 의의가 반감된다고도 할 수 있어요.

정 저는 작성례와 인용례의 역할을 이렇게 구분해서 설명해주는 말을 거의 들어본 적이 없어요. 선생님 말씀이 제가 지금껏 들었던 것 중에서 가장 명쾌하고 상세한 설명이네요. 그동안 작성례는 용례를 찾기가 너무 힘들 때 급하게 만들어 쓰는 것 아닌가 하는 편견이 있었습니다. 자연어는 너무 길고 문맥 의존적인 면이 있으니까 적당히 줄이고 다듬고 바꿔서 내놓은 거라고 생각했어요. 그래서 지금은 웹에 용례가 넘쳐나니까 얼마든지 인용례만으로도 생동감 있는 사전을 만들 수 있다고 생각했지요. 선생님은 새로 사전 작업을 한다 해도 작성례를 만드시겠다는 거죠?

안 당연합니다. 작성례도 필요하고 인용례도 필요합니다. 혹자는 인용례로만 사전을 만들어야 한다, 또는 널리 쓰이는 일상 언어는 굳이 예문이 필요치 않다는 등의 이야기를 하는데요. 저라면 작성례와 인용례를 다 제시하겠습니다. 양자는 상호 보완적이라는 게 제 생각입니다.

작성례에 대해서 나는 양가감정을 가지고 있다. 분명히 사전 이용자를 위한 것인데 뭐랄까, 언어를 박제해놓는다는 느낌이다. 편찬자가 너무 깊게 개입하고 있다는 생각도 든다. 실제로 사용된 예문을 펼쳐놓은 뒤 언어를 관찰하고 기술하는 게 편찬자의 기본 역할인데, 예문을 직접 만드는 일은 그 선을 넘는 느낌이랄까? 특히나 웹사전을 만드는 나로서는 작성례는 감히 생각할 수도 없다. 예문을 편집하는 데는 품이 너무나 많이 들어가기 때문이다. 그래서 나는 작성례에 대한 생각은 아예 접고, 수많은 인용례 가운데 무엇이 좋은 예문인지를 걸러내는 기준을 고민하고 있다. 예문이 수천 건 있어봐야 사용자가 보는 것은 고작 5개 정도이기 때문이다. 다시 말해서 상위 5개에 얼마나 좋은 예문을 끌어올릴 수 있는가가 중요하다. 여기 내가 생각하는 좋은 예문의 기준 몇 가지를 적어보겠다.

1. 기초 어휘가 많이 사용된 문장
2. 복문보다는 단문
3. 길이가 20어절 이내인 문장
4. 서로 다른 문형이 사용된 문장을 골고루 제시
5. 함께 자주 사용되는 표현(연어)이 등장한 문장
6. (영어사전의 경우) 영미권 화자가 직접 녹음한 음성이 포함된 문장
7. 출처 신뢰도가 높거나 명언으로 알려진 문장

규범성과 기술성

정 선생님께서 요즘 사전들을 보시면 개탄할 일이 많을 겁니다. 왜냐하면 오픈사전 같은 게 많잖아요. 거기에 사람들이 뭔가를 막 집어넣는데, 문제는 이게 오픈사전/표준국어대사전 등으로 선

명하게 구분되지 않고 그냥 '네이버사전'으로 보이거든요. 그러니 오픈사전을 보고도 네이버사전에 그렇게 나와, 이렇게 되는 겁니다. 예전에는 사전에 어휘를 등재한다는 게 아주 권위 있는 일이었죠. 국어사전에 어떤 단어가 올라가야 하느냐를 결정하는 것은 무엇이 한국어인가를 판단하는 일이잖아요. 그런데 요즘 포털 사이트에서는 한글로 검색했을 때 결과가 나오느냐 안 나오느냐가 중요합니다. 그래서 '걸'이나 '스쿨'처럼 한국어로 인정할 수 없는 표기도 누군가 오픈사전에 넣어서 다 나와버려요. 그게 우리말이냐, 반쯤 우리말이냐, 영어냐, 영어를 한글로 받아쓴 것이냐, 이런 걸 가리지 않아요. 예전의 사전 편찬자들이 가지고 있었던 우리말에 대한 감각이 어떻게 보면 왜곡되고 있는 것이죠. 꼭 옛날 방식으로 돌아가진 않더라도 인터넷 환경에서 우리말은 어떠해야 하는가, 우리말다운 우리말을 어떻게 노출할 것인가를 고민해야 할 때입니다.

안　사실 일상에서 쓰이는 말을 어디까지 사전에 수용할 것인가는 편찬자의 고민 중 하나죠. 특히 오늘날 인터넷이 대중화되면서 어휘의 폭발을 경험하고 있는데, 그걸 어디까지 수용할 것인가 물었을 때 명쾌한 답을 내놓기가 쉽지 않아요. 예전에 '쉼표, 마침표'라는 국립국어원 온라인 소식지에서 '얼짱'이라는 말을 두고 논쟁을 벌인 적이 있어요. 저는 사전에 올릴 수 있다는 입장이었고, 올려선 안 된다는 게 국립국어원 관계자의 입장이었죠. 이 논쟁은 네이버로 옮겨가 치열한 토론으로 이어졌고, 이후 여러 국어 교과서에 실리기도 했습니다.

새롭게 만들어지는 말을 사전이 어디까지 수용할 것인가는 사실 굉장히 민감하고도 중요한 문제입니다. 이 문제는 사전의 규범성과도 관계가 있어요. 규범성이 강한 사전은 수용 기준이 엄격할 것이고, 기술적 성격이 강한 사전은 기준이 느슨할 테니까요. 『표준국어대사전』은 일종의 규범사전이므로, 새 말을 수용하는 데 신중할 수밖에 없습니다. 역동적인 언어 현실을 제대로 수용하지 못하는 한계를 지닐 수밖에 없지요. 이번에 새로 출범한 '우리말샘'은 그런 한계를 돌파하기 위한 것이라고 봐요. 위키 방식의 개방형 사전인 '우리말샘'은 『표준국어대사전』을 아우르면서 100만 어휘를 구축했는데, 여기엔 규범사전에서는 다루지 않았던 '얼짱' 같은 종류의 단어도 포함되어 있어요. 그런데 국어사전이 과연 이렇게 이원적으로 가야 하는지 저는 의문을 가지고 있어요.

현재 우리나라의 사전은 대단히 규범주의적인 입장입니다. 규범주의에 얽매여 있는 한 사전의 외연은 좁아질 수밖에 없어요. 사전은 언어 현실을 생생하게 비추는 거울이어야 하는데, 규범이라는 경직된 필터를 통하는 순간 생생함을 기대하기 어려워지죠. 사전의 특성상 규범의 성격을 완전히 버릴 수는 없지만, 기술주의 방향으로 나아가는 문제를 진지하게 고민해야 한다고 봅니다.

앞서 '얼짱' 이야기를 잠깐 했지만, 그 말은 조어론의 관점에서 보면 상당히 이상한 말이긴 해요. '얼굴'의 '얼'과 '짱'이라는 말이 결합한 것인데, 전통적 조어법으로는 설명하기가 어렵습니다. '얼'은 형태소가 아닌데 마치 형태소처럼 쓰였거든요. 이 말을 합성어로 보아야 할지, 파생어로 보아야 할지, 그도 아니면 단일어로 보아야 할지 난감한 일이죠. 기존 문법으로는 그 어떤 것도 아니니까요. 하지만 이 말을 어떻게 분석할지는 문법 이론가의 몫이고, 어쨌든 이 말이 출현한 지 벌써 20년 정도 되었으니까 우리말 속에 자리를 잡은 건 사실이거든요. 학문적으로 설명하기 어려우니까, 조어법에 문제가 있으니까 이 말은 엉터리 말이고 우리말이 아니라고 하는 것은 엄연한 언어 현실을 부정하는 것 아닐까요?

정 꼬리가 몸통을 흔드는 거죠.

안 물론 언어의 규범은 없어질 수도 없고 없어져서도 안 되죠. 말은 문법이라는 규칙에 의해 운용되고 있으니까요. 그 규칙은 학자들이 만든 것이 아니라 언어 공동체가 오랜 세월에 걸쳐 함께 만들어낸 겁니다. 그런데 그 규범을 단어 하나하나에까지 적용해서 쓸 수 있는 말과 쓸 수 없는 말을 미리 규정하고 지나치게 제약을 가하는 것은 억압일 수 있어요. 언어 현실과 동떨어질 가능성도 있고요.

정 규범과 기술의 비율을 반반이라고 보시는 것 같은데, 그래도 그냥 재미로 한번 이야기해본다면 규범은 51퍼센트일까요, 49퍼센트일까요. (웃음)

안 그렇게 수치로 얘기하기는 어렵겠지요. 어휘가 있고 어휘의 결합인 통사 규칙이 있는데, 통사 규칙을 문법이라고 부른다면 그 문법은 룰이고 규범이에요. 그런 통사 규칙은 깨기가 어려워요. 그렇지만 어휘에 지나치게 간섭하는 것은 좋지 않다고 생각해요. 이 단어는 써라, 저 단어는 쓰지 마라. 이런 건 지양해야 한다는 게 제 생각입니다. 대신 어떤 단어가 속어인지, 비어인지, 보편적인 말인지, 특수한 영역에서 쓰이는 말인지를 사전에서 자세하게 밝혀주면 된다고 생각해요.

우리말에서 표준어 규범은 너무 강력한 힘을 가진 게 아닌가 생각합니다. 표준어는 옳은 말이고 비표준어는 틀린 말이라며 O, X로 접근하는 방식이 오랫동안 우리의 언어관으로 자리 잡았어요. 저는 표준어에 대한 이런 인식에 변화가 필요하지 않나 생각해요. 즉 표준어를 옳은 말로서가 아니라 공통어 또는 보편어로서 받아들이고, 방언을 틀린 말이 아니라 지역적인 제약이 있는 말로 받아들이자는 것이죠. 방송 뉴스나 교과서, 공문서 등은 전 국민을 대상으로 하는 것이니 표준어 사용을 권장하되 속어, 비어, 유행어, 방언 등은 상황이나 장면에 따라 쓸 수 있는 말로 인정하자는 것입니다. 그런 점에서 사전의 기술이 섬세해져야 한다는 것이죠. 소위 비표준어라는 개념도 사전에서 빼자는 것이 제 생각입니다. 말에는 표준어와 비표준어가 있는 게 아니라 공통어와 사회 방언, 지역 방언이 있을 뿐이고, 그 말들은 우리말 자원으로서 모두 존중되어야 한다고 봅니다. 따라서 '얼짱'도 사전에서 배제할 것이 아니라 수록하되 속어, 신어의 특성이 있다고 밝히는 편이 바람직하다고 생각해요.

정 저는 기술과 규범 양쪽의 관점이 다 중요하다고 보지만 먼저 언어를 제대로 기술하고 그다음에 규범이 언급되는 게 맞다고 생각해요. 규범이 기술보다 우위에 서는 것은 문제가 있다고 봅니다. 그래서 규범이 51퍼센트일지, 49퍼센트일지 질문을 드린 거예요.

안 동감입니다. 경상도 사람끼리 경상도 말을 주고받는 것에 대해서 표준어가 아니니 쓰지 말라고 할 수는 없잖아요. 사전에서는 그 방언에 대한 정보를 충실히 제공하고, 뜻이 같은 표준어가 있다면 제시하면 됩니다. 지금까지 사전에서 방언을 처리해온 방식을 보면 '~의 방언'이라고 기술하고 표준어 쪽으로 보내는 게 고작이었어요. 그 방언이 표준어와 미묘한 의미 차이가 있다면 그 부분을 섬세하게 기술해줘야 한다고 생각합니다. 예를 들어 사전에서 '간나구'를 찾아보면 '여우'나 '백여우'의 방언(전라), 이런 식으로 나오죠.

이 자리에선 나름대로 균형을 잡고 대화를 나누었지만, 사실 나는 기술사전 쪽으로 좀 더 치우친 견해를 가지고 있다. 표제어의 범위가 지금보다 훨씬 넓어져야 한다고 생각한다. 문법적으로 확립된 단어나 구 정도로 끝날 게 아니라 형태소, 연어, 고빈도 활용형 등까지 포괄할 수 있어야 한다. 다시 말하면 언어생활에서 나타나는 고빈도 어절의 집합이라면 무엇이든 표제어가 될 수 있어야 한다. 예를 들어 '뭐야'라는 어절이 있다. '무엇이야'의 축약형이지만 '무엇이야'보다 훨씬 많이 쓰일 뿐만 아니라 '뭐야'와 '무엇이야'를 치환할 수 없는 경우가 있다. 그러므로 표제어 '무엇'과 별개로 '뭐야'도 사전에 등재해야 한다. '뭐야'에도 최소한 세 가지 다른 의미가 있다.

1. 상대의 뜻밖의, 황당한 혹은 불쾌한 행동이나 말에 대한 반응. 감탄사처럼 사용된다.

   ex. 이 옷 진짜 촌스럽다. 너나 입어라. / 야, 뭐야!

2. '~지 뭐야'의 꼴로, 화자의 불편한 마음을 표현하는 말. 어미처럼 사용된다.

   ex. 동생이 말도 없이 내 과자를 다 먹어버렸지 뭐야.

3. 대화 상대방에게 물어보는 말. '무엇이야'의 축약형.
ex. 저기 저 커다란 게 뭐야?

이를 모두 '무엇'이라는 표제어에서 설명하는 건 뜻풀이를 기술하는 사람에게나, 그것을 찾아 읽는 사람에게나 번거로운 일이다. 자주 쓰이는 말은 눈에 보이는 어형 그대로 입력해서 내용을 찾을 수 있게 해야 한다. 이렇게 검색 가능성을 높여주는 일이 사전이 해야 할 중요한 과제다. 이는 안상순 선생님께서 '왠지'를 표제어로 올리셨다는 일화와도 일맥상통한다. 사전은 좀 더 과감해져야 하며 이는 신어, 속어 등에도 동일하게 적용되는 얘기다.

국가가 말을 다듬는다는 것

정 선생님도 저도 지금 국립국어원에서 '말다듬기위원'을 하고 있잖아요. 방언과 비슷한 맥락에서 살펴본다면 순화어에 대해서는 어떻게 생각하시나요?

안 순화어는 계몽의 차원에서 필요하다고 봅니다. 어려운 한자어나 전문용어를 알기 쉬운 말로 바꿔주는 것인데, 소통을 원활하게 해준다는 점에서 일정 부분 의미가 있다고 생각합니다. 다만, 순화어를 언어생활 전반으로 확대, 적용하는 것은 문제가 있죠. 무조건 어려운 말을 써서는 안 된다고 하는 것은 언어생활을 위축시키는 일이니까요. 행정기관에서 좀 더 쉬운 말로 소통하겠다는 뜻에서 순화어를 쓰는 것은 바람직하지만, 어떤 개인이 어려운 한자어를 쓰는 것은 아무도 막을 수 없죠. 한 나라의 말에 어휘가 많다는 건 장점이면 장점이지 단점이 될 수는 없어요. 가령 '별세하다, 서거하다, 타계하다' 등 '죽다'를 뜻하는 한자어가 아주 많은데, 너무 어려우니까 '죽다'만 쓰자고 하는 건 폭력적 억압일 수 있어요. 순화어는 특정한 상황에서만 사용 가능한 것일 뿐 표준어처럼 여겨서는 안 됩니다. 어려운 한자어는 쓰면 안 되고, 순화어로 바꿔 써야 한다는 식으로 접근하는 것은 위험해요. 그런 식의 접근은 오히려 언어 자원을 황폐하게 만드는 결과를 가져올 수 있습니다. 어려운 말이든 쉬운 말이든 모든 말은 각기 고유한 의미와 어감을 가지고 있으니까요. 다양한 층위의 말을 쉬운 말로 획일화해버리면 언어의 섬세한 결을 잃고 말죠.

정 국립국어원에서 왜 그런 작업을 하는지 이해는 해요. 하지만 근본적으로 국가는 왜 그런 일을 하고 싶어 하는 것일까요? 언어를 그냥 있는 그대로 놔두면 안 되는 것일까요? 정말로 언중이 자기 언어를 망쳐놓을 만큼 한평생 비속어와 채팅어만 쓸 것 같아서 걱정이 되는 걸까요? 국가가 진정으로 언어민족주의적 관점에서 마치 죽은 히브리어 되살리듯 순화어를 철저하게 사용해 그 말에 생명력을 불어넣을 의지가 있으면 또 모르겠는데, 대개는 순화어를 주장하는 사람들도 그걸 사용할 의지가 있어 보이진 않거든요. 주시경 시대의 사람들은 풀어쓰기를 주장한다면 자기도 풀어쓰기로 일기를 써보는 등 실천적인 모습을 보였잖아요. 그런데 지금 순화어를 지향한다는 사람들은 그들도 그 단어들을 일상에서 안 쓸 것 같거든요. 한동안 지나치게 순화된 어휘들이 인터넷에서 웃음거리가 되곤 했지요.

안 우리 사회의 한쪽에서는 고유어 우월주의가 도사리고 있습니다. 한자어는 우리 것이 아니니까 고유어를 사용해야 우리말답다는 인식이 밑에 깔려 있어요. 그런 언어순혈주의, 언어민족주의는 언어의 본래적 속성에 대한 몰이해에서 비롯되었다고 생각합니다. 언어의 순수성이란 게 정말 가능한 개념일까요? 말이라는 것이 다른 사람과 만나는 과정에서 생겨나고, 나아가 한 집단이 다른 집단과 교류하면서 서로 섞이기 마련인데 과연 순일한 언어 공동체가 존재할 수 있을까요? 문화는 서로 뒤섞일 수밖에 없고, 뒤섞이면서 풍요로워지는 거죠. 말도 다른 말과 뒤섞이면서 더 풍요로워지고 섬세해지고 다양해지는 법인데, 수천 년 동안 접해온 한자어마저 배제하려는 것은 편협한 태도라고 하지 않을 수 없어요. 한자어를 버린다면 우리말을 상당 부분 도려내는 거예요. 엄청난 손실이죠. 이는 한자를 써야 하느냐 마느냐와는 다른 문제예요.

정 말 다듬기 과정은 괜찮았던 것도 같지만 결과는 그리 좋지 않은 것 같아요.

안 말 다듬기 작업은 대개 난삽하거나 불필요한 외래어(사실은 외국어)를 대상으로 하는 것인데, 그 결과물이 잘 보급되지 않는 것 같아요. 언어 관습이란 게 참 무서워요. 어떤 말이 한번 각인되면 그 말을 다른 말로 대체하기가 정말 어려워요. 그래서 말 다듬기 작업이 더 힘든가 봅니다. 아무리 매혹적으로 바꾸어도 대중은 입에 붙은 말을 포기하지 않거든요. 매혹적으로 다듬는다고 했지만, 말이 그렇지 다듬는 일이 정말 쉽지 않아요. 본뜻에 충실하게 하려다 보면, 억지스럽거나 부자연스러워지는 일이 적지 않지요. 정작 가장 큰 벽은 영어가 이미 권력 언어가 되었다는 사실이에요. 영어를 써야 세련되고 우아하고 유식하다는 인식에서 우리 모두 자유롭지 못하잖아요.

정 말다듬기위원회에 가봐야겠다 생각한 건 궁금해서였어요. 어떻게들 하는지. 그동안 나온 결과만 놓고 봤을 때는 한숨이 나올 정도였거든요. 그런데 실제로 위원회에 참석해보니 제 생각보다 훨씬 진지하게 임하시더라고요. 다들 의견을 엄청 많이 내놓고, 고민하고 또 고민해서 결과를 내시더군요. 어떤 면에서 말다듬기위원회는 언어의 순화라는 것이 무척 어려울 뿐 아니라 그리 바람직하지도 않다는 걸 보여주는 반면교사 같은 곳이 아닌가 싶습니다.

안 말다듬기위원을 몇 년째 하고 있지만 처음에 참여 제안을 받았을 때는 망설였어요. 저는 말은 인위적으로 다듬을 수 없다는 입장이었거든요. 그런데도 들어간 이유는 조금 계몽적이라도 한정적인 영역에서 쉬운 말을 제시해줄 수 있다면 그것도 나쁘진 않겠다고 생각해서예요. 다만, 다듬은 말이 원래의 말을 대신하지는 못할 것이다, 같이 쓰이면 좋고 아예 외면당하지만 않아도 괜찮겠다 생각했는데 실제로 참여해보니 외면당하는 경우가 훨씬 많은 것 같더라고요. 다듬기 작업을 하면서 느끼는 건 쓰면 안 되는 말이라는 생각으로 외래어에 접근해서는 안 된다는 거예요. 외래어는 우리말의 빈 곳을 메워주는 순기능이 있다고 생각해요. 우리말로 적절하게 고칠 수 없는 경우라면 그대로 받아들이는 태도도 필요하다고 봅니다. 고칠 수 없는 것을 고쳐야 한다는 강박에 이끌려 다듬다 보면 결국 억지스러워지더라고요. 그러면 오히려 언중의 비난과 조롱의 대상이 되고 말죠.

말 다듬기 결과물 가운데 비웃음을 샀던 사례는 너무나 많기 때문에 굳이 여기서 얘기할 필요는 없을 것이다. 그보다는 반응이 괜찮았던 결과물을 소개하겠다. 선집(컴필레이션)이나 보상 환급(페이백) 등은 단시간에 안정적으로 정착한 말들이다. 뽁뽁이(에어캡)처럼 현재 언중의 다수가 사용하는 표현을 다시 한 번 인정해준 경우도 있다. 이와 같은 말 다듬기의 핵심은 그 결과물을 어떻게 보급할 것인가인데, 『표준국어대사전』이 정착한 과정에서 힌트를 얻을 수 있다. 지금 표준어와 『표준국어대사전』이 그렇게 강력한 이유는 언론, 출판계에서 『표준국어대사전』을 규범으로 간주하고 열심히 따르고 있기 때문이다. 말 다듬기 결과물도 언론, 출판계가 도와준다면 살아남을 수 있다. 물론 그렇게 하려면 상당히 전략적인 접근이 필요하다. 잘못하면 언론 통제라고 욕먹기에 딱 좋기 때문이다.

내가 국립국어원 담당자라면 먼저 맞춤법 검사기처럼 (가칭) '예쁜 말 검사기'를 잘 만들겠다. 글을 다 쓴 뒤에 '예쁜 말 검사기'에 넣고 돌리면 '미운 말'이 걸려 나오고 그것을 대체할 '예쁜 말'이 제시되는 것이다. 그것을 선택할지 말지는 글쓴이가 알아서 할 일이다. 그런 다음 언론, 출판계의 협조를 구해보겠다. 사람들은 자신이 몰랐던 예쁜 말을 발견한다면, 그리고 그 말이 맥락을 크게 해치지 않는다면 아마 사용하고 싶어 할 것이다. 이런 선의에 부합하는 장치를 만들어야 한다. 물론 그 전에 '예쁜 말'을 잘 골라야 할 텐데, 그 일은 그냥 언론, 출판계에 맡기는 게 좋겠다. 굳이 국가가 직접 개입해서 오해를 살 이유가 없다.

정　너무 결이 다른 말로 바꿔버리면 사람들이 선택하지 않으니까요. 조재수 선생님과 얘기 나눌 때 저는 정말 생각지도 못했던 말씀을 해주셔서 충격이었어요. 옛날에 함석헌 선생님이 '자아'를 '제나'라고 쓰셨는데, 최현배 선생님도 '제나'라고 쓰셨대요. 두 분이 서로 교류가 있었는지 없었는지 모르겠지만, 두 분 다 나름대로 고유어를 찾아서 쓴 게 '제나'였다는 거죠. 그런 경우라면 자아의 대체어로 '제나'가 살아남을 수 있었을지 모른다는 말씀을 하시더라고요. 그걸 사람들이 쓰느냐 안 쓰느냐, '명사'가 맞느냐 '이름씨'가 맞느냐가 중요한 게 아니라 그 말을 일관성 있게 사용하는 사람이 있는 것만으로도 우리말이 넓어지는 것 아니냐는 말씀을 하셨습니다. '하지 말아야 한다'가 아니라 오히려 의식 있는 사람들이 그렇게 말을 만들어 쓸 수 있어야 언중에게 선택의 여지가 넓어지는 것 아니냐고요. 저는 그만 설득당하고 말았네요. 원래 저는 '이름씨'라고 쓰는 것을 우습다고 생각했거든요. 너무 억지가 아닌가 해서요.

안 '우리말샘'에는 '제나'가 '손수'라는 뜻의 방언으로 올라 있습니다. 그것이 말씀하신 '제나'와 혹 관련이 있을지도 모르겠네요. 어쨌든 그 단어를 우리말에 대해 고민했던 의식 있는 사람들이 사용했다는 사실은 주의 깊게 살펴볼 일이지만, 그것이 과연 뿌리를 내렸는가는 냉정하게 바라봐야 한다고 생각합니다. 말이란 소수 의식 있는 이들의 것이 아니라 언중의 것이기 때문이죠. 말이 생명력을 갖는 것은 결국 언중의 선택에 의해서입니다. 아무리 훌륭한 말도 사람들이 사용하지 않으면 사멸되고 말죠.
한때 '자외선'을 '넘보라살'로, 적외선'은 '넘빨강살'로 부른 적이 있어요. 1960년대 교과서에서는 그렇게 썼지요. 실제로 저는 어렸을 때 교과서에서 그 말을 배웠어요. 그런데 요즘 사람들은 그 말을 알지 못하잖아요. 멋진 조어인데도 살아남지 못했어요. '이름씨, 그림씨'도 '명사, 형용사'와 경쟁했지만 지금은 사실상 밀려나버렸죠. 이렇듯 말이 살아남으면 훌륭한 우리말 자원이 되는 것이고, 사라지면 어쩔 수 없이 기록에만 형해形骸로 남게 됩니다. 국어사전은 기록자의 역할을 해야 하기 때문에 모든 말을 망라해서 실어야 한다고 봐요. 그렇지만 그 말들을 다 똑같은 층위에서 보여주기보다는 등급을 매기거나 해서 구분할 수 있는 장치를 둬야 하지 않나 생각합니다. 예컨대 빈도 같은 것이 그런 역할을 할 수 있겠죠. 1000만 번 나타나는 말과 딱 한 번 나타나는 말의 비중이 같을 순 없잖아요. 1000만 번 나타나는 말은 그만큼 생명력이 왕성한 말이고, 한 번 나타난 말은 사실상 사멸해가는 말이죠. 단어마다 신뢰할 수 있는 빈도를 표시해준다면 성장하는 말과 쇠퇴해가는 말을 한눈에 알 수 있겠죠.

외래어를 배격하고 자국어의 가치를 높이려는 정책은 대부분 민족주의와 연결된다. 유대인이 시오니즘을 통해 이스라엘을 재건하는 방법으로 추진한 일이 사어死語였던 히브리어를 살려 쓰는 것이었고, 터키도 민족정신 운운하면서 아랍어 계통의 외래어를 제거하는 작업을 했다. 일제강점기에 조선인들에게는 조선어를 지키는 것이 곧 독립운동이기도 했다. 불행인지 다행인지 지금 한국의 언어 순화 정책은 민족주의적인 색깔이 거의 없기 때문에 종종 우스운 느낌을 주었다. 정말 민족주의적으로 했다면 우스워도 함부로 웃을 수 없는 분위기였을 것이다. 어쨌거나 언어를 관리하고 통제하려는 시도는 경계해야 한다. 언어 통제의 드라마틱한 예는 조지 오웰의 소설 『1984』에 잘 묘사되어 있다. 언어를 건드리려는 시도는 대체로 불건전했음을 기억해야 한다.

사전 편찬자의 사생활

제가 마지막에 항상 드리는 질문입니다. 선생님은 사전 말고 또 뭐가 좋으셨어요?

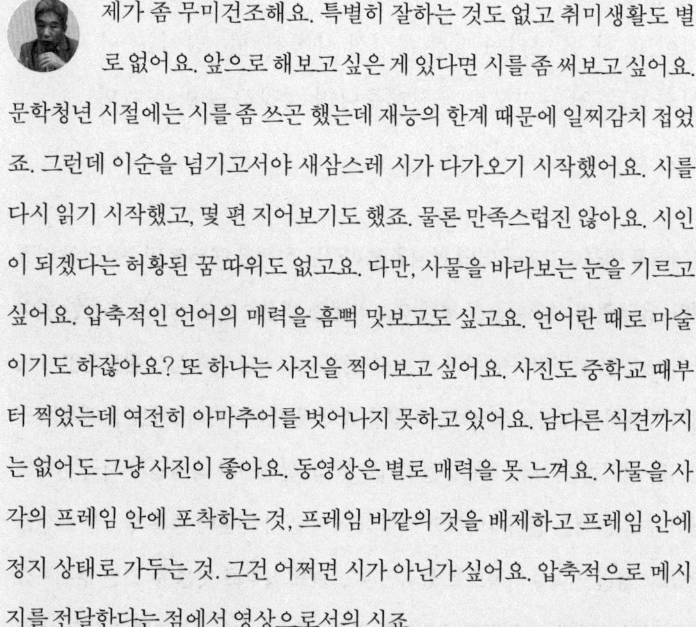

제가 좀 무미건조해요. 특별히 잘하는 것도 없고 취미생활도 별로 없어요. 앞으로 해보고 싶은 게 있다면 시를 좀 써보고 싶어요. 문학청년 시절에는 시를 좀 쓰곤 했는데 재능의 한계 때문에 일찌감치 접었죠. 그런데 이순을 넘기고서야 새삼스레 시가 다가오기 시작했어요. 시를 다시 읽기 시작했고, 몇 편 지어보기도 했죠. 물론 만족스럽진 않아요. 시인이 되겠다는 허황된 꿈 따위도 없고요. 다만, 사물을 바라보는 눈을 기르고 싶어요. 압축적인 언어의 매력을 흠뻑 맛보고도 싶고요. 언어란 때로 마술이기도 하잖아요? 또 하나는 사진을 찍어보고 싶어요. 사진도 중학교 때부터 찍었는데 여전히 아마추어를 벗어나지 못하고 있어요. 남다른 식견까지는 없어도 그냥 사진이 좋아요. 동영상은 별로 매력을 못 느껴요. 사물을 사각의 프레임 안에 포착하는 것, 프레임 바깥의 것을 배제하고 프레임 안에 정지 상태로 가두는 것. 그건 어쩌면 시가 아닌가 싶어요. 압축적으로 메시지를 전달한다는 점에서 영상으로서의 시죠.

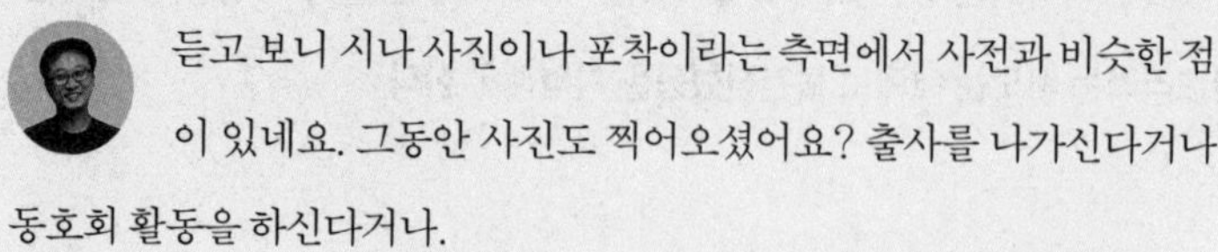

듣고 보니 시나 사진이나 포착이라는 측면에서 사전과 비슷한 점이 있네요. 그동안 사진도 찍어오셨어요? 출사를 나가신다거나 동호회 활동을 하신다거나.

제 나름대로 찍어는 봤지만 드러내놓고 보여줄 만한 것은 아니에요. 공부를 많이 해야 해요. 실전 경험을 많이 쌓아야 하는데 그게 턱없이 부족하죠. 앞으로 얼마나 시간이 허락할지 모르겠네요. 지금까지는 너무 바쁘게 살아온 것 같아요. 그만큼 마음에 여유가 없었죠.

저는 이상하게 사진을 찍는 것도, 정리하는 것도 귀찮아서 잘 안 하게 돼요. 사진 정리가 귀찮지만 않다면 많이 찍을 수 있을 테고, 그러면 실력도 금방 늘지 않을까요?

예전에는 필름 카메라였기 때문에 인화가 필수였지만, 요즘은 디지털이다 보니 바로바로 확인해보는 즐거움이 있더라고요. 아, 이렇게 찍히는구나 하고요. 인화지로 옮겨 앨범이나 액자에 넣는 것은 또 다른 즐거움이고요.

문학청년이셨지만 어학에 치우친 삶을 사셨는데 후회는 없으신지요?

사전의 길로 접어든 건 우연이었어요. 아는 사람 소개로 신원기획에 들어가게 되었는데, 사전을 전문으로 하는 회사라는 거예요. 구미가 확 당겼죠. 더더구나 국어사전이라니. 저는 어려서부터 국어사전을 끼고 살았기 때문에 이것이 숙명인가 싶었습니다. '국민학교' 졸업할 때 받은 상품이 국어사전이었는데, 그 뒤로 사전을 뒤적거리는 게 낙이었어요. 문학에 눈을 뜨면서부터는 사전에 더욱 가까워질 수밖에 없었고요. 문학 공부는 숱한 단어들과의 씨름이었으니까요. 더 큰 사전, 더 좋은 사전을 갈망하기 시작했죠. 제일 두껍고 큰 사전을 찾아 도서관을 순례하기도 했어요. 그런데 내가 직접 사전을 만들게 되다니, 굉장히 설렜죠. 사전을 만드는 동안은 사실 행복했어요. 25년간 사전을 만들면서 말과 씨름하는 것이 즐거웠어요. 말을 탐구하고 말의 숨겨진 질서와 규칙을 찾아내면서 기존의 사전들이 미처 해내지 못했던 것을 새롭게 시도할 때 성취감을 느꼈죠. 비록 문학의 꿈은 이루지 못했지만, 사전을 만들면서 대리 만족을 느낄 수 있었습니다.

사전에 맞는 기질이란 게 있잖아요. 꼼꼼하다거나 지구력이 있다거나. 25년간 사전만 하신 거니까 소위 '사전 기질'이 원래 있으셨던 거죠.

체질에 맞았던 거겠죠. 회사 그만두고 나서도 국립국어원에서 사전 일을 계속 해왔으니까 사전 경력이 30년이 넘었네요.

5장

일본 사전의 유산을 인정하고, 그다음 단계로 나아가면 됩니다

김정남 금성출판사, 민중서림 편집부장

일시 2016년 12월 1일 목요일 오후 2시

장소 김정남 선생님 자택
(경기도 파주시 검산동)

김정남

1941년	출생
1965년	성균관대학교 영어영문학과 졸업, 성문각 영어과장
1970년	범조사 편집부장
1980년	재단법인 풍생학원 편집부장
1985년	금성출판사 편집부장
1996년	민중서림 편집부장
2011년	민중서림 퇴사, 은퇴

학계에서 만나 뵙던 분들은 대부분 한국어사전
혹은 백과사전, 전문용어사전과 관련된 분들이었다.
사실 우리가 압도적으로 많이 들여다보는 사전은 영한사전이다.
예전에 한 힌디어 전공 교수님이 자신은 힌디어사전보다
영한사전을 더 많이 보는 것 같다고 허탈하게 말씀하시는 것을
들은 적이 있는데, 그 말은 아마 농담이 아니었을
것이다. 이처럼 우리 생활에서 영한사전의 비중이 큰 만큼
이번 인터뷰에서 영한사전을 만드셨던 분과 꼭 만나고 싶었다.
하지만 사전업계가 거의 초토화된 상황이라 마땅한 분을
찾기가 어려웠다. 마음먹고 여러 선생님들께 수소문한 끝에
안상순 선생님께 김정남 선생님을 소개받았다.
그동안 영한사전 편찬자에게 묻고 싶었으나 물을 수 없었던
것들을 드디어 물었고, 답을 들었다.
나는 그 답을 듣고 나서 발바닥이 좀 더 단단해지는 기분을
느꼈는데, 이 글을 읽는 당신은 어떨지 모르겠다.

한 사전 편찬자의 이력서

정철(이하 정) 다른 선생님들은 사전학회 등을 통해 안면도 있고, 여러 번 이야기를 나눠본 적도 있어서 정보가 좀 있는데 김정남 선생님은 제가 잘 알지 못합니다. 선생님 소개를 먼저 부탁드리겠습니다.

김정남(이하 김) 1941년생이니까 만으로 75세입니다. 학교는 1965년에 성균관대 영어영문학과를 졸업했습니다. 졸업하고 나서 광고회사에서 잠시 일을 했는데, 그 당시만 해도 광고회사가 무엇을 하는 회사인지조차 잘 모르던 시대라 출판사로 옮겼지요. 성문각이라는 출판사에 들어가 참고서를 만들었습니다. 거기서 송성문 씨가 『정통종합영어』(1967)라는 책을 출간합니다. 그 양반은 이북 사람인데 피난 내려와 마산고에서 영어교사를 하다가 참고서를 써요. 그 책이 성문각을 만나 『정통종합영어』로 출간된 겁니다. 그 책을 만드는 작업에 제가 참여했지요. 이후 송성문 씨가 독립해 성문출판사를 세우고 『성문종합영어』라고 책 이름을 바꿔서 냈는데, 엄청나게 팔렸지요.
종로에 범조사라는 출판사가 있었어요. 1970년에 거기 편집부장으로 들어갔습니다. 그때만 해도 외국문학, 교양, 사상, 소설책 같은 게 독서계를 붙잡고 있던 시대였어요. 저는 범조사에서 세계단편문학전집, 세계사상전집 같은 것을 만들었고, 전집물 시대가 퇴조한 뒤에는 단행본으로 바꿔서 한 100여 권 정도 냈지요. 한국문학이 읽히기 시작한 시점은 1980년대 초입니다. 서구문학을 소개하다 보니까 서울에 있는 유수의 대학 문학 전공 교수 70~80명과 교류를 하게 되었어요. 저도 영문과를 졸업했으니 그 양반들하고 문학전집을 만들 때 번역 작업을 같이 했지요. 영국이나 미국에 가서 유학한 적도 없고 거기 가서 산 적도 없는 게 저의 가장 큰 결점이었는데, 그 당시에 외국문학 교수들하고 문학이나 사상 관련 서적들을 활발하게 내면서 영향을 받은 게 후에 사전 만들 때 큰 보탬이 되었다고 생각해요. 그때 영어를 다루는 감각을 기를 수 있었던 것 같습니다.

그 후 금성출판사에 들어가서 처음에는 외국문학 파트에서 일을 했죠. 세계문학 쪽이요. 그때 경영진이 사전에 관심이 많았어요. 좋은 사전을 만들겠다는 뜻보다는 신학기만 되면 교보문고 같은 데서 하루에 몇 백 권을 쌓아놓고 팔았거든요. 불티나게 팔렸습니다. 그 시장을 민중서림이 거의 독점하고 있던 시대여서 경영진이 그걸 굉장히 부러워했죠. 그래서 처음엔 몇 사람 차출해서 시작했습니다만, 그게 되겠습니까? 그 무렵에 동아출판사의 백과사전팀이 사전 출간 이후 해체가 되었는데, 동아출판사 상무로 계셨던 김상형 씨가 그 팀을 데리고 나와 금성과 손을 잡고 사전 출판사를 별도로 만들었어요. 그게 신원기획이었는데, 이후 금성출판사 사전팀의 모체가 됩니다. 거기서 영어사전뿐만 아니라 국어사전, 일본어사전 등을 만들었어요. 안상순 선생도 거기서 만났습니다. 안상순 선생은 국어팀을, 저는 영어팀을 맡았죠. 신원기획과 일을 시작한 것은 1980년대 후반입니다. 한참 작업할 때 서울올림픽이 있었네요. 이후 금성출판사에서 죽 편집부장으로 일했고, IMF 이후 민중서림에서 또 편집부장으로 일했습니다. 민중에는 1996년에 들어가서 2011년까지 일했네요. 만 70세에 퇴직했습니다.

예전 자료들을 읽어보면 『성문종합영어』를 비롯해 당시 한국의 영어 학습서들 역시 당연하다는 듯 일본 참고서를 짜깁기했다는 이야기가 나온다. 동아출판사의 김상문 회장도 자신이 백과사전을 출간하게 된 계기를 일본의 『쇼가쿠칸세계원색백과사전』의 200만 질(1질 20권) 판매 소식에 자극을 받아서였다고 말했다. 즉 한국의 출판인들은 일본 출판계의 소식을 매우 잘 알고 있었으며 항상 주시하고 있었다. 이는 당연한 일이다. 중국이 이념 때문에 닫혀 있던 상황에서 정서적, 언어적으로 가까울 뿐 아니라 세계 최고의 학문 수준을 자랑하는 일본을 참고하지 않는다면 그게 더 이상한 일이었을 것이다.

어느 분야든 조금만 파고 들어가면 항상 이 문제가 등장한다. 사실 1990년대 민주정부가 수립되기 전까지 한국 사회의 전 분야에 걸쳐 과연 일본의 영향을 받지 않은 부분이 있나 싶을 정도다. 물론 지금 그것을 문제 삼자는 뜻은 아니다. 한국이 베른협약(저작권을 국제적으로 서로 보호하자는 취지로 체결된 조약으로 정식 명칭은 '문학 및 미술 저작물 보호에 관한 국제협정' 또는 '만국 저작권 보호 동맹 조약')에 가입한 것이 1996년이니 그 이전까지는 누가 빨리 베껴서 시장을 장악하는가의 싸움이었을 것이다. 누구나 그랬기 때문에 윤리적인 감각도 희미했을 것이다. 충분히 이해할 수 있는 문제다.

하지만 이해와 별개로 이런 역사를 정리하지 않으면 계속해서 문제가 발생한다. 인정할 건 인정하고, 정리할 건 정리해야 한다. 역사교과서 문제를 비롯해 과거를 제대로 정리하지 않아서 우리를 괴롭게 하는 문제가 얼마나 많은가. 한국의 사전 출판계에서는 그러한 정리 작업이 미진했다. 옛날엔 이랬다더라 정도의 얘기가 전해지긴 해도 당시에 직접 사전을 만든 사람의 목소리를 듣기는 쉽지 않았다. 사전 출판의 현장에서 직접 실무를 담당했던 사람에게 이 문제에 대한 이야기를 듣는 것이 이번 인터뷰의 핵심이었다.

정 아까 민중서림에서 15년 정도 있었다고 하셨는데 그 사이에 개정 작업을 네 번 정도 하셨던 건가요? 예를 들어 9판이 나오자마자 10판 작업을 바로 시작하실 수 있었나요?

김 제가 참여한 사전의 숫자가 많습니다. 하나 끝나도 손대야 할 다른 사전이 많아요. 우리가 가장 심혈을 기울여 손을 댄 건 중사전이죠. 주력 상품이었으니까. 여기에 집중해서 개정 작업을 한 3년 했습니다.

정 아, 3년 정도 진행하실 수 있었어요? 그럼 영한사전 작업을 함께했던 사람들의 숫자는요?

김 민중에서 일할 때는 교정 작업을 하는 인력이 12~13명이었고, 집필하는 사람이 5~6명 정도였던 것 같네요.

정 집필진보다 교정자가 많았나요?

김 교정자가 집필자들이 써준 원고의 교정만 보는 게 아니라 어원 조사도 해야 하고 파생어니 뭐니 여러 가지로 정리할 것이 많았어요. 발음기호는 어느 쪽을 택하느냐, 그러니까 랜덤하우스 쪽을 택하느냐 웹스터 쪽을 택하느냐 같은 걸 정해야 했고, 정한 다음에는 누군가 전담해서 발음기호 작업을 해야죠. 이렇게 교정자들이 팀별로 나눠서 작업을 하다 보니까 그걸 일관성 있게 끌고 갈 사람도 필요했지요.

정 사전의 미시 정보 전반을 다루는 작업을 '교정'이라 불렀던 거군요.

김　그리고 검고팀이 있었어요. 원고 검토자들이었지요. 검고팀에서 오류를 많이 바로잡았어요. 그런 오류들 때문에 모여서 회의도 여러 차례 하고 그랬습니다.

정　주로 어떤 분들이 교정, 검고 작업을 하셨나요?

김　교정자, 검고자가 뚜렷하게 구분되진 않았습니다. 역할을 나눠서 하긴 했는데, 대체로 상식이 있고 언어 전반에 대한 이해가 깊은 분들이 작업하셨지요. 여러 가지 자질 중에서 가장 중요하게 본 것은 지루한 작업을 차분히 오래도록 할 수 있는가였습니다. 다시 말해 엉덩이가 무거운 분들이 교정자로 적합했다고 할 수 있습니다.

일본 사전의 유산

정　한국의 영한사전 이야기를 할 때면 항상 이양하 선생님의 사전이 언급되는 것 같습니다. 선생님께서 경험하신 '이양하 사전'에 대해 말씀 부탁드립니다.

김　이양하 선생님이 사전에 뜻을 두고 집필을 시작하신 게 6·25 이전이라고 들었어요. 삼분의 일쯤 원고 작업이 진행되었는데, 전쟁이 터져서 원고 보따리를 전부 가지고 부산으로 피난 갔다고 하더군요. 그러니까 1960년대 이전이겠죠. 다른 사전도 있긴 했습니다만, 그때는 사실상 이양하 선생이 만든 민중서관의 사전이 대부분이었습니다. 민중서관이 내놓은 『포켓 영한사전』도 굉장히 빈약했죠. 이 사전들이 1960년대까지 대표적인 영한사전이었어요. 일본에 산세이도라는 출판사가 있습니다. 한국의 민중서림처럼 사전을 전문으로 만드는 곳이죠. 여기서 1964년에 영일사전을 냈는데 그게 아주 압도적이었어요. 이양하 선생도 이 사전을 많이 참조했다는 얘길 들었어요. 여기 산세이도에서 나온 중사전이 하나 있네요. 1985년에 나온 『신新콘사이스 영일사전』(2판)입니다.

1945년 이병준이 민중서관이라는 출판사를 설립했다. 민중서관은 문학전집류와 사전류로 이름을 알렸고, 일찍부터 민중 엣센스라는 브랜드를 가지고 있었다. 사세를 확장하던 중에 계열사의 경영 문제로 1977년 부도가 났고, 1979년 최종 도산 처리되었다. 민중서관의 사전 자산은 법률서적 전문 출판사인 법문사의 계열사 민중서림에 인수되었다. 민중서림은 엣센스라는 브랜드로 기존 사전들을 재출간하고 이후에도 다양한 사전을 꾸준히 발간하여 1990년대까지 한국 사전 출판시장의 최강자로 군림했다. 스페인어, 프랑스어, 독일어사전 등까지 포괄해 가장 넓은 영역의 사전을 다루었다. '민중 엣센스'라는 이름은 한국인에게 가장 대표적인 사전 브랜드라 해도 과언이 아니다.

정 아, 이건 같아도 너무 똑같네요. 예전에 제가 쓰던 사전이 딱 이랬어요. 판형도 거의 비슷했던 것 같아요. 딱 이 색깔에 디자인도 똑같았어요. 심지어 뒤에 부록으로 붙어 있는 영국/미국 지도까지 똑같네.

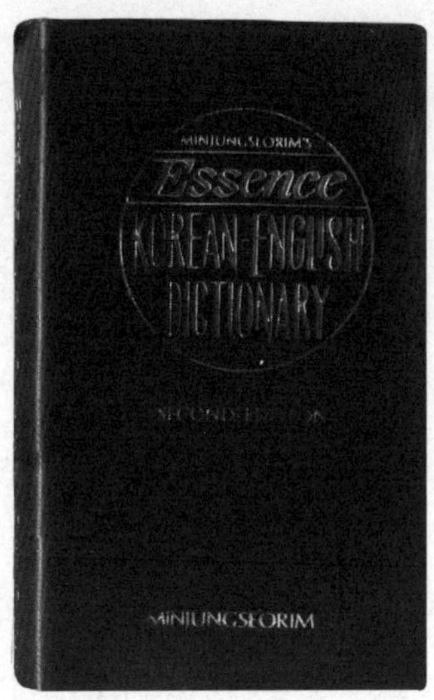

왼쪽은 산세이도의 『신콘사이스 영일사전』, 오른쪽은 민중서림의 『엣센스 영한사전』. 두 사전의 흡사한 외양이 우리 사전의 과거에 대해 많은 것을 이야기해준다.

김 그만큼 산세이도 사전이 유명했어요. 우리나라에서 1980년대에 만든 사전들도 20년 전에 나온 산세이도 사전을 전폭적으로 참고했을 만큼요. 일본에서도 무슨 수상이 산세이도 사전을 통째로 달달 외우다시피 했다는 둥, 다 외우고 나서 씹어 먹었다는 둥 믿거나 말거나 한 얘기까지 있었습니다. 그게 바로 이 사전이에요.

정 정말 이 사전의 생김새만으로도 많은 게 설명이 되네요. 너무 똑같이 생겼습니다. 저는 5년쯤 전엔가 산세이도에서 사전 편집하시는 부장님하고 만나 얘기한 적이 있어요. 일본에서도 일을 해보면 재밌겠다 싶어서 여쭤보려고 갔었거든요. 저한테 카탈로그를 보여주시는데, 사전의 라인업이 정말 많더라고요. 그렇게 다양한 종류의 사전을 만드는 회사인데도 역시나 매출이 감소하고 있어서 이후 개정판을 내는 사전의 종수를 줄여야겠다고 약간은 쓸쓸하게 말씀하시던 것이 기억납니다.

김 우리나라에서 초창기에 사전을 만들 때는 아마 일본 사전을 절대적으로 활용했을 겁니다. 어떤 사람들은 일본 사전을 베껴 먹었다며 흉을 보고 그러는데 제 생각은 그렇지 않아요. 일본은 사전을 만든 역사가 100년이 훨씬 넘습니다. 우리가 지금 쓰는 경제經済, けいざい, 정치政治, せいじ, 문학文学, ぶんがく이라는 말도 다 일본 사람들이 사전 편찬하면서 만든 용어들이에요. 우리는 정말 힘 안 들이고 그 용어를 그대로 갖다 쓴 겁니다.
일본인은 언어에 대해 고민을 많이 한 사람들이에요. 영일사전을 보면 뜻 갈래를 아주 세분화해놓았어요. 옥스퍼드나 롱맨 사전은 그렇게 섬세하게 뜻을 분류하지 않았어요. 그들은 자기들 말이라 더 편하게 생각했는지도 모르지요. 바로 이웃에 일본 같은 사전 강국이 있었던 게 큰 득이었다고 생각해요. 물론 무조건 베끼는 건 좋지 않지만, 그래도 일본의 절대적인 영향 덕에 비교적 짧은 시간에 이 정도까지 왔다고 생각합니다.

생각보다 결론이 빨리 나왔다. 김정남 선생님의 이 짧은 몇 마디는 우리 영어사전의 과거를 명쾌하게 규정하는 말이다. 우리의 근대는 일본에 의해 이식되었고, 그 과정은 무척이나 짧은 시간 동안 압축적으로 이루어졌다. 이를 확인할 수 있는 옛 신문기사 두 편을 읽어보자.

무책임한 서적 출판자에 일언 -동아일보(1956년 3월 11일)

최근 각종 서적이 다수 출판되는 것은 우리 문화를 위하여 반가운 일이지만 영리만을 추구하는 도배들을 볼 때엔 심히 불쾌하고 분개하지 않을 수 없다. 예를 들면 세광출판사 발행인 박모 씨의 편編 영영사전英英辭典을 보면 한국이라는 KOREA가 없고 일본이라는 JAPAN은 있으니 이 철면피적 편자의 처사는 일종의 증오와 분노를 금할 수 없다. 한 일본 삼성당三聖堂 발행인 최신 콘사이스 영화사전英和辭典과 페이지 하나 행 하나 틀리지 않는 모사 편집부의 콘사이스 영한사전을 보면 그들의 행위가 너무 교활하다 아니할 수 없다. 응당 영한사전이라면 R.O.K(REPUBLIC OF KOREA, 대한민국)의 의意쯤은 넣어야 할 것임에 그들의 처사에는 하나의 민족적 양심의 가책쯤 받아야 할 것이다. 비단 이 두 책만이 아니라 허다한 서적이 이러한 형편이니 출판사나 편자는 각성이 있기를 바라는 바이다. -시내 K고교 Y생

본궤도에 오른 외국어사전外國語辭典 편찬 -동아일보(1979년 4월 11일)

…… 한국에서 영한사전을 만드는 일은 비교적 손쉽다. 일본 것을 그대로 옮기면 그만이다. 일본의 편집체제를 그대로 따르고 경우에 따라선 오자誤字, 오역誤譯까지 분별없이 등장한다. 거기에다 양식洋識이란 옷을 입히려면 '웹스터', '옥스퍼드' 사전이 참조되고 그렇게 해서 나온 것이 양질의 사전이 된다. 사전 편찬에 종사하는 베테랑들이 대부분 일어日語 세대이기 때문이다. 69년 S사의 사전이 나오기 전만 해도 영한사전에 '도전'(챌린지), '공해(폴루션)', '군사혁명정부'(훈타) 같은 풀이가 없었다. 증보가 없었고, 그 당시 영화英和사전에도 나와 있지 않았기 때문이다. 세상도 바뀌어가고 말의 뜻도 달라져간다. ……

원문에는 상당히 많은 한자가 쓰였지만, 가독성을 위해 내용 이해에 필요한 최소한의 한자만 남겼다. 참고로 '영화사전英和辭典'은 '영일사전英日辭典', 즉 English-Japanese Dictionary를 뜻한다.

정 선생님은 일본어를 편하게 쓰는 세대에 속하시진 않지요?

김 제가 일본어 세대는 아니죠. 제가 사전 작업을 시작하게 된 것은 동아출판사에 다니던 지인이 우리 사전팀으로 와라, 당신이 할 일이 많다며 자꾸 권유를 해서였어요. 『동아대백과』 일부터 하게 됐지요. 하지만 저는 그전부터 사전 만드는 일을 유심히 지켜보고 있었어요. 직접 일하기 전부터. 일본 자료를 많이 활용한다는 걸 듣고 독학 비슷하게 일본어 공부를 했지요. 일본어를 모르면 안 되겠더라고요. 그래서 자유롭게 해독할 정도는 됩니다. 일본어 공부를 하면서 상당히 고생을 했습니다.

정 아까 일본어 단어의 유입에 대해 말씀하셨잖아요. 간혹 일본 책을 읽다 보면 우리말 단어와 겹치는 게 많습니다. 일본식 한자어를 우리말 한자음으로 읽어서 그대로 들여온 단어가 많으니까요. 그렇게 해서 우리말로 정착한 것들도 있지만, 그렇다고 다 그런 식으로 읽으면 오류로 이어지거든요. 그렇게 읽어도 되는 단어가 있고, 안 되는 단어가 있잖아요. 선생님은 일본어에 익숙한 세대와 한글세대 사이에 계셨다고도 볼 수 있는데요, 사전을 만드는 과정에서 그런 단어들을 어떻게 바꿔야 할지 토론이 있었는지 궁금합니다. 다시 말해서 우리가 일본 사전을 가져와서 많이 참고하긴 했지만, 우리 식의 사전으로 만들기 위해 내부에서 검토하고 토론하는 과정이 있었을 거잖아요. 그에 대한 이야기를 부탁드릴게요.

김 민중은 일찍부터 일한사전을 개발했기 때문에 일한사전 팀에 10여 명이 있었어요. 그러니까 영한사전 작업을 하다가 의심나는 게 있으면 언제든지 그 사람들한테 자문을 받을 수 있었지요.

정 지금도 사전을 보면 애매한 말들이 있어요. 시작試作이라는 단어를 예로 들어보면, 이게 일본어에서 온 말인데 한자를 병기하면 시험 삼아 만들어본다는 뜻이구나 구분이 되지만 한글로 '시작'이라고만 쓰면 당연히 처음 혹은 출발이라는 의미로 생각하잖아요. 그렇다 보니 이제는 시험 삼아 만든다는 의미로 쓰이는 일은 거의 없죠. 그런데 이 '시작試作'이라는 말이 아직 사전에 남아 있거든요. 옛날 분들은 어쩌면 불편하지 않았을지도 몰라요. 일본어에 있는 말이니 익숙하기도 하고, 이 정도도 모르는 사람이 어디 있어 하면서 그냥 넘어갔을 수도 있을 것 같아요. 그 경계를 잡는다는 게 되게 어렵거든요. 경계는 계속 이동하니까요. '철학哲學' 같은 말은 지금은 젊은 사람들도 다 쓰는 말이잖아요. 처음엔 어려웠겠죠. 일본어 '데츠가쿠'를 '철학'으로 가져온 거니까. 그 단어가 필로소피philosophy의 번역어로 완전히 정착해서 이제는 우리말이 된 거잖아요. 방금 얘기한 '시작'이나 사다리꼴을 뜻하는 '제형' 같은 단어는 이 인터뷰 작업을 하면서 선생님들을 통해 처음 들었어요. 옛날에는 썼다고 하시더라고요. 이게 우리말인가 아닌가 하는 감각은 어휘를 비판적으로 바라보지 않으면 생기기 어려운 것 같습니다. 한국어사전은 이런 문제가 많이 극복되긴 했어요. 예전엔 잘 쓰이지 않는 일본식 한자어들이 많이 있었을 텐데, 수차례 개정 작업을 하면서 차차 없애나간 것이죠. 그런데 영한사전이나 일한사전에는 아직도 그런 말들이 많이 남아 있어요. 한일, 한영사전에는 수두룩하고요. 아무래도 개정될 기회가 적다 보니까요. 그러니까 사전학 연구자들이 우리 사전에 일본 사전의 잔재가 남아 있다는 비판을 계속 하는 것이죠.

김 뭐, 당연히 그런 말을 들을 겁니다. 1세대 편찬자들 시절만 해도 미국이나 영국에서 만든 영영사전을 참조하기보다는 일본 사전을 그대로 직역해서 내는 경우가 많았으니까. 그런 식의 작업이 한 70~80퍼센트는 됐었다고 봐야 할 겁니다. 그 사람들은 일본어가 자연스럽게 몸에 배어 있었거든요. 그러니까 우리가 쓰는 말이랑 차이가 있는 단어들까지도 그냥 통째로 옮겨버렸던 것이죠. 그런 잔재들이 지금까지 남아 있는 것이고.

정 아마 그분들은 불편하다는 느낌도 못 받으셨을 것 같아요. 선생님이 작업하실 때 이건 일본에서만 쓰는 말이니까 우리말로 바꿔봐야겠다 혹은 다른 표현을 찾아봐야겠다 하며 토론도 하시고 했나요?

김 검고팀에서 많이 걸러주었습니다. 그런 단어들은 일본어사전 만드는 사람들을 불러다가 같이 토론도 하면서 바로잡은 일이 좀 있었습니다.

정 검토하는 사람들이 있긴 했지만, 그럼에도 불구하고 여전히 좀 남아 있는 거네요. 예전엔 아마 우리말로 표현하면 어딘가 좀 모자라 보이고 한자어로 써야 정확하다는 느낌을 가진 분들이 많았겠죠. 게다가 사전은 '가장 정확해야 할 것만 같은' 책이기 때문에 그런 한자어들이 더 많이 남게 되었을 것 같아요. 어제도 사전을 펼쳐보니 '철구'라는 표현이 있더라고요. 쇠공이죠, 쇠공. 이건 쇠공으로 써도 아무 문제가 없는데 굳이 한글로 '철구'라고 쓰고, 괄호 안에 '鐵球'라고 써놨거든요. 사전을 넘기다 보면 그런 식의 어색한 표현이 거의 한 페이지에 한두 개씩은 있어요. 아마 기존 사전이 안고 있는 나쁜 유산들을 보고 문제가 있다고 생각하면서도 명백하게 틀린 게 아니면 고치기가 조금 꺼려지는 면도 있었을 것 같습니다. 그냥 넘어가거나 내용을 보태는 것은 쉽지만, 기존의 내용을 고치거나 아예 삭제하는 것은 부담스러운 일이니까요. 이걸 내가 손대도 되나? 없애버려도 되나? 내가 하는 게 맞는 건가? 마음이 꽤나 불편하죠. 이런 마음은 저도 사전을 편집할 때마다 경험하곤 합니다.

김 그거야 사전 만드는 사람이라면 다 느끼는 감정이지요. 손대겠다고 마음먹는 것도 어려운 일이지만, 일본어 교육을 받은 세대는 그게 맞는지, 틀렸는지 판단할 필요조차 별로 못 느꼈을 겁니다. 일본어에 워낙 익숙한 분들이니.

정 일본 사전이 원본처럼 군림하고 있다면, 그게 정말 틀렸다 하더라도 우리가 그걸 확 고치기는 어렵겠죠. 일본인들은 우리보다 공부도 많이 하고 사전도 많이 만들어봤을 것 같으니까. 실제로 그렇기도 했고요. 이전 세대는 그걸 잘 알고 있었죠.

김 일본은 영국이나 미국에서도 사전 강국으로 인정해줍니다. 신뢰감을 가지고 있고요.

저작권 개념이 없던 시절 사전을 만들던 방식

정 의외로 영영사전은 별로 참고가 안 되었던 건가요?

김 초창기에는 아마 그랬을 겁니다. 우리 세대로 넘어오면서 현지 영어를 많이 도입해야 한다는 생각으로 롱맨, 옥스퍼드, 콜린스 코빌드 영영사전을 갖다 놓고 좋은 예문이 있으면 우리 사전에 추가하고 그랬죠. 몇몇 단어를 바꿔 끼워가며. 그걸 개방적으로 제일 열심히 한 곳은 민중보다는 동아 프라임팀이었을 겁니다. 언젠가부터 젊은 친구들이 민중보다 프라임이 맘에 든다는 말을 했는데 아마 현지 영어를 과감하게 도입했기 때문일 겁니다. 그래도 영미 사전들이 일본 사전처럼 뜻 갈래를 일고여덟 가지로 세밀하게 해놓지는 않았거든요. 자기들한테는 모국어니까 그렇게 상세하게 기술을 안 했지. 그래서 가져다 쓸 때 우리 사전의 어느 뜻 갈래에 정확하게 부합하는지 잘 살펴야지 안 그랬다가는 엉뚱한 곳에 들어갈 수가 있었어요. 그런 걸 나중에 검고팀에서 잡아내기도 하고 그랬지.

정 지금은 사전 만드는 방식이 많이 달라졌죠. 문장을 엄청나게 많이 모은 다음에 그 문장에서 특정 어휘가 몇 번 사용되었는지를 다 세어요. 그 자료를 다 모아서 새로 분류와 집필을 하거든요.

기존 사전을 많이 참조하지 않고, 실제 문장을 바탕으로 다시 쓰는 형태입니다. 그래서 오히려 예문 구하는 게 쉬워요. 예문을 가지고 만들기 시작했기 때문에 그 예문을 그냥 쓰면 되거든요. 이에 비해 선생님이 이전에 작업하실 때 'have to'의 네 번째 의미에 맞는 예문을 채워야겠다 싶으면 좀 막막하셨을 것 같아요. 저는 그런 예문을 어디서 찾으셨을까 좀 궁금했어요. 말씀을 듣고 보니 대부분의 예문은 다른 사전들에서 온 것이네요. 몇 단어씩 교체해가며.

김 저도 문학작품을 좋아하고 번역도 좀 했지만 스타인벡이니 헤밍웨이니 하는 사람들의 문장에서 예문을 함부로 갖다 쓸 수는 없었습니다. 사전의 용례라는 게 굉장히 절제되어야 하고, 그 나름의 형식이 있으니까요. 소설 문장이 좋다고 그냥 아무거나 끼워 넣고 그럴 수는 없지요. 영영사전 중에서도 케임브리지가 전산화 작업을 제일 먼저 시작했다고 들었던 것 같아요. 케임브리지에서 나온 사전의 서문을 보면 용례 같은 것도 전산화해서 그 빈도를 사전 만들 때 많이 이용했다는 이야기가 나오죠.

앞서 안상순 선생님도 인용례만으로 사전을 만들기는 어렵다는 말씀을 하셨다. 들고 다닐 크기의 종이책이라는 분량의 제약 속에서 사전을 간결하고 압축적으로 만들기 위해서는 작성례로 다듬는 일이 필수적이었을 것이다. 그런데 예전 사전의 그 간결한 예문들, 최대한 다듬어낸 작성례들은 지금 보면 알맹이가 빠진 느낌이다. 실제 언어생활과의 괴리도 느껴진다. 당신에겐 어떤 예문이 더 유의미한가? 한 번쯤 생각해볼 문제다. 나는 군더더기가 있어도 인용례가 읽기에 더 좋다.

정 『옥스퍼드 영어사전』은 100년도 더 전에 실제 예문을 가지고 사전 작업을 했잖아요. 게다가 그 예문들이 사용된 시기를 적어서 일종의 역사사전처럼 구성했습니다. 그에 반해 우리 사전의 예문은 대개 인용례가 아니라 작성례죠.

김 『옥스퍼드 영어사전』에는 예문의 출전까지 꼼꼼하게 적혀 있었던 걸로 기억합니다. 우리는 인용례를 쓰더라도 기존 사전에 수록된, 그러니까 영영사전이나 일본 사전에 나온 용례를 찾아서 갖다 써야지 다른 방법이 없었어요.

시대상을 고려해야 한다. 당신에게 사전을 만드는 두 가지 길이 있다고 가정해 보자. 첫째는 이미 나와 있는 것을 얼른 모방/재편집해서 시장을 장악하는 길이고, 둘째는 외국의 사전 편찬 방법론을 열심히 학습한 후 바닥부터 차근차근 만들어나가는 길이다. 회사에서는 3년 안에 경쟁자를 추월하라며 압박하고, 당신의 눈앞에는 잘 정리된 영일사전과 여러 종류의 영영사전이 놓여 있다. 저작권 문제도 없다. 이런 상황에서 당신이 두 번째 길을 선택할 수 있을까? 일단 회사의 압박 때문에 물리적으로 불가능한 과제이며, 설령 시간을 들여 공부하며 만들 수 있다 해도 언제까지가 될지 모를 긴 시간 동안 바닥부터 쌓아올리는 길보다는 손쉽게 작업하는 길을 택할 가능성이 높다. 힘든 길을 굳이 선택하는 것은 현재 자신이 역사적으로 어떤 위치에 있는가를 명확하게 알고 있지 않은 한 어려운 일이다. 당시는 군사정권하의 고도 성장기였다. 출판으로 돈을 벌 수 있었고, 사전은 성공과 실패의 간극이 큰 도박에 가까운 사업이었다. 민중과 동아가 사전으로 큰돈을 벌고 있었고, 시사와 금성, 교학사 등이 후발주자로 사전 사업을 시작했다. 내가 그 상황에 있었어도 일본 사전을 베끼는 길을 선택했을 것 같다. 그분들을 옹호하자는 뜻이 아니다. 과오가 있었다면 빨리 인정하고, 그것을

왼쪽은 일본의 쇼가쿠칸에서 출간한『영일대사전』, 오른쪽은 우리나라 시사영어사에서 출간한『영한대사전』. 두 사전 모두 미국 랜덤하우스의 사전을 번역한 것이다.

극복하는 길을 찾자는 이야기를 하고 싶은 것이다.

정 영영사전은 영국 쪽을 선호하셨습니까, 미국 쪽을 선호하셨습니까?

김 미국 사전은 효율성을 중시한다고 할까요. 뜻풀이 위주로 보고 넘어가는 경향이 있어서 용례 쪽은 영국 사전이 훨씬 강하다고 봐요. 영미 가리지 않고 웹스터니 랜덤하우스니 옆에 놔두고 많이 참조했지만, 용례 쪽은 영국 사전을 많이 채택했어요.

미국 사전은 영국 사전에 비해 불친절한 것으로 유명하다. 설명도 상세하지 않고, 예문도 없거나 적다. 반면에 영국에서는 일찍부터 외국인 학습자들을 위한 사전을 만들었기 때문에 내용도 충실하고 그런 만큼 세계적으로도 훨씬 많이 알려져 있다. 당신이 알고 있는 옥스퍼드, 케임브리지, 롱맨, 콜린스 코빌드는 모

두 영국 사전이다.

정 랜덤하우스 사전은 시사에서 대사전으로 번역 출간했었죠.

김 아마 일본 쇼가쿠칸에서 낸 랜덤하우스 사전을 거의 활용했을 겁니다. 쇼가쿠칸이 미국 랜덤하우스와 계약을 맺고 번역사전을 냈는데, 그때 그냥 번역만 하진 않았어요. 미국 사전은 예문이 부족하니 충분히 보강을 했습니다. 그 작업을 할 때 미국 랜덤하우스 본사의 도움을 받았는지 자기들 독자적으로 했는지는 모르겠습니다만…….

정 1980년대까지는 어떤 사전이 나왔다면 대개는 그 사전의 '오리지널'이 일본에 있을 거라 생각해야겠네요. 요즘엔 번역사전을 낼 때도 출전을 밝히는 편이거든요. 몇 년 전에 넥서스에서 맥밀런 사전을 번역해서 낼 때도 그랬고, 그 밖에 일본에서 편집한 사전 몇 가지를 번역 출간할 때도 저본을 명시했습니다. 혹시 영한사전 작업하실 때 저작권 문제가 법률적으로 커진 적은 없었나요?

김 표지 디자인 같은 건 남의 것을 가져다 그대로 썼다면 문제가 되겠지만, 내용을 가지고 시비 걸거나 하는 일은 겪어보지 않았어요. 영한사전의 경우 다른 사전의 문장을 처음부터 끝까지 그대로 옮겨놓는 일은 드물고, 여러 군데서 가져와 섞었으니까 그걸 자기 것이라고 주장하기는 어렵지요. 일본 사람들도 예문을 모두 자기들이 만든 게 아니잖아요. 영미 원전에서 따온 예문이니까 그걸 자기 것이라고 주장할 수는 없죠. 일본의 겐큐샤研究社는 옥스퍼드를 많이 원용했다고 합니다. 그 사람들은 사전에 아주 정성을 들여서 원전을 밝히는 경우도 있고, 어원도 아주 충실하게 밝혔습니다. 민중에서 작업할 때 겐큐샤 사전을 많이 활용했습니다.

정 외국 사전들을 활용하긴 했지만, 서로 인적 교류를 하거나 그런 건 아니죠?

김 인적 교류라……. 제가 금성에 있을 때 『롱맨 영영한사전 Longman Dictionary of American English』이라고 한 500페이지 되는 걸 거의 대역하다시피 해서 만든 게 있었습니다. 그 인연으로 이후 민중에서 일하던 시기에 롱맨 본사에서 제의가 들어왔어요. 자기들이 만든 사전을 한국에서 번역 출간해주었으니 보답 차원에서 사전팀 사원 몇 명을 영국으로 보내면 편의를 제공하고 교육도 시켜주겠다고요. 그런데 경영진이 수락을 안 했습니다. 우리나라 사전 회사 사장들에겐 좋은 사전을 만든다는 사명감보다는 돈 버는 게 더 중요했으니까요.

타의에 의해 끝나버린 역사. 이것이 내가 가장 불편하게 느끼는 지점이다. 조선은 스스로의 힘이 아니라 일본의 패전으로 해방을 얻었다. 그래서 함석헌은 해방이 "느닷없이 도둑처럼 찾아왔다"고 표현했다. 갑작스러운 해방 이후 한국은 모든 분야에서 압축 성장을 이루었다. 단기간에 여러 종류의 사전을 만들어내야 하는 상황에서 일본 사전을 참고하는 건 어쩌면 당연한 일이었는지도 모른다. 한시가 급한데 그 많은 걸 언제 다 일일이 개발하고 있겠는가. 일본 사전을 가져다가 조금만 개선해서 내놓으면 마구 팔려나가던 시절이었다. 사전을 만들던 출판사들은 사전이 돈이 된다고 판단해서 뛰어든 것이다. 이는 사전뿐 아니

라 모든 분야에서 마찬가지였을 것이다.

더 안타까운 건 일본 사전의 유산을 극복하고 우리 힘으로 제대로 된 영어사전을 만들어보기도 전에 한국의 영어사전이 급속히 영미권 사전의 번역 시장으로 바뀌었다가 인터넷과 함께 붕괴해버렸다는 사실이다. 네이버에서 서비스 중인 영한사전은 『옥스퍼드 학습자 영어사전』(OALD)을 번역한 『옥스퍼드 영한사전』이고, 다음에서 서비스 중인 금성출판사의 『그랜드 영한사전』은 일본 사전의 영향을 받은 수많은 중사전 가운데 하나다.

함석헌은 해방은 도둑처럼 찾아왔지만 통일은 도둑처럼 와서는 안 된다고 했다. 앞으로 영어사전을 어떻게 만들어나가야 할지 단언하기는 쉽지 않지만, 적어도 과거를 직시하여 어떤 지점을 극복해야 하는지는 분명히 하고 넘어갈 필요가 있다. 그때서야 우리는 우리 손으로 직접 만든 영어사전을 손에 쥐어볼 수 있을 것이다.

국가도 민간도 외면한 외국어사전

정 아까 잠깐 말씀하셨지만 우리는 영어를 모어로 하는 화자가 아니잖아요. 교포도 아니고, 거기서 태어난 것도 아니니 어딘가 불안함이 있죠. 한국어라면 '아, 이거 내가 아는 말이야' 하면서 고칠 수가 있지만 영어는 아무래도 부담스러운 면이 있었을 텐데, 그런 부담을 어떻게 더셨어요?

김 그런 점이 처음부터 끝까지 저한테는 부담으로 작용했습니다. 현지에 살면서 그 말을 쓰면 자연스럽게 체득할 텐데, 바다 건너 먼 곳에서 그 나라 말을 갖다가 쓰니까 영 자신이 없지요. 유학을 하거나 가서 살아보지 않은 사람이 그 문화를 체득할 수 있는 가장 좋은 방법은 그곳의 문학을 섭렵하는 것이라 생각해요. 문학 속에는 그 사람들의 문화적 배경이나 생활 습관까지 다 들어가 있으니까. 저는 오랫동안 영미문학 번역 작업에 참여했고, 영미권 영화를 많이 구해서 보았어요. 빈틈을 메우는 과정이었지요. 영화를 보면서 그 사람들의 감각을 익히려던 거였는데, 이제는 제 취미 중 하나가 되었습니다.

정 내부에 원어민 검토자는 없었나요?

김 지금 같으면 가능하겠지만, 당시엔 사람이 적으니까 할 수 없었죠. 금성에서는 한때 붙여준 적이 있습니다. 하지만 외국인도 영어만 안다고 해서는 소용이 없습니다. 잘못된 건 정확하게 잘 잡아냈지만, 그 이상은 아니었죠. 사전에 대한 전문지식을 가진 외국인이어야지, 그냥 자기 모국어를 잘한다고 해서 다 통하는 건 아니라는 얘깁니다.

정 사실 지금이 어떤 면에서는 더 힘들어졌어요. 인터넷사전 쪽의 상황을 말씀드리면, 아까 선생님이 예전에 개정 작업을 하실 때 3, 4년 동안 10~20명 사이의 인원이 참여했다고 하셨잖아요. 지금은 그런 규모로는 사람이 투입되지 않아요. 그 정도 인력이면 인건비만 매년 7, 8억이니 3년이면 20억 정도가 들어가는 일이거든요. 지금은 새롭게 만드는 부분은 거의 없고, 기존의 내용과 시스템을 유지하고 보수하는 데만 소수의 인력을 겨우겨우 쓰고 있습니다. 기술의 발전으로 사전 콘텐츠의 전산 처리 자체는 훨씬 쉬워졌지만, 이 일에 투입되는 인력은 확 줄어들었어요. 돈이 안 되니까. 예전보다 사전에 대해 관심이 없어진 거죠. 지금도 어딘가에는 영어를 잘하는 사람이 차고 넘치겠지만, 그 사람들이 영어사전을 검토해주는 건 아니죠. 불특정 다수가 사전을 보다가 뭔가 틀렸다고 지적해주면 그때서야 한번 체크해보는 정도입니다. 여러 면에서 옛날보다 많이 열악해요.

김 그게 종이사전의 문제라면 영국이나 미국 쪽도 사전팀이 없어져야 맞는데 거기는 아직 건재하거든요. 종이사전 인력이 이렇게 순식간에 퇴조해버리다니 뭔가 잘못되지 않았나 싶습니다. 제가 20년 동안 사전을 만들면서 제일 어려운 게 바로 인력 문제였습니다. 영문학과를 나와서 바로 입사한 사람들은 사실 사전에 대한 전문지식이 전무한 사람들이거든요. 한 1, 2년 열심히 가르쳐서 사전은 이렇게 만드는 거다 훈련을 시켜놓으면 다른 데서 스카우트해가거나 아예 다른 업종으로 떠나버려요. 하다못해 대학에서라도 학과를 개설해서 전문 인력을 양성하면 좋을 텐데 그런 것도 안 되고.

정 저도 비슷한 경험이 있습니다. 재미교포 친구가 입사를 했는데, 윗분이 보기에 이 친구가 영어를 잘하니까 사전을 같이 만들면 좋겠다 해서 저희 팀에 왔어요. 그런데 아무리 사전에 대해 설명을 해도 이해를 잘 못하는 거예요. 하도 답답해서 너는 도대체 영어 공부를 어떻게 했느냐고 물으니 자기는 사전을 안 봤다고 하더라고요. 그냥 친구들이랑 생활하다 보니 영어가 저절로 얻어졌지 사전을 읽거나 언어의 체계에 대해 고민해본 적은 없다고 했습니다. 그 친구의 표현을 그대로 옮겨보자면 자기는 '영어를 주웠다'고 하더라고요. 너무 이해를 못해서 사전 일을 시킬 수 없었습니다. 언어의 구조를 관심 있게 바라보는 것과 그 언어를 잘 말하는 것은 별로 관계가 없더라고요.

김 영어를 잘하는 것과 영어사전 만드는 것은 아주 다른 일이에요. 우리가 한국 소설을 읽을 때 국어사전 옆에 놓고 연구하듯이 읽지는 않잖아요. 국어 쪽은 국립국어원도 있고 이런저런 정부 지원이 있는데, 외국어사전은 인력 면에서나 재정적으로나 개인 출판사가 그걸 다 처리할 여력이 없습니다. 정부가 뒷받침을 좀 해주면 좋지 않을까 해요. K팝이니 K스포츠니 한류니 하지만 그게 얼마나 오래 가겠어요. 하지만 사전은 그런 게 아니지요. 영한사전에도 영어와 한국어가 함께 쓰이잖아요. 그러니까 영어사전을 만들 때도 큰 틀에서 한국어에 관한 일이라 생각하고 접근하면 좋을 것 같아요. 제가 현직에 있을 때 영어사전 작업에 국어사전팀이 협조를 해주면 좋지 않을까 하는 아쉬움이 늘 있었습니다.

정 말씀하신 것처럼 2개 국어이기 때문에 영어사전을 잘 만들려면 한국어도 잘해야 하잖아요. 영어를 분석하듯이 한국어도 분석하고 있어야 하는 거죠. 그런데 영어에 관한 것은 다 민간에 맡기고, 지금 국가에서는 한국어사전 위주로만 작업을 하고 있습니다.

김 영어뿐만 아니라 프랑스어, 독일어, 스페인어, 아랍어, 태국어, 몽골어까지……. 이런 언어들이 필요한 사람들이나 연구자들, 혹은 그 나라들에서 사전을 만들어보자는 제안이 들어와도 출판사에서는 채산이 안 맞으니까 전부 퇴짜를 놔버려요. 그런 걸 정부에서 좀 지원을 해주면 정말 다양한 사전을 만들어볼 수 있거든요. 이제는 우리나라 안에서만 사는 시대가 아니잖아요. 세계와 교류하고 소통해야 하니까 영어 말고도 다양한 언어에 손을 뻗을 수 있으면 좋을 텐데 하는 생각이 듭니다.

정 예전에는 제2외국어로 주로 독일어 아니면 프랑스어를 했잖아요. 1998년에 두산동아에서 『프라임 불한사전』이라고 괜찮은 사전이 나왔어요. 그전까지는 대중적으로 읽히는 건 민중서림의 『엣센스 불한사전』밖에 없었거든요. 이 사전은 1960년에 나온 서울대 불문과 이휘영 교수의 『신불한소사전』을 개정 증보한 것이었어요. 『엣센스 불한사전』 1판이 1983년에 나왔고, 2판이 1987년에 나왔거든요. 1987년에 개정한 걸 1998년까지 보고 있었던 거죠. 게다가 그 개정이라는 것도 충격적인 형태였어요. 개정 증보를 해야 하는데 저자는 돌아가셨고, 너무 옛날 판형이라 손을 대기가 어려웠다고 해요. 신어 같은 걸 넣어줘야 하는데, 판을 흔들 수 없으니 ABC 순서대로 못 집어넣고 뒤에 따로 부록처럼 붙인 거예요. 그런 기묘한 걸 개정판이라며 팔았던 겁니다.

김 제가 민중을 그만둘 무렵 스페인어 사전을 개정하는 팀에서 도와달라고 해서 보니까 출간하고 한 번도 개정을 안 한 사전이더라고요. 막 화가 날 정도로 형편없는 지경이더라고. 그런 사전들이 지금도 횡행하고 있어요. 그러니 외국어사전도 정부에서 지원을 해줬으면 하고 바랐던 거죠.

정 정부가 좀 나빠요. 민간이 하고 있으면 더 잘하도록 돈을 지원해줄 수 있잖아요. 그게 아니라 자꾸 정부가 직접 해요. 한국은 다문화 사회로 진입하고 있고, 또 세계적으로 한류 붐이 있어서 외국어사전에 대한 수요가 있어요. 그런데 베트남어나 태국어나 몽골어사전을 국가가 직접 만들고 있어요. 물론 국가는 돈을 쓰고, 작업은 대학에다 외주를 줍니다. 하지만 그 성과물을 국가가 소유하고 서비스도 국가가 직접 하거든요. 외국어사전은 좀 덜하긴 하지만, 어쨌든 국가가 중간에 개입하면 집필하는 사람들이 자체 검열을 하게 돼요. 위가 무서워서 쓸 수 없는 단어들, 정치적으로 문제가 되는 단어들은 다 빼는 거죠. 그런 식으로 하나씩 빼다 보면 굉장히 많은 수가 빠져 나가잖아요. 뜻풀이를 쓸 때도 주관자가 정부라는 것만으로도 어느 정도 검열을 하게 되고요. 무엇보다 국가가 만들면 민간에서는 안 하게 되죠. 그게 제일 나빠요. 국가와 겹치는 부분은 결국 안 하게 되거든요. 국어사전도 국가가 주도하니까 민간에서 만들던 것들은 다 소멸해버렸잖아요. 외대에서도 국가가 손댄 언어들은 앞으로 업데이트를 안 할 가능성이 높아요.

김 앞서도 얘기했지만 민중에서 근무할 때 필리핀에서 타갈로그어사전을 만들자는 제안이 왔었어요. 몽골에서도 사전을 만들자고 제안을 했고. 하지만 회사에서 다 퇴짜를 놨어요. 몇 사람이나 사보겠느냐는 경영주 쪽의 생각이 많이 작용을 하니까. 하지만 우리와 교류가 활발한 언어들은 만들어야 하거든요.

영어, 중국어, 일본어처럼 학습자가 많은 언어를 제외한 그 밖의 언어들은 상황이 훨씬 심각하다. 독일어, 프랑스어, 스페인어는 예전에 제2외국어로 많이 채

택되기도 했고 비교적 활용도가 있기 때문에 그나마 민중과 동아 등에서 출간했지만, 다른 언어들은 사전 전문 출판사들에서도 외면당했다. 그 구멍을 메운 곳이 한국외대다. 외대는 다양한 외국어 전공을 두고 있는 만큼 언어 학습의 기본 도구인 사전을 가장 필요로 하는 집단이기도 하다. 그래서 지금까지 30여 종의 외한, 한외사전을 만들어냈다. 하지만 그 수준이 천차만별이고, 편찬자들도 개정을 원하는 것들이 많지만 편찬도 개정도 쉬운 일이 아니다. 팔리지 않으니까.

한국외대에서도 미처 감당하지 못한 언어에 관심을 둔 곳은 문예림이라는 출판사다. 이곳은 단어장의 수준을 조금 넘는 대역사전 형태로 여러 소수언어사전을 출간했다. 그 사전들이 모두 손익분기를 넘겼는지는 모르겠으나 지금도 계속 발행되고 있다.

국가가 외국어사전을 아주 외면한 것은 아니다. 2016년 가을 국립국어원이 외부에 공개한 한국어 학습사전 서비스인 '한국어기초사전'은 10여 개의 언어에 대응하고 있다. 한러/한몽/한베/한서/한아랍/한영/한인니/한일/한태/한불사전이 그것인데, 문제는 이 사전 서비스를 국가가 대학에 직접 발주해서 운영한다는 점이다. 즉 국가가 민간과 같은 영역에서 경쟁하고 있는 꼴이다. 국가와 경쟁해서 이길 수 있는 민간은 세상에 흔치 않다. 김정남 선생님은 국가가 민간을 도와서 시장을 만들어나가면 좋겠다는 정도의 의견을 주셨다. 그런데 국가는 직접 경쟁에 뛰어들어 민간이 다 죽는 결과를 가져왔다. 사전의 경우 국가가 민간을 죽였다고까지 말할 수는 없지만, 『표준국어대사전』이 나온 이후 다른 한국어사전의 설 자리가 급격히 사라진 건 사실이다. 마찬가지로 '한국어기초사전'은 민간의 한외사전이 설 자리를 상당 부분 빼앗아버렸다.

정 선생님께서는 번역사전도 좀 해보시고, 기존 사전을 개정하는 작업도 하셨잖아요. 지금 영한사전 쪽에서는 새로 만드는 작업은 거의 안 하고 옥스퍼드, 롱맨, 케임브리지, 맥밀런, 콜린스 코빌드 등을 번역하는 작업만 하고 있습니다. 예전에 나왔던 중사전은 짜깁기를 했건 뭘 했건 어쨌거나 한국인이 만든 사전이었잖아요. 그런데 요즘 새로 나오는 사전은 전부 번역사전입니다. 흐름에 따라 번역사전으로 가는 거야 어쩔 수 없다 하더라도, 한국 사람이 한국인을 위한 영한사전을 더 이상 만들지 않는 것에 대해서는 어떻게 생각하세요? 전범을 놓고 번역만 하는, 다시 말해서 우리 관점이 안 들어가는 사전인 거잖아요.

김 영미권 사람들은 모국어니까 미국 사전처럼 좀 불친절하더라도 크게 문제될 것은 없지요. 사전에서 보여주지 않더라도 자연스럽게 오는 감각이라는 게 있으니까. 하지만 한국인은 외국어로서 영어를 배우는 거니까 사전에서 의미를 상세하게 풀어줘야 합니다. 그런 면에서 영미권 사람들이 만들어놓은 사전의 틀은 우리에겐 좀 단조롭지요. 이미 우리는 일본식의 상세한 어학사전에 익숙해져 있기도 하고요. 그러니까 영미의 사전을 번역해서 들여오는 것이 추세라 하더라도 섬세한 언어 감각을 익히기 위해서는 우리 손으로 만든 사전이 필요하지 않을까 생각합니다.

한중일이 영어사전을 만드는 상황은 저마다 달라서 상당히 재미있다. 중국 사전은 꽤 오래전부터 번역사전이었다. 『옥스퍼드 영어사전』을 번역해서 '牛津英语词典'이라 이름 붙인 것이 꽤 인상적이었다. 일본에는 지금도 일본인이 직접 만드는 사전이 더 많다. 우리의 민중, 동아처럼 사전 전문 출판사들이 중사전을 계속 출간하고 있다. 우리와 다른 점은 그 출판사들이 아직 살아 있다는 것이다. 일본은 근대화가 시작될 무렵부터 이미 서양을 충실하게 배우려는 모범생이었기 때문에 여러 영역에서 당당하게 서양을 베껴왔다. 하지만 베낀 그대로 들여오기

보다는 나름대로 소화해서 그들에 맞게 변화시킨 뒤 도입하는 경우가 많았고, 그런 변화가 쌓여 어느 지점부터는 꽤나 다른 무언가를 만들어냈다. 한편 유럽의 서점을 다녀보면 한중일처럼 다양한 어학사전을 갖추고 있는 곳이 별로 없다. 자국어사전은 다양하게 여러 종류를 만들지만 아마도 외국어를 학습할 때는 이중언어사전보다는 해당 언어의 일국어사전을, 즉 영어를 공부할 때는 영영사전을 직접 보는 편인 것 같다. 우리나라는 일본식과 중국식의 중간 어디쯤엔가 있다가 갑자기 모두 폭파된 느낌이다. 우리만의 사전 편찬 전통을 만들지 못하고 헤매던 가운데 인터넷 시대의 도래와 함께 사전업계가 다 같이 망해버린 것이다. 번역사전도 10년 전쯤에 우수수 출간된 이후로는 새로 나오는 것이 거의 없다.

정 사전 만드시면서 독자들의 반응은 어떤 식으로 받으셨어요? 내용을 고쳐달라거나 하는 요구는 없었나요?

김 독자들의 반응은 판매 부수로 확인했죠. 원고가 잘못되었다는 항의전화는 하루 평균 두세 번씩은 받았습니다. 독자들이 잘못 생각한 것도 있고, 우리가 잘못한 것도 있고. 그런 건 교정본을 만들어두었다가 다음에 찍을 때 바로잡았지요.

정 요즘 IT 쪽에서는 두 가지 방법으로 하더라고요. 하나는 사용자를 앉혀놓고 사전으로 외국어 공부를 해달라고 요청한 다음 그 모습을 다 영상으로 찍어요. 나중에 그 사람이 어디를 어떻게 쳐다보는지 같은 것을 분석합니다. 특화된 그룹과 여러 가지 이야기를 나누는 것으로 보완하고요. 이걸 표적집단면접법FGI(Focus Group Interview)이라고 부르더라고요. 또 하나는 사람의 시선이 모니터에서 어디에 얼마나 머물러 있는지, 그런 다음 어디를 클릭하는지를 측정합니다. 그 결과를 보고 '아, 사람들이 더 이상 발음기호는 안 보는구나' 같은 판단을 내리는 거죠. 종종 서비스를 만드는 것보다 이런 사용자 반응을 알아보는 것이 더 어렵다는 생각을 합니다.

김 금성에서 500페이지짜리 학생용 『롱맨 영영한사전』을 만들었을 때 독자 반응을 가장 크게 느꼈습니다. 독자들이 굉장히 관심을 갖더라고요. 이전까지 『혼비 영영한사전』을 많이 보다가 『롱맨 영영한사전』을 보니까 예문 같은 게 신선하고 그랬나 봐요. 그때 제가 중요한 숙어와 관용구에 전부 예문을 달아줬어요. 관용구에까지 예문을 단 사전이 별로 없었거든요. 관용구 사전을 따로 팔고 있던 상황이었죠. 관용구 쪽을 강화했더니 특히 고등학생들이 아주 좋아하더라고요.

정 좋네요. 구동사phrasal verb의 사용 빈도가 생각보다 높거든요. 옛날 사전들은 어휘 위주라 구에는 대부분 뜻풀이만 짧게 되어 있는데 거기에 예문을 달아주는 건 의미가 있죠.

한영사전과 영한사전

정 한영사전 작업하시던 얘기도 부탁드립니다. 영한사전보다는 훨씬 안 팔렸죠?

김 민중에 근무하는 동안에 영한사전은 한 4번 개정했고, 한영사전은 3번 정도 개정했나 봅니다. 한영사전은 옛날에 이양하 선

김정남 선생님의 사전 책장. 선생님이 참여한 민중서림 및 금성출판사의 사전들과 그 참고자료가 되었던 영국, 미국, 일본의 사전들이 가지런히 꽂혀 있다. 다른 한쪽 벽면의 책장에는 일본 원서가, 또 다른 한쪽 벽면에는 영화 DVD가 가득 꽂혀 있는 모습이 인상적이었다.

생이 만든 『한미대사전韓美大辭典』(1968)을 많이 참고해서 만들었어요. 한영사전은 영한사전 열 권 팔릴 때 한 권 팔린다고 봐야죠.

정 아, 딱 맞네요. 지금도 그래요. 사전 조회 수가 영한 : 한영 = 10 : 1 정도예요. 용도가 다른 것 같습니다. 영한사전은 학습용이고, 한영사전은 대역어를 찾거나 작문을 할 때 주로 보지요. 아무래도 그런 목적을 가진 사람이 적은 것 같아요. 사실 한영사전도 잘 만들려면 국어사전을 많이 봐야 하잖아요.

김 국어사전팀의 협조가 더더욱 필요하지.

정 한영사전 만들기는 결국 대역어를 얼마나 잘 찾아내느냐의 싸움이니까 아마 일본 사전이 도움이 많이 되었을 것 같습니다. 그래서 그런지 일본어의 흔적이 더 많이 남아 있는 쪽은 영한보다는 한영이에요. 영한사전은 한영사전에 비해 10배 정도 더 팔렸기 때문에 그래도 고쳐진 게 많아요. 반면 한영에는 여전히 당혹스러운 것들이 많이 남아 있습니다. 영한이나 한영 작업을 하실 때도 대지를 만들어서 붙이고 하셨나요?

김 맞습니다. 금성에서 사전을 만들 때는 앞서 나온 기간 사전 없이 초고부터 써야 했기 때문에 대지 작업을 했지요. 부끄럽지만 일본 오분사旺文社의 영일사전을 복사해서 대지에 붙여놓고 번역을 하면서 재편집했어요. 예문이 마음에 안 들면 다른 사전의 예문으로 바꿔서 넣는다거나 했습니다. 대지라고 했지만, 실은 500자 원고지나 1000자 원고지를 새로 만들어서 그 위에 원고 작업을 했습니다. 민중에 와서는 기간행 사전이 많으니까 그 사전들을 크게 복사해서 거기에 고칠 것들 표시해가며 작업했고요.

정 손으로 쓰셨나요, 아니면 타이핑을 하시는 편이었나요?

김 내가 근무하던 시대만 해도 손으로 작업을 했지요. 초고는 원고지에 쓰고, 이후 타이핑을 하거나 조판 작업을 해나갔어요. 지금도 손으로 쓰는 편입니다. 이젠 다들 컴퓨터를 이용하니 사전 만들기가 많이 편리해졌지요.

정 예전에 국어사전을 만들 때는 이렇게 했다고 들었어요. 사전 2, 3개 정도를 크게 복사해서 같은 표제어가 있는 페이지를 함께 붙여놓고, 여기에서는 이렇게 썼고 저기에서는 이렇게 썼으니까 우리는 이렇게 쓰자 하고 참고하는 식으로 작업했다고요. 그게 사무실 한 칸은 꽉 채울 만큼의 양이었다고 하던데요.

김 카드를 별도로 만들었지요. 여러 곳의 텍스트를 참고해야 했으니까요. 그 카드를 보관했다가 나중에 추가해서 쓰기도 했습니다. 민중에서도 그 작업은 했지요. 버리지 않았다면 그 카드들이 아직 캐비닛 속에 남아 있을지 모르겠네요. 민중은 워낙 사전을 오래 만든 회사라서 이양하 씨 사전 초판본 같은 자료도 아직 남아 있지 않을까 하네요. 그 이전에 선교사들이 만든 영어사전도 있다고 하는데 저는 구경을 못 했어요. 추측만 할 뿐이죠. 선교사들이 처음 한국에 들어와서 소통이 안 되니까 중요한 생활 용어 같은 걸 뽑아서 만들었다고 하니 좀 원시적인 사전이 아니었을까 생각합니다. 그때 조선인들은 사전이라는 개념조차 없었을 것이고요.

정 그 사전들은 일부 연구용으로 영인되어 나오고 있습니다. 저는 좀 살펴봤는데, 당시 한국어가 과도기에 있었던 시기라 읽기가 여간 어렵지 않더라고요. 조금 들춰보다 말았습니다.

근대화 과정에서 만들어진 한국의 이중언어사전에 대해서는 연구가 비교적 잘 축적되어 있다. 제국주의 시대에는 어느 지역에서나 사전을 제일 먼저 만드는 사람은 선교사였다. 당장 기본적인 의사소통을 해야 하니 목마른 사람이 우물을 파듯 직접 사전을 만든 것이다. 여러 지역에서 많이 만들다 보니 자연스럽게 기본 틀 같은 게 생겼다. 불어든 영어든 한쪽에 자국어 단어의 목록이 있고, 다른 한쪽은 비워둔 다음 현지인에게 물어보며 채워가는 것이다. 이렇게 생긴 것

은 뭐라고 부르느냐고 묻고, 그에 대해 현지인이 발음을 해주면 그걸 로마자 등으로 전사하는 것이다. 이런 작업을 계속 해나가며 구멍을 채우는 방식으로 사전을 만들었다. 근대적 의미의 한국어 대역사전의 효시라고 평가되는 『한불자전』(1880)과 이 사전의 영향 아래 편찬된 최초의 영한 · 한영사전인 『한영영한자전』(1890) 등 초기의 한국어사전은 모두 선교사가 만든 대역사전이었다. 이 사전들은 선교사의 필요에 의해 만들어진 것인 만큼 당연하게도 외한(불한, 영한 등)보다는 한외(한불, 한영 등)사전에 가깝다. 선교사들에게는 낯선 한국어 어휘를 자국어로 자세히 풀이해주는 책이 필요했기 때문이다. 이는 영어 학습자인 우리의 입장에서 영한사전과 한영사전을 비교해볼 때도 마찬가지이다. 영한 쪽이 훨씬 자세하고 복잡하게 서술되어 있고, 한영은 상대적으로 단순하다. 영어 어휘를 학습해나가는 입장에서는 그에 대한 상세한 한국어 풀이가 중요하기 때문이다. 만약 영어 사용자가 한국어사전을 만든다면, 한영 쪽을 훨씬 더 상세하게 기술할 것이다.

영한사전이 한영사전보다 상세한 것처럼, 학습자 입장에서 만든 사전이 체계나 서술 면에서 더 치밀한 것 같아요. 한일사전도 우리가 만든 것보다는 일본에서 만든 게 더 상세하더라고요.

김 네, 일본의 쇼가쿠칸 같은 데서는 재일조선인들이 주축이 되어 한일사전을 만들었다는 얘기를 들었습니다. 금성에서 협의를 통해 그 사전을 가져와서 출간했지요.

정 좋은 선택이었네요. 여기서 만드는 것보다 거기서 만드는 게 좀 더 구체적일 수밖에 없을 테니까요. 알고자 하는 욕구가 더 강하기 때문에.

김 사전 만드는 기술도 그쪽이 훨씬 앞서 있을 테고요.

정 한일대사전은 오사카외대에서 만든 게 제일 컸던 기억이 납니다. 한국에서는 그 정도 규모의 한일사전을 만들지 못했지요. 그래서 꽤 신기해했던 기억이 납니다.

김 우리나라는 일본어 중사전은 많이 나왔는데 대사전은 아직까지 없었죠.

정 지금 다음에서 서비스 중인 일한대사전도 일본사전 『고지엔』을 번역한 것이죠. 그것도 일본에서는 중사전급으로 보긴 합니다만. 국내에서 만든 일한/한일대사전은 없어요. 영어도 아마 시사영어사에서 번역한 랜덤하우스 사전이 제일 크고, 그 밖에 큰 사전은 못 본 것 같아요.

김 시사 이외에 금성에서도 영한대사전을 만들었습니다. 겐큐샤의 『신新영일대사전』을 많이 참고해서 썼지요. 판매 성과가 안 좋아서 묻혀버렸지만 찾아보면 어디 있을 겁니다.

정 『금성판 국어대사전』도 1판은 잘 팔렸는데, 개정판이 안 팔렸다는 얘길 안상순 선생님께서 해주셨어요. 한번 안 팔리기 시작하면 그다음 판이 나온다는 보장이 없으니까 옛날에도 사정이 그리 호락호락하지 않았겠네요. 지금이야 판매라고 하는 개념 자체가 없습니다만.

전문가를 어떻게 길러낼 것인가

정 어찌되었든 영한사전은 계속 만들어나가야 하는데, 이젠 누가 어떻게 만들어야 할까요? 출판사들은 대부분 철수했는데요.

김 예, 출판사들은 거의 접었죠. 전에 일했던 사람들이 전부 나왔어요. 민중도 중국어, 일본어, 영어, 국어팀 등 각 부서마다 인원이 10여 명씩 있었는데, 지금은 경험치 떨어지는 직원 몇 사람만 남겨놓고 다 그만두었어요. 가끔 전화로 사전 내용이 잘못되었다며 문의하는 사람들이 있었는데, 거기에 답해줄 사람도 없을 겁니다.

정 국립국어원은 전화로 답변하는 사람이 10명도 넘는 것 같더라고요. '가나다 전화'라고 있지요. 그쪽도 얘기 들어보면 비슷한가 봅니다. 한두 사람이 매일같이 전화를 해서 1000명, 2000명이 물어볼 것을 혼자 다 물어봐요. 어느 쪽이나 마니아가 있는 거죠. 저는 그래도 어떤 면에서 민중이 대단하다고 생각했어요. 민중은 회사가 크게 사전과 법률서적 양쪽으로 나뉘어 있더라고요. 법률 쪽은 법문사라는 브랜드로 내죠. 살펴보니 사전 쪽이 돈을 좀 못 벌어도, 법률 쪽에서 많이 벌겠더라고요. 아, 이게 의외로 괜찮은 구조네 하고 생각했습니다. 네이버가 한때 그랬어요. 포털 부문과 게임 부문으로 나뉘어 서로 재무적으로 도움을 주었지요.

김 민중은 모체가 법문사입니다. 처음에는 민중서관이라는 회사였는데, 회장이 전자시계 만들다가 투자를 잘못해서 회사가 망해버렸잖아요. 그걸 법문사가 인수했습니다. 직원과 자료들까지

고스란히. 지금 법문사는 대학 교재가 주력 상품이에요. 민중서림 쪽은 돈이 안 벌리니 아무래도 신경 쓰기 힘들 겁니다. 영한사전이라는 게 단순히 영어사전이 아니라 우리 한국어하고 영어를 대등하게 활용해서 만든 사전 아닙니까. 그러니까 이걸 살려내지 못하면 이후 문제가 되겠지요. 독자들이 외면한다는 게 참 아쉬워요. 독자들이 외면하니 출판사들도 더 이상 손대지 않는 것이죠.

정 이제 사전을 누가 만들어야 하느냐를 얘기할 때가 되었어요. 제가 사전에 관한 책을 쓰고, 지금 김정남 선생님의 말씀을 기록하려고 하는 것도 미래를 이야기하기 전에 일단 과거를 먼저 정리해야겠다고 생각했기 때문입니다. 과거부터 현재까지의 상황을 죽 보여주고, 이제는 정말 뭔가 해야 하는데 누가 어떻게 할 것인가 얘기해보자는 것이지요.

김 사전은 전문지식을 가진 사람만이 할 수 있습니다. 영어사전은 영어를 안다고 해서 함부로 덤빌 수 있는 게 아니에요. 전문가의 영역이라는 걸 무시하고 단어장 만들듯이 대응어나 갖다 붙이면 이후 문제가 됩니다. 사전 편찬 일도 전문성을 갖춘 인재가 명맥을 이어가야 해요. 그러려면 정부 지원도 좀 필요한데…….

정 학계에서도 영문학은 꽤 하지만 영어학 연구자의 숫자는 적은 것 같아요. 학회에서 나오는 언어학 관련 논문들을 훑어보면 영어학 쪽으로는 거의 안 나와요. 국어학은 꽤 많습니다만. 그리고 입시 시장이 큰 나라라서 그런지 교육학 쪽만 발달하는 것 같고요.

김 외국어를 사전 만드는 수준까지 하려면 본격적으로 공부해야 합니다. 일본은 그렇게 공부한 층이 굉장히 탄탄해요. 지금도 일본에서 사전 하나 만든다고 하면 한 100여 명 끌어 모으는 건 문제가 아닐 겁니다. 우리나라는 처음부터 일본 것을 갖다가 베껴먹다시피 해서 만들었고, 지금은 그마저도 사라지는 형국이니 훈련받은 사람 찾기가 힘들죠.

정 맞습니다. 지금은 토대가 너무 빈약해졌지요. 저는 그런 얘기를 정부든 학계든 어딘가에서는 시작해야 한다고 생각해요. 다들 현재 사전의 척박한 환경을 지적하긴 합니다만, 어떻게 개선할 것인가에 대해서는 꿀 먹은 벙어리가 되지요. 『검색, 사전을 삼키다』라는 책은 제가 그 얘기를 여기저기서 하다하다 잘 안 돼서 쓴 거예요. 이번 책도 여러 선생님이 사전에 대해 생각하시는 바를 잘 정리해서 세상에 전하려는 것이고요. 참 아쉬운 것이 학계에서도 이런 얘기를 잘 안 해요. 학계가 국가에 대고 상황이 이러하니까 돈을 내라 얘기할 수도 있잖아요. 그런 걸 잘 안 합니다. 교육학계가 되었든 영어학계가 되었든 일단 학자들이 먼저 발언을 해줘야 하는데 그걸 안 하고 있네요. 저는 옛날처럼 만들자는 얘기를 하는 게 아닙니다. 그때만큼의 에너지를 써가며 만들 상황도 아니고요. 하지만 적어도 명맥을 이어갈 정도의 노력은 해야 하는 거 아닌가 싶은 거죠.

김 누가 되어도 좋으니까 영어사전을 만드는 사람들은 내가 다루는 것이 외국어라는 인식을 가지고, 독자들이 좀 더 정확하게 이해할 수 있도록 문법에 예문까지 완벽하게 서술해주었으면 좋겠어요. 그냥 단어장같이 단어 하나에 대응어 하나 하는 식으로 하지 말고. 영어와 국어를 함께 놓고 넓은 시야에서 봐야 해요. 두 언어가 어떻게 만나는지, 어디가 같고 다른지 그런 걸 사전에서 상세하게 설명해줘야 하는데…….

정 예전에는 영어학 하는 사람들과 국어학 하는 사람들이 거의 만나지 않았던 것 같은데, 그래도 요즘에는 교류는 많아졌어요. 언어의 구조, 기층은 서로 비슷한 면이 있기 때문에 영어에서 쓰는 방법론을 한국어에도 변형해서 쓸 수 있거든요. 이제는 신어를 어떻게 잘 잡아내느냐 같은 것을 잘해야지요. 엄청 빠르게 늘어나고 있으니까요.

김 사회가 빨리 변하다 보니까 신어가 기하급수적으로 양산되고 있습니다. 약어도 굉장히 많이 쏟아지고. 그런 걸 채취하는 것도 큰 일거리죠. 지금은 컴퓨터가 있으니까 분류 작업 같은 건 훨씬 편리해졌겠죠. 요즘 인터넷사전 쪽에서는 주니어용 영어사전은 어떤 식으로 다루고 있습니까?

정 웹사전에서는 그게 좀 약합니다. 잘 안 다루고 있어요. 초등학습사전류는 웹사전보다는 아직 종이책이 더 팔리고 있어요. 그쪽은 아직 살아 있습니다.

김 내가 민중에서 마지막에 강조한 게 중사전은 그동안 어지간히 개편 작업도 많이 했고, 원한다면 앞으로도 개정하면 되니까 힘을 많이 들일 필요가 없다, 이제는 유치원생이나 초등학생을 대상으로 단계별 사전을 만들자고 했지요. 중학생용 영어사전은 출판사마다 이미 만들고 있었어요. 일본에는 고등학생용 사전이 별도로 완벽하게 갖춰져 있습니다. 교과서 위주로. 고등학생이 이렇게 큰 사전을 다 볼 필요는 없으니까요. 초등학생용은 그래도 부모들이 자기는 책을 안 봐도 영어사전 같은 것은 아이들에게 사서 주니까 아직 전망이 괜찮다고 생각했지요. 관련 자료를 꾸준히 모았는데 경영진이 들어주질 않더라고.

정 초등용 국어사전은 연세대가 재미를 좀 봤고, 보리출판사가 만든 것도 꽤 많이 팔렸다고 들었습니다.

사전 편찬자의 사생활

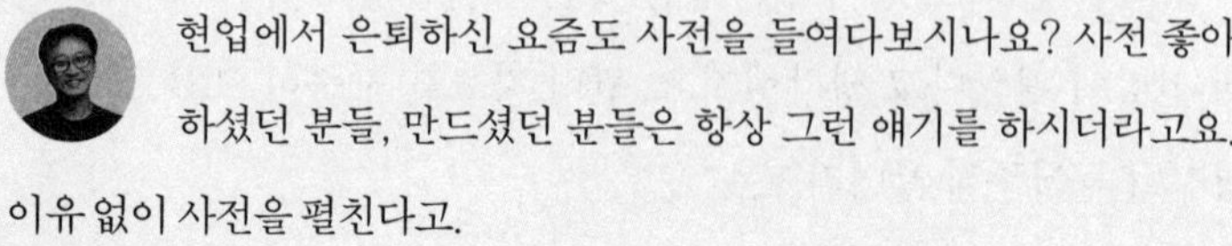

현업에서 은퇴하신 요즘도 사전을 들여다보시나요? 사전 좋아하셨던 분들, 만드셨던 분들은 항상 그런 얘기를 하시더라고요. 이유 없이 사전을 펼친다고.

요즘도 많이 보죠. 조금 미심쩍으면 다 아는 단어라도 찾아서 들여다보고 그러지요.

선배 편찬자들을 만나 보면 항상 책상에 사전이 펼쳐져 있다는 말씀을 하시는데, 사실 저는 그렇게까지 본 적은 없거든요. 제가 사전을 만들게 된 동기는 '아, 이 정도는 사전에 있을 것 같은데 없네. 심지어 나도 알고 있는 것인데 안 적혀 있네' 하는 부분이 보일 때 불만스러웠기 때문입니다. 그것들을 채워 넣으면 마음이 편해질 것 같았어요. 그 정도일 뿐이지 예전 편찬자들처럼 사전을 정말 많이 봤다거나 그렇지는 않습니다. 그래도 이렇게 사전 편찬자를 자처하며 단행본을 하나 내니까 사람들이 꽤 관심을 가져줘요. 그래서 책이 생각보다 힘이 있는 매체구나 하는 생각을 하게 됐어요.

시대의 변화는 인력으로 어쩔 수 없는 것 같아요. 옛날엔 을유문화사, 정음사 같은 데가 양서를 내는 출판사라고 했습니다. 실제로 좋은 책을 많이 냈고요. 근데 그 사람들은 자기들이 최고라는 자부심만 가졌지 시대가 변해가는 걸 몰랐어요. 그래서 지금은 눈에 잘 띄지 않을 정도로 작아져버렸잖아요. 마찬가지로 종이사전이 좋으니까 앞으로도 계속 종이사전을 만들어야 한다고 고집할 수는 없겠지요. 그렇지만 사전은 우리에게 꼭 필요한 것이잖아요. 앞으로 어떻게 만들어가야 할지 서로 이야기하고 고민하고 해야겠지요. 정 선생 같은 분이 이렇게 나서주시니 고맙지.

이야기를 나눠보니 김정남 선생님은 뭔가 정리하는 걸 좋아하시는 것 같은데 사전 이외에 다른 취미는 없으셨나요? 저기 가지런히 꽂아놓은 영화 DVD들도 보입니다만, 정리하고 분류하는 성향이 가장 잘 드러났던 취미가 있으신지요.

지금 가장 좋아하는 건 베란다에 있는 저 식물들입니다. 저것도 살아 있는 생물들이라고 마음이 가요. 지금은 뭐, 출판계에 있었다는 것 자체를 잊어버리려고 합니다. 거기에 연연하며 아쉬움을 갖고 있으면 너무 힘들어요. 저 앞의 들판에 나가서 농로를 따라 크게 한 바퀴 걸으면 만 보 정도가 나와요. 7, 8킬로미터. 매일 나가서 걸으며 자연과 접합니다. 여기 있는 식물들, 이거 한 삼분의 일은 남이 버린 걸 주워 와서 기른 겁니다. 뿌리만 달려 있으면 죽어가는 것도 가져다 살려놓곤 했지요.

그 말씀이 인상적이네요. 잊으려고 하신다는 게. 비슷한 말씀을 조재수 선생님도 하시더라고요. 지금까지 내가 계속 붙잡고 있는 것이 미련 같다는 말씀을 몇 번 하셨거든요.

시대가 변했고 사전도 이제 인터넷사전 쪽으로 자연스럽게 흘러갈 텐데, 그걸 우리가 막을 수도 없고 아쉬워한다고 해도 어쩔 수 없잖아요.

김정남 선생님의 수첩. 인터뷰를 위해 본인의 경력과 우리나라 사전 출판의 역사를 꼼꼼히 정리해 오셨다.

아까 하시던 얘기로 돌아가서요, 식물들 줄 세워두신 것 말고도 이 수첩을 보니까 글씨를 정말 잘 쓰시네요. 글자들이 줄을 서 있어요. 꼭 사전의 한 페이지를 보는 것 같네요. (웃음) 처음에는 번역을 하시다가 나중에 사전 쪽으로 갔다고 하셨는데, 사전이 원래 좋으셨어요? 그 이전부터?

사전은 항상 옆에 두고 봤죠. 그전부터 주변에서 권하는 사람도 있었고, 나 자신도 사전을 한번 해보고 싶다는 생각을 했어요. 외국문학을 소개한다는 것도 결국 언어를 다루는 작업 아닙니까. 사전의 도움 없이는 번역 작업이 불가능하지요. 그러니까 일찌감치 사전의 중요성을 깨달았죠.

그렇군요. 다양한 문학작품을 많이 읽으셨을 텐데 개인적으로 제일 좋아하시는 작가는요?

학교 다닐 때는 어니스트 헤밍웨이가 좋았어요. 헤밍웨이의 문체가 아주 직설적이고 짧아요. 그 문체 때문에 참 좋아했던 것 같아요. 그 후에 번역 작업을 한 작가 중에서 기억에 남는 사람으로는 조지 오웰이 있고, 조지프 콘래드라는 해양작가가 있어요. 콘래드는 인간의 심성을 깊이까지 파내려간 작가지요. 예전에 콘래드의 『암흑의 한가운데Heart of Darkness』라는 작품을 번역했어요. 그리고 존 스타인벡의 『에덴의 동쪽East of Eden』을 번역했는데, 처음엔 을유문화사에서 요약본으로 냈다가 나중에 고려원에서 완역을 하자 해서 한 번 더 번역하기도 했죠.

남성적인 문체를 좋아하셨나 봐요. 헤밍웨이나 콘래드면요. 번역하신 『암흑의 한가운데』는 못 읽어봤지만 그 소설을 바탕으로 만든 영화 〈지옥의 묵시록〉은 두세 번 봤습니다. 선생님 번역으로 읽어봐야겠네요. 오늘 말씀 감사드립니다.

부록 ◖ 일본의 사전 편찬자를 만나다

류사와 다케시

1945년	도쿄 출생
1968년	게이오대학 경제학부 졸업. 헤이본샤 입사
1970년대	차세대 세계대백과사전 설계팀 합류
1988년	『세계대백과사전』(전35권) 완간(가토 슈이치加藤周一 편집장하에서 '내부 총괄 편집장'으로 편찬 사업 진두지휘)
1990년대	헤이본샤 편집국장. '동양문고', '헤이본샤 라이브러리', 『서양사상사전』, 『세계민족문제사전』, 『일본 역사와 예능』(전12권) 등 다양한 도서를 기획 편집
1996년	히타치디지털헤이본샤를 설립하여 백과사전 디지털화 추진
2000년	헤이본샤 퇴사 이후 『계간 책과 컴퓨터』 편집위원, 호세이대학 강사(사회사상), 도쿄대학 대학원 정보학환 특임교수 등을 역임
2004년	동아시아출판인회의 결성(창립 발기인)

사전은 '정보'가 아니라 '지식'을 다루는 책입니다

정철(이하 정) 한국의 외국어사전 편찬은 단절의 연속이었습니다. 19세기까지는 선교사들이 러한, 불한, 영한사전 등을 편찬했지만 후대로 이어지지 않았고, 일제강점기에는 정치적 상황 때문에 일본의 사전을 봐야 했지요. 1945년 이후에 출간된 한국의 사전은 대부분 일본의 사전을 참고해 만들어진 것입니다. 일본의 어학사전, 특히 영일사전English-Japanese dictionary은 대략 어떤 역사를 거쳤다고 볼 수 있을까요?

류사와 다케시(이하 류사와) 일본의 영일·일영사전의 역사는 도쿠가와시대 말기부터 시작됩니다. 막부 말기의 개국 시기에 영어사전이 재빨리 만들어질 수 있었던 것은 그 이전에 두 가지의 흐름이 있었기 때문입니다. 첫째, 일본의 본격적인 서양어사전은 18세기 말 네덜란드어사전이 시초인데, 네덜란드어-영어를 함께 놓고 영일사전을 만들 수 있었습니다. 1814년에 『앙게리아어림대성諳厄利亜語林大成』이라는 사전이 나왔습니다. 둘째, 중국에서 기독교 선교사들이 만들었던 영중·중영사전이 참고가 되었습니다. 막부 말기 일본에 널리 존재했던 독서인, 무사 계층뿐 아니라 상인이나 상층 농민까지 한문을 읽고 쓸 수 있는 사람이 많았기 때문에 중국어를 통해 영어에 접근할 수 있었습니다. 도쿠가와막부의 양학洋學 연구기관인 양서조소洋書調所에서 1862년에 만든 『영화대역수진사서英和対訳袖珍辞書』는 이 두 가지 흐름이 결합하여 만들어진 영일사전입니다.

특기해야 할 사항은 출판입니다. 후쿠자와 유키치는 1860년에 미국으로 건너갔는데, 미국에서 입수한 중영사전인 『화영통어華英通語』에 손수 일본어 번역과 가타카나 표기를 덧붙여 『증정화영통어增訂華英通語』를 출간했습니다. 앞서 언급한 『영화대역수진사서』 등도 시차를 두지 않고 불특정 다수의 독자를 대상으로 출판되었습니다. 1868년 메이지유신 이후에는 이런 움직임이 더욱 가속화되어 메이지 4년에 이미 도판이 들어간 초급 학습자용 사전을 포함해 8종의 영일사전이 출판되었습니다. 1899~1900년, 딱 2년으로 한정시켜 보더라도 숙어사전·유의어사전, 웹스터 사전의 번역본 등을 포함하여 12종이나 되는 영어사전이 나왔습니다.

다이쇼·쇼와시대로 넘어가면서 영어사전은 확대일로를 걷게 됩니다. 본고장인 영미권의 사전 편찬 동향, 영국의 새뮤얼 존슨 사전에서 미국의 웹스터 사전으로의 주류 이동, 『옥스퍼드 영어사전』의 영향이 영일·일영사전에 시기적절하게 도입되어 소사전·중사전·대사전이라는 사전의 기본 구성은 물론 다양한 분야별 전문 영어사전이 정비되는 흐름을 만들어냈습니다. 일본의 영어사전이 충실해진 가장 큰 요인으로는 물론 광범위한 사회적·교육적 수요가 끊임없이 확대 재생산되었다는 대전제를 고려해야겠지만, 메이지시대 이후의 격렬한

사전 출판 경쟁을 거쳐 산세이도, 겐큐샤 등의 사전 전문 출판사가 자리를 잡고 사전 편찬 경험을 축적해나갔다는 것, 막부 말기에 시작된 영문학·영어학 등 근대적인 학문 영역이 빠른 속도로 확립되어갔다는 사실을 강조할 수 있겠습니다.

정 일본의 국어사전, 즉 일본어사전은 저마다 고유의 이름을 가지고 있습니다. '고지엔広辞苑', '다이지린大辞林', '신메이카이新明解' 등 역사가 담긴 이름들인데요, 이는 자기들이 만든 사전에 대한 긍지의 표현일까요? 그렇다면 일본의 국어사전들은 서로 선명하게 구분되는 특성이 있습니까? 그리고 일본의 독자들은 자신이 어떤 사전을 참고하고 있다는 것을 분명하게 인지하고 있습니까?

류사와 저마다 특색이 있습니다. 각각의 명칭이 적확한지는 별개의 문제지만, 어쨌든 그런 특색을 전하려는 의도에서 붙인 이름들이라고 생각합니다. '고広(한국식 한자로는 廣)'나 '다이大'는 수록 어휘의 규모가 크다는 의미, '신메이카이'는 어휘의 규모가 아니라 '새롭고 명쾌한 어구 해석'이라는 의미를 담았습니다. 『신메이카이국어사전』은 소사전입니다. 일본어사전은 이외에도 수없이 많은데, 비교할 때 우선 중요한 것은 그 사전이 소사전·중사전·대사전 가운데 어떤 유형인가입니다. 대사전으로는 『일본국어대사전 제2판』(전14권, 산세이도)을 들 수 있고, 앞서 언급한 『다이지린』과 『고지엔』은 중사전입니다.

덧붙여 사전을 비교할 때 또 하나 중요한 점은 바로 기술descriptive사전인가, 규범prescriptive사전인가 하는 부분입니다. 전자는 의미의 역사적 변천을 풍부하고 적확한 용례를 들어 기술하는 사전이고, 후자는 말의 의미를 정의하는 사전으로 용례도 그 정의의 근거가 되는 것으로 한정되어 있습니다. 현재 일본어사전 중에서 전자에 해당하는 것은 『일본국어대사전 제2판』뿐이고, 그 외에는 모두 '말의 의미를 정의하는' 사전입니다. 이러한 관점에서 본다면 중사전인 『다이지린』과 『고지엔』, 소사전인 『신메이카이국어사전』을 함께 비교하는 일이 가능합니다.

일반적으로 이야기하면 『다이지린』의 뜻풀이는 현대적인 의미를 우선시하고, 이어서 역사적인 의미를 제시합니다. 용례도 일본의 근현대문학에서 많이 끌어왔습니다. 어휘 수집도 철저하게 현대 일본어에 집중하고 있고 설명도 적확합니다. 이에 비해 『고지엔』은 고전어를 포함하고 있고 역사적인 의미를 우선시합니다. 그래서 설명이 좀 어렵다고 느낄 수도 있습니다. 『신메이카이국어사전』은 이름 그대로 의미를 새롭게 해석했다고 평가받는 사전입니다.

일상에서 사용되는 빈도가 높은 말일수록 대체로 모호함이 적고 의미가 선명합니다. 하지만 그런 말이라도 누가 봐도 자명한 한 가지 의미로 한정되는 것은 아닙니다. 다시 말해서 다의적입니다. 단어의 정확한 정의는 하나가 아닌 것입니다. 편집자, 저널리스트, 연구자, 대학교수 등 일본어를 민감하게 의식하는 직업에 종사하는 이들은 『다이지린』과 『신메이카이국어사전』을 높이 평가하고 있습니다. 그러나 제 경험으로 볼 때 전문가적인 관점에서 일본어를 써야 하는 사람이라면 위의 세 사전과 『일본국어대사전 제2판』을 함께 보는 것이 기본이라고 생각합니다.

정 『고지엔』의 내용을 살펴보고 저는 좀 놀랐습니다. 고전에서 가져온 용례가 가득해서 일반인에겐 상당히 어려운 사전이 아닌가 싶었는데, 일본에서 가장 인기 있는 사전 중 하나라는 것이 쉽게 이해되지 않았습니다. 일본인들은 왜 『고지엔』을 읽는 것일까요? 『다이지린』이나 『신메이카이국어사전』이 훨씬 쉽고 상식에 가까운 사전 아닌가요?

류사와 이와나미쇼텐의 『고지엔』은 어렵고, 산세이도의 『다이지린』과 『신메이카이국어사전』이 쉽다는 인상은 매우 정확합니다. 그 이유는 앞에서 말한 내용 그대로입니다. 그렇다면 『고지엔』이 『다이지린』보다 훨씬 더 인기 있는 사전인 이유는 무엇일까요? 실제로 『고지엔』과 『다이지린』의 누적 발행부수는 차이가 큽니다. 전혀 비교가 되지 않는다고 해도 좋습니다. 『고지엔』은 원래 이와나미의 오리지널 사전이 아닙니다. 자세한 역사는 생략하겠지만, 패전 전에 오카서원岡書院이라는 작고 독특한 출판사가 기획 편집하고 하쿠분간博文館에서 발행한 『지엔』이 패전 후에 이와나미쇼텐에 양도되었고, 이와나미는 그 개정판을 1955년에 『고지엔』이라는 이름으로 간행했습니다.

산세이도는 앞서도 언급했듯이 메이지시대에 사전 전문 출판사로 확고히 자리 잡은 곳입니다. 1907년에 일본어사전 『지린辞林』을 간행했고, 1925년에 한 권짜리 대사전, 즉 『고지엔』·『다이지린』급의 『고지린広辞林』을 간행했습니다. 『고지린』은 패전 전의 일본에서 '국민 사전'이라고 불렸던 사전입니다. 이후 산세이도는 이 사전을 개정하면서 유지해나갔습니다. 그러나 패전 후 일본 사회의 모든 영역에서 일어난 변화는 당연하게도 새로운 일본어사전에 대한 수요를 낳았습니다. 오래된, 그리고 이미 평가가 끝난 대사전을 개정하는 것으로는 대응할 수 없는 상황이었습니다. 그 간극을 교묘하게 파고 든 것이 이와나미쇼텐의 『고지엔』입니다.

산세이도의 『다이지린』은 1958년에 편찬을 시작했습니다. 대사전을 편찬하기 위해서는 오랜 시간 전문 편집자와 제작자를 대규모로 투입해야 합니다. 산세이도는 1974년에 한 차례 도산했다가 회사갱생법을 통해 회생하여 사전 편찬을 이어갔는데, 대사전이 완성된 것은 1988년이었습니다. 30년의 세월을 써버린 것입니다. 그 사이 『고지엔』은 여러 차례 개정판을 간행하면서 내용을 충실히 다져갔습니다. 그 과정에서 학술서나 이와나미신서 등의 우수한 계몽서를 내는 출판사로서 이와나미쇼텐이 확보한 '권위(굳이 이야기한다면 사전 내용에 대한 평가와는 별개로)'가 『고지엔』의 대중적 인기와 명성에 크게 기여했다고 할 수 있습니다.

정 현재 한국의 백과사전은 거의 갱신되지 않습니다. 대표적 백과사전인 『두산대백과』와 『브리태니커』 모두 대규모의 갱신은 중단한 상태입니다. 또 한국에서는 백과사전 내용을 모두 웹에서 볼 수 있기 때문에 상대적으로 위키백과의 성장도 더딘 편입니다. 하지만 일본에서는 백과사전 콘텐츠가 웹에 공개된 시점이 비교적 최근이라 일본어 위키백과가 스스로 성장할 수 있었습니다. 지금 일본에서 위키백과는 어떤 식으로 수용되고 있는지 궁금하네요. 일본의 백과사전들은 지금도 갱신되고 있나요? 새로 출간된다면 수익을 낼 수 있을까요?

류사와 이 질문은 약간 부정확하고 오해가 있는 듯합니다. 무료 '백과사전'인 위키백과가 백과사전을 압도한 것은 일본의 백과사전이 전자화되고, 그것이 웹에 공개되는 일이 지체된 것과는 관계가 없습니다. 일본어 위키백과가 등장한 것은 2003년입니다. 그리고 일본에서 백과사전이 전자화된 것은 1990년대 후반으로 CD롬판, DVD

롬판으로 출시되었습니다. 일본의 백과사전 제작사들은 전자화를 추진한 1990년대 초반에 이미 웹상에서의 전개를 구상하고 있었습니다. 다만 당시에는 디지털 기술이나 PC의 용량, 처리 능력이 매우 빈약했기 때문에 그런 시기가 바로 오기는 어렵다고 생각했습니다. 하지만 그 시점에서 미래에 대해 내린 오판보다는 인터넷의 급속한 보급과 함께 웹상의 '정보'는 무료라는 기묘한 '상식'이 순식간에 세계적 규모로 확산된 것이 무엇보다 큰 문제였습니다.

물론 이러한 사태는 일본에서만 일어난 것이 아닙니다. 영어권에서는 『브리태니커』나 『옥스퍼드 영어사전』 같은 전통 있는 대형 사전도 똑같은 상황을 맞았습니다. 대규모 백과사전과 어학사전은 막대한 편집 비용을 들여 만드는 것이고, 전자화 비용으로 한정해서 보더라도 상당한 제작비가 소요됩니다. 수익성은커녕 비용 회수조차 기대할 수 없는, 즉 시장성이 전혀 보이지 않는 곳에 어떻게 들어가야 할까 하는 문제 앞에서 아무런 타개책도 강구하지 못하고 있는 것이 현 상황입니다. 『고지엔』 등 한 권으로 이루어진 사전은 전자화했을 때 용량이 작다는 이점을 살려 전자사전 등 소형 전자매체에 들어가는 것으로 우선은 시장성을 확보하여 생존할 수 있었습니다.

제 관점에서 위키백과를 평가하자면, 이는 백과사전이라 할 수 없습니다. 아무리 방대한 정보가 집적되어 있더라도 기사의 집필 주체는 물론 편집 주체도, 거기에 기록되어 있는 '지식'의 검증 과정도 분명하지 않은 것을 신뢰할 수 있는 백과사전이라 인정할 수는 없습니다. 백과사전은 단순하고 단편적인 '지식'의 축적이 아닙니다. 지식의 그물망의 편제, 즉 항목의 편제 방식이 그 백과사전의 편집 방침입니다. 전문적인 지식을 단편인 채로 모아본들 백과사전이 되는 것이 아닙니다. 지식의 연관을 어떻게 항목으로 편제해갈 것인가, 그것이야말로 백과사전의 최우선 편집 방침인데, 위키백과에서는 그것이 불명확합니다.

구체적으로 기술 내용의 신뢰성에 대해 살펴보면, 위키백과의 각국어판이라는 것도 이해할 수 없습니다. 예를 들면, 영어판과 일본어판 양쪽 모두에 있는 항목을 비교해보세요. 질과 양 모두 압도적으로 영어판이 우수합니다. 지금까지의 출판 상식에서 본다면, 도저히 이런 것을 동일한 '브랜드'로 제시할 수는 없습니다. 그리고 일부 항목에는 '이 기사는 검증 가능한 참고문헌이나 출전이 전부 표시되어 있지 않아 불충분합니다. 출전을 추가해서 기사의 신뢰도를 높여주세요'라는 유보적인(양심적이라고 볼 수도 있겠지요) 코멘트가 종종 등장합니다. 물론 기사를 전체적으로 읽어보면 나름대로 사실에 근거하여 상당히 상세하게 기술(백과사전으로서는 지나치게 상세하고 과도하게 장대한 기술도 상당수)한 항목들도 많습니다. 그러나 100만이 넘는 항목을 가졌다고 아무리 자랑을 해도 그러한 '유보'가 빈출해서는 백과사전으로서의 신뢰성을 높일 수 없습니다.

결론적으로 말씀드리면, 일본어 위키백과에는 좋은 '정보'도 포함되어 있지만, 그것을 거듭된 검증을 거친 확실한 '지식'의 집적이라고 할 수는 없습니다. 위키백과가 겨우 한다고 하는 것은 책임 주체가 불분명한, 전폭적으로 신뢰할 수는 없는 방대한 '정보'를 모아놓는 일입니다. 그래도 '무료니까 편리하다'는 것이겠지요. 그런 '정보'로서 아쉬운 대로 우선 검색해서 보기에는 좋을지도 모르겠습니다.

정　세계적으로 특히 영어 위키백과가 강세를 보이고 있기 때문에 기존 출판계에서는 백과사전은 과연 어디로 가야 하는가 고민이 많을 것 같습니다. 일본 출판사들에서는 기존의 백과사전을 어떻게 갱신해

나가야 한다고 보고 있습니까?

류사와 현재 일본의 대표적 백과사전인 『세계대백과사전』(헤이본샤)은 '재팬 놀리지Japan Knowledge'라는 지식 데이터베이스에 수록되어 회원제 유료 웹사이트에서 이용할 수 있습니다. '재팬 놀리지'는 쇼가쿠칸 그룹의 네트 어드밴스NetAdvance가 운영하는 사이트로 앞에서 언급한 『일본국어대사전 제2판』이나 『국사대사전』, 『자통字通』 등 일본 출판의 전성기에 만들어진 뛰어난 대사전과 기타 사전들이 모여 있습니다. 물론 종이책으로 개정한 후에 게재합니다. 일반적으로 백과사전이나 어학사전에는 '갱신'이라는 용어가 어울리지 않습니다. '개정'이라고 해야 합니다. 백과사전이든 어학사전이든 거기에 수록된 것은 '정보'가 아니라 '지식'이며 '의미'이기 때문입니다. 그것들은 그리 간단하게 '갱신'되는 것이 아닙니다. 따라서 일본 백과사전의 갱신은 지금까지와 마찬가지의 방식으로 이루어질 것입니다. 우수한 콘텐츠를 모아놓았지만 '재팬 놀리지'를 이용하는 비용은 매우 저렴합니다. 그러나 그것을 이용하는 독자는 일본어 위키백과 이용자 수와 비교하는 것 자체가 어리석을 만큼 극소수입니다.

지식의 '생산'과 '향유(이해)'의 두 가지 측면 모두에서 현대사회는 큰 변화를 맞았고, 그 변화는 급속도로 진행되고 있습니다. 이전에 백과사전을 개정하던 방식으로는 결코 대응해낼 수 없는 본질적인 변화입니다. 그렇다면 새로운 백과사전이 만들어질까요? 한쪽에 위키백과처럼 무한히 증식하는 무료 '정보' 사이트가 있는 이상, 아무리 디지털 인프라가 정비된 출판사라고 해도 그것을 요구하는 것은 무리입니다. 과거와 같이 정당한 대가를 지불하고 양질의 지식을 얻으려는 독서인의 숫자가 급격히 줄어들고 있기 때문입니다.

조금 비약하는 것 같지만 나는 백과전서와 관련해 다음과 같은 역사적인 사례를 생각해봅니다. 조선시대의 17~18세기에는 이익, 안정복, 서유구 같은 위대한 백과전서파 지식인이 등장했습니다. 그러나 그들의 저작은 사회적 영향력을 얻지 못했습니다. 왜 그랬을까요? 다른 한편 동시대인 18세기 프랑스의 디드로, 달랑베르가 만든 『백과전서』는 크게 성공하여 말 그대로 '계몽의 시기'를 열어젖혔습니다. 그런 차이를 만든 요인의 하나는 출판의 뒷받침이었다고 나는 생각합니다. 프랑스의 『백과전서』는 물론 당시에도 고가의 물건이었습니다만, 예약 판매만 4,000권을 넘겼다고 합니다. 조선의 백과사전적 저작들에는 그런 뒷받침이 없었습니다. 아마 지극히 한정된 사람들 사이에서만 읽혔을 것입니다. 이는 출판의 뒷받침과 그 전제가 되는 해당 사회 독서인의 지적 관심의 차이에서 비롯한 일이라 생각합니다. 지금 일본에서 일어나고 있는 문제들을 생각할 때 이와 같은 역사적인 사례가 하나의 실마리가 되지 않을까 싶습니다.

찾아보기

ㄱ

ㅅ

ㅇ

최후의 사전 편찬자들

2017년 7월 7일 1판 1쇄

지은이 정철
편집 이진·이창연
디자인 홍경민
제작 박흥기
마케팅 이병규·양현범·박은희

인쇄 천일문화사
제책 정문바인텍

펴낸이 강맑실
펴낸곳 (주)사계절출판사
등록 제406-2003-034호
주소 (우)10881 경기도 파주시 회동길 252
전화 031-955-8588, 8558
전송 마케팅부 031-955-8595 편집부 031-955-8596
홈페이지 www.sakyejul.net
전자우편 skj@sakyejul.co.kr
블로그 skjmail.blog.me
페이스북 facebook.com/sakyejul
트위터 twitter.com/sakyejul

값은 뒤표지에 적혀 있습니다. 잘못 만든 책은 서점에서 바꾸어 드립니다.
사계절출판사는 성장의 의미를 생각합니다.
사계절출판사는 독자 여러분의 의견에 늘 귀기울이고 있습니다.

ISBN 979-11-6094-099-2 03900

이 도서의 국립중앙도서관 출판예정도서목록(CIP)은 서지정보유통지원시스템 홈페이지(http://seoji.nl.go.kr)와 국가자료공동목록시스템(http://www.nl.go.kr/kolisnet)에서 이용하실 수 있습니다. (CIP제어번호: CIP2017015072)